DAS BUCH

Niemand tanzte so elegant auf der Grenze zwischen Literatur und Journalismus wie der viel zu jung gestorbene Marc Fischer. In seinen Reportagen für *Tempo*, den *Spiegel, Welt am Sonntag, Süddeutsche Zeitung, Frankfurter Allgemeine Sonntagszeitung, Vanity Fair* und andere Publikationen zeigt er sich nicht nur als glänzender Geschichtenerzähler, als Reporter, der sich an Orte vorwagt, die andere gar nicht auf der Landkarte haben, sondern es gelingt ihm immer wieder das Kunststück, eine scheinbar alltägliche journalistische Situation in eine irrwitzig lustige, zutiefst wahre Geschichte zu verwandeln. Radikale Subjektivität gepaart mit einem zärtlichen Blick für den Gegenstand. Marc Fischer zeigt uns, dass gute Geschichten überall zu finden sind: in Tokyo, Nairobi, Miami, Berlin. Bei Popstars, Models, Politikern. Aber auch unter Freunden, in unserer Vergangenheit, in der Straße, in der wir leben, in uns. Die Veröffentlichung seiner gesammelten Reportagen hat Marc Fischer noch kurz vor seinem Tod im April 2011 vorbereitet.

DER AUTOR

Marc Fischer wurde 1970 in Hamburg geboren und starb am 2. April 2011 in Berlin. Er lebte als freier Reporter und Autor in Berlin. 2001 erschien sein erster Roman »Eine Art Idol«, 2002 der Roman »Jäger«. 2010 veröffentlichte er den Almanach »Fragen, die wir unseren Eltern stellen sollten (solange sie noch da sind)«. Einen Monat nach Marc Fischers Tod erschien »Hobalala«, eine literarische Reportage über seine Suche nach João Gilberto und das Herz der Bossa Nova.

1269

Marc Fischer

DIE SACHE MIT DEM ICH

REPORTAGEN

*Zum 18. Geburtstag
alles Liebe
wünscht Regina*

Kiepenheuer & Witsch

MIX
Papier aus verantwor-
tungsvollen Quellen
FSC® C083411

Verlag Kiepenheuer & Witsch, FSC®-N001512

1. Auflage 2012

Umschlaggestaltung: Walter Schönauer, Berlin
Autorenfoto: © Enver Hirsch
Gesetzt aus der Elante und Grotesque
Satz: Felder KölnBerlin
Druck und Bindearbeiten: CPI – Clausen & Bosse, Leck
ISBN 978-3-462-04426-3

Für H. und H.

Inhalt

Die Sache mit Marc

Ein Vorwort von Cordt Schnibben

Als ich 13 Jahre war, starb meine Mutter. Mein Vater erzählte uns Kindern, sie sei an Herzversagen gestorben, das war gelogen, sie starb an einem Asthma-Anfall. Ich weiß nicht mehr, ob sie Asthma hatte, weil sie so viel rauchte, oder ob sie so viel rauchte, weil sie Asthma hatte.

Ihre Beerdigung war für mich das Schlimmste an ihrem Tod. Wir fuhren in unserem Mercedes die lange Friedhofsallee hinunter, rechts und links strebten Trauergäste der Kapelle entgegen, wir durften fahren, sie drehten sich um, wenn wir an ihnen vorbeifuhren, und schauten ins Wageninnere. Ich weinte nicht, ich fühlte mich beobachtet, diese Leute schauten auf mich, als wollten sie prüfen, ob ich auch genügend trauere.

Meine Schwester schaute mich genauso an, schon seitdem ich am Todestag Fußball spielen gegangen war. Der Trauerredner, er war kein Pastor, raunte mir am Grab ins Ohr, bald seid ihr wieder zusammen. Ich verstand ihn nicht, ich weinte nicht.

Beerdigungen habe ich seither, wenn es ging, vermieden, ich weine auf jeder.

Auch bei Marcs Trauerfeier wusste ich nicht, ob ich um ihn weine oder um meine Mutter. Aber mir ist ein Satz des Pastors in Erinnerung geblieben: Männer, die Mitte vierzig sind, begehen Selbstmord, indem sie entweder ihr bisheriges Leben umbringen oder gleich sich selbst.

Mitte vierzig brachte ich mein Leben um, dieses Leben, das sich von einer Story zur nächsten rettete. Jede Story war eine Krücke, die half, den nächsten Tag, die nächste Woche zu erreichen. Wenn die Story nicht funktionierte, wenn sie sich widersetzte, stand ich im 3. Stock auf meinem Balkon und sprang hinunter, setzte mich danach neugeboren wieder an den Schreibtisch. In manchen Nächten sprang ich zehn, elf Mal.

Mit jeder Geschichte versuchte ich mir näher zu kommen, ich glaube, jeder besessene Reporter versucht das: Im Leben der Menschen, über die man schreibt, Weisheit zu finden, Menschlichkeit, Erkenntnis, Glück, Abenteuer, Trost.

Marc suchte manisch, mehr in sich, als außer sich. Er fand in sich gute Storys, aber er fand sich nicht.

Marc hat eine Sammlung von Reportagen hinterlassen, in denen er auf der Suche nach sich selbst ist, alles Ich-Reportagen, die davon leben, dass sie um ihn kreisen. »Die Sache mit dem Ich« ist eine schwierige Sache. »Ich-Reportage« ist schon mal Blödsinn. Jede Reportage – wenn sie eine ist – ist eine Ich-Reportage, sie ist ein bisschen Wirklichkeit, gespiegelt durch ein Temperament.

Genau genommen, gibt es also die Ich-ich-Reportage, da geht es um den Reporter, der über sich schreibt, beim Stierkampf, im Pool, beim Saufen.

Dann gibt es die Ich-du-Reportage, in der schreibt der Reporter über den Stierkämpfer, das Bikini-Mädchen, den Barkeeper. Und dann noch die Ich-man-Reportage, da geht es um den Stierkampf, das Baden, den Alkoholismus.

Wenn man einen Text über Marc Fischer beginnt mit dem Tod der eigenen Mutter, dann kann man daran zeigen, was das »Ich« mit einem Text macht. Der Reporter erzählt von sich, der Leser ist gerührt, beeindruckt, verwirrt, angeekelt.

Sich selbst zu ergründen und sich dabei zum Helden seiner Storys zu machen, das war Marcs Art zu leben und zu schreiben, viele Texte in diesem Buch sind sogar Ich-ich-ich-Reportagen. Bestimmt hätte er gern darüber geschrieben, wie es ist zu sterben.

Sich selbst zu entdecken und dabei die Geschichten anderer Helden zu erzählen, auch das konnte Marc: der Kubaner, der einen Straßenkreuzer wasserdicht schweißt und damit nach Florida fährt; der Deutsche, der mit Haien spielt, bis sie ihn beißen; der Mann, der nie schwitzte; der Mann, der Ernest Hemingway war; der Arsch, der Jennifer Lopez gehört.

Die Sache mit dem Ich hat spätestens seit Tom Wolfe und Hunter S. Thompson den Streit unter Reportern darüber begründet, ob die Ich-Reportage die einzig wahre oder nur die besonders narzisstische Reportage ist. Mir als Leser ist das ziemlich egal, ich will eine gute Story, und Marc als Reporter hat mich nie gelangweilt. Er konnte sich inszenieren, ausschmücken und ausziehen, er konnte sich aber auch – wenn es wichtig war – in einer Reportage unsichtbar machen, ohne sich herauszuhalten.

Ich war ein Dutzend Mal sein Commandante, so nannte er mich, weil uns Kuba verband; wenn man ihn anrief, um mit ihm eine Reportage zu besprechen, war nach fünf Sätzen klar, dass er sie mochte. Er hat nie einen Auftrag abgelehnt, selbst nicht, als ich ihn Weihnachten 2004 nach Somalia und Kenia schickte, um die letzten Zuckungen des Tsunami zu beschreiben, der sich über dem indonesischen Sundagraben gebildet hatte und zehn Stunden später an Kenias Ostküste den letzten Toten holte, einen 18-jährigen Jungen, der zum ersten Mal am Meer war.

»Mietreporter« nennt sich Marc im Buch, das war er, und in dem Wort steckt der Vorwurf, der auf seiner Beerdigung immer wieder durch meinen Kopf zog. Haben wir, seine Auftraggeber im *Spiegel*, *Stern*, *Tempo*, *BamS*, *Playboy*, *Vanity Fair* und sonstwo, versäumt, ihm mehr zu geben als einen Auftrag, ein paar Druckseiten und immer zu wenig Geld? Ist wohl so.

Was einen guten Reporter ausmacht? Er ist, erstens, da, wo noch keiner war. Er erzählt, zweitens, eine Geschichte, die wirklich eine ist. Er erzählt sie, drittens, so, wie nur er sie erzählen kann. Und er schafft es, viertens, das, was er gesehen und gedacht hat, so zu erzählen, dass Beobachtungen zu Gedanken gefrieren, die mich verfolgen. Jede Marc-Fischer-Reportage ist so, und jede ist so, dass ich sie erkennen würde, wenn sie mir ohne Autorenzeile in die Hände fiele.

Im letzten Text dieses Buches lässt Marc tief blicken in die Fischerwelt, es ist eine Safari durch seine Seele, ein letzter Blick in einen – wie ich entdecke – unbekannten Menschen, der mich – und viele andere – erst nach seinem Tod an sich heranlässt.

Es ist eine schöne Idee, sich seine eigene Seele als Kontinent vorzustellen, in dem Ernest Hemingway Stammgast ist in einer Hütte an der Küste, in dem Leonard Cohen lebt, auch Jean Seberg, Christy Turlington und Rita Hayworth herumliegen. Zwischen diesen Toten – auf seinem Kontinent, in seinem Kopf – spazierte Marc herum, redete und war glücklicher mit ihnen als mit den Lebenden um ihn herum.

Es riecht nach Zimt in diesem Egoland, und es sei ihm, so schreibt Marc, immer schwergefallen, von seiner Innenwelt in die Außenwelt zurückzukehren, mit traurigem Gesicht und so leerem Blick, dass seine Freunde ihn anstarrten, als sei er in seinem Kopf nicht mehr zu Hause.

Wenn man Marcs Buch liest, wird man neidisch auf sein Leben. Es fliegt glitzernd und glamourös vorbei, allein der so leicht beschriebene Nachmittag mit Kate Moss in einem Pariser Hotel hat gereicht, um mir die Frage zu stellen, ob ich vielleicht im falschen Leben zu Hause bin.

Am ersten freien Wochenende seit Monaten lese ich sein Buch, vorher wochenlang damit beschäftigt, tief in die Finanzwelt einzudringen, nun mit der Frage konfrontiert, ob Kate Moss nicht vielleicht besser zu mir passen würde als der Chef der Bundesfinanzdienstleistungsaufsicht.

Ich fange an, meinen Kontinent zu besiedeln, nachzudenken darüber, wen ich einreisen lassen würde, ob meine Mutter dort was zu suchen hätte. Ich weine ein wenig, diesmal mehr um Marc als um meine Mutter, ein so feiner Reporter, ein so talentierter Mensch. Er ist tot, ich lebe; mal sehen, was ich daraus mache.

Cordt Schnibben

Die Sache mit dem Ich

Wie ich Yes Man wurde

Ausschlafen und ein vernünftiges Frühstück – zwei der Dinge, die du vergessen kannst, wenn du Polit-Aktivist werden willst. Bisschen Zeit mitbringen kommt auch gut, Aktivisten sind nicht immer pünktlich. Aber wer bin ich, mich zu beschweren? Che Guevara rannte mit Asthma und Malaria durch den Dschungel, bevor er das geknechtete kubanische Volk befreite.

Es ist vier Uhr morgens, sehr dunkel noch, ich stehe am Columbus Circle in New York, Ecke Broadway und 60. Straße, und warte auf die anderen. Das Problem: Weder weiß ich, wer die anderen sind, noch was wir vorhaben. Aufstand, Umsturz, Revolution? In der letzten E-Mail, die vor ein paar Stunden ankam, stand nur, ich solle mich bereit machen für:

etwas sehr Großes

etwas sehr Besonderes

etwas sehr Lustiges

etwas sehr Ernsthaftes.

Absender der Mail waren die Yes Men.

Die Yes Men sind ein Aktivistenduo aus New York, das in den letzten Jahren vor allem dadurch bekannt wurde, unter falschen Namen auf Handelskonferenzen aufzutauchen und dort im Namen großer Konzerne oder Organisationen, die sie als ausbeuterisch beurteilen, die unglaublichsten Vorträge zu halten. Die Yes Men richten PR-Katastrophen an, indem sie das Verhalten der Konzerne ins Fratzenhafte verzerren – oder ihnen mehr Selbster-

kenntnis unterstellen, als ihnen lieb ist: Als »offizielle Vertreter«
der Welthandelsorganisation WTO kündigten sie auf einer Konferenz in Sydney deren Auflösung an (»Weil wir erkannt haben, dass
unser System ungerecht ist und nur den Interessen multinationa-
ler Firmen dient«); in Salzburg traten sie vor Wirtschaftsvertretern
für den freien Handel mit Wählerstimmen ein (Standing Ovations
im Publikum); auf einem Vortrag in Finnland überzeugten sie Tex-
tilhändler davon, ihre Standorte nach Gabun zu verlegen und die
Produktion dort für ein paar Hundert Dollar im Jahr von »moder-
nen Sklaven« erledigen zu lassen (»Kosten für Ernährung und Un-
terkunft sind da schon mit drin«). Auch ein Siesta-Verbot in Spani-
en haben die Yes Men mal verlangt; sollte das Bruttoinlandsprodukt
ankurbeln.

Mühsam eindringen wie Diebe in der Nacht mussten die Yes
Men zu den Tagungen nie. Man lud sie ein, nachdem sie Websites
ins Internet gestellt hatten, die denen von McDonald's, Shell oder
Dick Cheneys Lieblings-Militärzulieferer Halliburton ähnelten.
Enttarnt werden die Yes Men selten; kaum ein Veranstalter fragt
genauer nach, wenn Vertreter von Exxon Mobil oder der WTO sich
als Podiums-Sprecher bereitstellen. Sie sind sogar dankbar, dass so
ein Marktgigant mal vorbeikommt und Business-Tipps gibt. Auch
verklagen konnte die Yes Men bislang keiner; es war ihnen nichts
Kriminelles nachzuweisen.

Mit dabei sein bei der Truppe will ich, seit ich vor ein paar Jahren
im Fernsehen sah, wie ein Typ namens Jude Finisterra in einem
BBC-Interview erschien, angeblich Pressesprecher des Unterneh-
mens Dow Chemical. Zum zwanzigsten Jahrestag der Chemie-
Katastrophe von Bhopal, bei der es 1984 aufgrund fahrlässiger
Sparmaßnahmen zu einem Gas-Austritt gekommen war, erklärte
Finisterra, dass Dow Chemical nun endlich seiner nie übernom-
menen Verpflichtung für die über 100 000 indischen Opfer und
Geschädigten nachkommen wolle. Finisterra versprach ihnen »die
längst überfällige Entschädigung in Höhe von 12 Milliarden US-

Dollar«. Der Moderator und das Fernsehpublikum waren sehr überrascht. Dow Chemical auch. Dass Jude Finisterra die Art Name ist,
die sonst nur in Star-Wars-Filmen vorkommt, brachte niemanden
zum Nachdenken.

Jude Finisterra war Yes-Men-Gründer Andy Bichlbaum mit sauber gescheiteltem Haar und einem Anzug, den er sich zwei Tage
zuvor für fünfzig Dollar bei der Heilsarmee besorgt hatte. Das war
Aktivismus, wie man ihn noch nicht gesehen hatte – schnell, smart,
lässig. Wie etwas, was sich die Beastie Boys und die Pariser Situati-
onisten-Künstlergruppe hätten ausdenken können: Hiphop-Akti-
vismus!

Bichlbaum und sein Partner Mike Bonanno sind auch die Männer, die mich heute zum Yes Man machen sollen. Das Problem ist
nur, dass jetzt, mittlerweile ist es zwanzig nach vier, noch immer
keiner der beiden ans Telefon geht.

Dafür haben sich ein paar Leute eingefunden, die offensichtlich
auch Yes Men werden wollen. Oder Yes Women. Sie alle wurden
übers Internet benachrichtigt, dem Hauptmedium der Gruppe. Da
ist Robert aus Texas, Student der Wirtschaftswissenschaften; da ist
Kegan, ein Schauspieler aus Brooklyn; da ist die Rentnerin Jane,
eine Psychologin, die schon bei den Studenten-Aktionen im Berke-
ley der Sechziger mit dabei war; da sind Hans, Jonathan, Laura und
Jeanne. Kaum eine Handvoll, aber die Typen, die auf die Bastille
gestürmt sind, waren am Anfang auch keine Armee. Nun allerdings, wo es immer später wird, regen sich schon die ersten Zweifel
daran, ob überhaupt was passieren wird.

»Die Polizeiwagen da drüben machen mich nervös«, sagt Jane.
»Was, wenn das eine Falle ist?«

»Eine Falle von wem denn?«, fragt Robert.

»Den Rechten natürlich«, sagt Jane. »Die infiltrieren doch mo-
mentan alles, um Obama zu schaden.«

»Und schreiben E-Mails und twittern im Namen der Yes Men?
Come on!«, sagt Laura.

»Kennt denn einer von uns die Yes Men persönlich?«, will die kritische Jane wissen.

»Ja«, sage ich und wähle Andys und Mikes Nummern erneut. Wieder nur Mailbox.

Erst vor ein paar Tagen hatte ich Andy getroffen, aber auch da war er praktisch kaum ansprechbar gewesen. Schwitzend saß er in dem kleinen Büro, das ihm die Kunstschule Parsons für seinen Job als Professor für Digital-Design bereitgestellt hatte. Ständig klingelte das Telefon, ständig gingen E-Mails ein, ständig starrte Andy auf den Bildschirm seines MacBooks. Yes Man zu sein, hieß mittlerweile auch, Stress Man zu sein. Andy kümmerte sich gleichzeitig um den Vertrieb des neuen Yes-Men-Films »The Yes Men Fix The World« (hat auf der Berlinale den Publikumspreis gewonnen); er war auf der Suche nach weiteren finanziellen Unterstützern (das meiste Geld bekommen sie von Stiftungen und privaten Spendern, einer soll der Trompeter Herb Alpert sein); und er bereitete die Aktion vor, die heute losgehen sollte: das große, besondere, lustige, ernsthafte, mysteriöse New-York-Ding eben.

Viel ist passiert, seit Andy und Mike vor zehn Jahren die Yes Men gründeten. Andys Meinung nach war es vor allem eine Geschichte von Zufällen. Aber das ist es nicht, im Gegenteil. Es ist eine Geschichte von Neuerfindung und Suche, vom lockeren Umgang mit Identitäten und vom Pop, der eher spielerisch Politik wird. Eine sehr amerikanische Geschichte eigentlich.

Es beginnt schon damit, dass keiner der Namen, weder Bonanno noch Bichlbaum, echt ist, obwohl sie mittlerweile alle so nennen, selbst Freunde. Beides sind Pseudonyme. Bonanno heißt eigentlich Igor Vamos, kommt aus der Videokunst-Szene und lehrt Medienkunst; Bichlbaums wahrer Name ist Jacques Servin. Aber auch der ist ein Konstrukt, den sich Bichlbaums Vater ausgedacht hat, ein belgischer Jude, der über Kanada nach Amerika eingewandert war. Seinen wahren Nachnamen, Swicziwsky, mochte er nicht so.

Bichlbaum wuchs in Arizona auf, und nachdem er, Thomas-Pynchon-Fan, es eine Zeit lang als Science-Fiction-Autor versucht hatte, wurde er Computerprogrammierer, »weil es der freieste Job ist, den man sich denken kann. Niemand kontrolliert dich, weil niemand weiß, was du tust. Fast macht es Angst, darüber nachzudenken, wie viel Macht ein Programmierer hat.« Bichlbaum, der es nie länger als zwei, drei Monate in einem Job aushielt, nutzte die Freiheit, um in dem Computerspiel »SimCopter« als Belohnung im letzten Level sich küssende halbnackte Bodybuilder einzubauen. Das Spiel war längst ausgeliefert, als die kleine subversive Aktion bemerkt wurde, die auf das stereotype Männerbild in Computerspielen hinweisen sollte; Bichlbaum wurde gefeuert. Ein paar Monate später wurde ihm von Freunden ein Typ vorgestellt, der sich nur bei der Firma Mattel hatte anstellen lassen, um rechtzeitig zum Weihnachtsgeschäft die Sprachcomputer der Figuren Barbie und G.I. Joe zu vertauschen: G.I. Joe sagte nun »Mathe ist so kompliziert!«; Barbie erklärte »Die Rache wird mein sein«, wenn man sie zärtlich drückte. Der Mattel-Mann war Mike Bonanno. Kurze Zeit später hatten die beiden ihre erste Fake-Website errichtet: GATT – Willkommen bei der Welthandelsorganisation! Es dauerte nicht lang, bis die ersten Anfragen kamen. »Wir mussten nur warten, wie beim Angeln«, sagte Andy.

Es ist Bonanno, der jetzt, kurz nach halb fünf, endlich in einem dunklen Wagen am Columbus Circle vorfährt, um sich um die wartenden Yes Men und Women zu kümmern. Mike trägt einen blauen Anzug, hat wirre Haare und müde Augen, aber trotzdem Top-Laune. Er entschuldigt sich, dass er zu spät ist, öffnet den Kofferraum und wirft zwanzig abgepackte Stapel der »New York Post« auf den Asphalt.

Alle glotzen. Die »New York Post« ist die BILD-Zeitung von New York, das reaktionärste Boulevardblatt der Stadt. Sie ist des Medientycoons Rupert Murdoch erklärte Lieblings-Daily; der Feind also.

»Es ist natürlich nicht die e c h t e ›New York Post‹«, sagt Mike und zieht ein paar Exemplare aus dem Stapel.

WE'RE SCREWED; boulevardesk übersetzt: WIR SIND AM ARSCH steht in fetten Lettern auf der Titelseite, die der echten »New York Post« auf Typo, Farbe und Layout gleicht. Nur drin sieht es ein wenig anders aus: Statt reißerischer Sex-Crime-Celebrity-Geschichten stehen da von Wissenschaftlern und Fachjournalisten ausrecherchierte Texte zum Klimawandel, zum Schmelzen der Polkappen, zum Ende des Eisbärs, zur Kohleförderung, zum CO_2-Ausstoß, zu alternativen Energiequellen – zur Gesamtsituation des Planeten also. Passend zur Klimawoche, die gerade in der Stadt stattfindet. Fünfzig Grafiker und Autoren haben drei Monate lang, meist umsonst, an der Zeitung gearbeitet. Gesamtkosten der Produktion: 20 000 Dollar.

»Die verteilen wir jetzt zwei Millionen Mal in der Stadt, und zwar zuerst an Journalisten«, sagt Mike. »Ihr müsst irgendwie versuchen, in die Redaktionen der Fernseh- und Radio-Sender reinzukommen, damit die als Erste von der neuen ›Post‹ erfahren. Und die Tageszeitungen natürlich. Den Rest drücken wir jedem Fußgänger in die Hand. Ganz Manhattan muss geflutet werden.«

Einige Leute wirken kurz etwas enttäuscht. Sie hatten wohl auf die lustigen SurvivaBalls gehofft, eine Art Hüpfball-Anzug mit Ohren, der in den letzten Wochen immer häufiger in den Mails der Yes Men aufgetaucht war. Sie hatten vielleicht nicht erwartet, wieder eine Zeitung zu verteilen wie im November letzten Jahres, als die Yes Men unter großem Applaus eine gefälschte »New York Times« mit nur guten Nachrichten auf dem Titel herausbrachten: »Irak-Krieg: vorbei« stand da; »Bush wegen Hochverrats angeklagt«; und »Ölfirmen ExxonMobil und Chevron Texan verstaatlicht«. Die »New York Post« liefert nun das genaue Gegenteil: keine Träume, sondern Fakten.

»Und was ist mit den SurvivaBalls?«, fragt Hans.

»Zuerst die Zeitungen«, antwortet Mike. Und ist dann auch

schon wieder weg, nachdem er die Adressen vergeben hat, wo verteilt werden soll.

Joanne, Laura und ich stürmen das CNBC-Hauptgebäude. Na ja, *stürmen* – bis in die entscheidenden Etagen lässt uns der Concierge nicht, aber wir kriegen ihn so weit, dass er einen Stapel »Posts« vom Hausboten hochtragen lässt. Die anderen drücken wir jedem Angestellten in die Hand, der das Gebäude in den nächsten Stunden betritt. Sie sind zuerst skeptisch, schließlich ist es die »Post«, schauen dann aber genauer hin und sind überrascht: ein Mistblatt, das sich plötzlich für das Schicksal der Welt interessiert? Was ist da denn geschehen? Und als Stunden später jeder zweite New Yorker mit der neuen »Post« durch Manhattan läuft und sich die Titelzeile ins Stadtbild schreibt, wirkt es, als sei es gar nicht so absurd, würde sich ein Boulevardblatt zur Klima-Woche mal mit wirklich überlebenswichtigen Themen beschäftigen.

Ein kurzes, schnell geschnittenes Spiel mit der Realität: so vor allem funktioniert die »Identitäts-Korrektur«, die die Yes Men zur Perfektion gebracht haben. So war es auch bei der Dow-Chemical-Aktion. Natürlich dementierte der Konzern eine Stunde später die Nachricht, er würde 12 Milliarden Dollar an die Opfer zahlen. In dieser Stunde aber hatte Bichlbaums Auftritt viel erreicht. Er hatte es geschafft, die Welt kurz davon zu überzeugen, ein Konzern wie Dow könne etwas Gutes tun. Er hatte bewiesen, dass dies in der Marktwirtschaft, wie wir sie praktizieren, nicht geht, weil der Markt es sofort mit fallenden Aktienkursen bestraft – in 25 Minuten verlor der Konzern 2 Milliarden US-Dollar. Und Bichlbaum hatte die Welt an Bhopal erinnert und die Wut über die Verantwortungslosigkeit der Firma erneuert. Auch die Geschädigten in Bhopal waren ihm dankbar. Zwar gab es am Ende kein Geld, aber endlich hatte mal wieder jemand an sie gedacht!

Die Yes Men hatten eine alternative Denk-Möglichkeit geschaffen. Mit dem, was sie tun, weisen sie uns darauf hin, dass die Realität, die uns umgibt, nichts Absolutes ist. Sie muss nicht sein, wie sie ist. Sie ist änderbar, wenn wir handeln.

»Und? Die ›Post‹ von heute schon gelesen?«, frage ich meinen Tischnachbarn, als ich im Diner schnell einen Bagel mit Cream Cheese esse.

»Ja, aber heute war sie irgendwie komisch – nur Umweltzeugs drin. Ich wollte echte Nachrichten haben.«

»Aber was könnte denn echter sein als ein Bericht über die klimazerstörende Wirkung von Braun- und Steinkohlekraftwerken? Manhattan wird untergehen, wenn der Meeresspiegel weiter steigt. Da kann Bruce Willis dann auch nix mehr machen.«

»Mag sein, dass Sie recht haben. Ich les' es vielleicht später noch mal. Aber die Sportergebnisse hätten mich trotzdem interessiert.«

»Die Jets haben gewonnen.«

»Toll!«

Es fühlt sich gut an, in einem Diner zu sitzen, nachdem man eine Politaktion mit den Yes Men gemacht hat; die Bagel schmecken dann besser. Dazu macht es irren Spaß.

Der allein aber genügt den Yes Men mittlerweile nicht mehr.

Später am Abend erzählt Andy bei einem Bier im »Schneider's« im East Village davon. Er ist wie immer erschöpft, aber im Großen und Ganzen zufrieden mit der Zeitungs-Aktion. Etwas über hundert Leute hätten teilgenommen, einem der Aktivisten sei es sogar gelungen, vor dem Gebäude der Original-New-York-Post Rupert Murdoch ein Exemplar in die Hand zu drücken. Dafür war der Aktivist kurz vom Sicherheitsdienst festgesetzt worden.

Das sei so ungefähr das Ziel, meint Andy. So was müsse in Zukunft noch viel öfter passieren.

»Die augenblickliche politische Situation in Amerika ist so reaktionär, dass man mit lustigen Medienaktionen allein nicht weiterkommt.«

»Sondern?«

»Wir wollen, dass die Leute auf die Straße gehen.«

»Und gegen den Klimawandel demonstrieren? Gegen den Afghanistan-Krieg? Für höhere Löhne?«

»Viel mehr noch. Sie müssen bereit sein, Risiken einzugehen. Straßensperren zu errichten, Banken zu belagern, zivilen Widerstand zu leisten, sich einsperren zu lassen.«

»Glaubst du, dass sie so weit gehen werden?«

»Sie müssen. Weil sonst alles immer schlimmer wird.«

Dann redet er von den wahren Zielen der Yes Men: tief gehende gesellschaftliche Veränderungen zu erreichen. Verstaatlichungen von Banken, Ausweitung des Gesundheitssystems, Kontrolle des Finanzmarkts, strikte Umweltschutzauflagen, mehr Arbeiterrechte. Er zitiert die amerikanische Soziologin Frances Fox Piven, die nachgewiesen hat, dass sich Gesellschaften immer nur dann wesentlich verändern, wenn die Leute so verzweifelt sind, dass sie sich offen gegen den Staat stellen: Roosevelts New Deal, zu dem es nur kam, weil sich Bürgergruppen bildeten, die sich gegen Räumungen und Enteignungen wehrten, die Bürgerrechtsbewegung der Sechziger, die Weigerungen gegen die Vietnam-Einberufungsbefehle.

»Die Zeit, die wir gerade erleben, unterscheidet sich in nicht viel von diesen Krisen«, sagt Andy. »Und ich glaube, dass Obama sich insgeheim wünscht, dass das Volk aufsteht und sich gegen die Macht der Konzerne erhebt. Ich glaube, dass er uns braucht, um mehr zu erreichen als ein paar gute Slogans.«

»Ist Obama ein Yes Man, Andy?«

»Das hoffe ich.«

Am nächsten Tag, um zehn Uhr morgens, kommt es am Ufer des East River auf Höhe der 23. Straße dann doch noch zum Einsatz der SurvivaBall-Überlebensbälle, die sich die Aktionisten gewünscht hatten.

Etwa zwanzig von ihnen sind in die grotesken Kostüme geschlüpft, die von den Yes Men als Schutzanzug-Karikatur für gefräßige Manager-Typen entwickelt wurden. Darin könne ein Umweltzerstörer die Umwelt fröhlich immer weiter zerstören, weil ihm weder Feuer, Sintflut, Erdbeben noch Atomverseuchung gefährlich würden. Allerdings müsse er dann auch rumlaufen wie ein grauer Teletubby.

Ob die Bälle funktionieren oder nicht, werden die Aktivisten gleich herausfinden, denn ihr Job ist es nun, ins Wasser des East River zu wackeln und zum etwa einen Kilometer entfernten UN-Hauptquartier rüberzuschwimmen, wo die Führer der Länder dieser Welt gerade zum bevorstehenden Klimagipfel von Kopenhagen tagen. Dort sollen sich die SurvivaBalls ein paar Ministerpräsidenten greifen und dazu bringen, endlich ein paar bindende Verträge zu beschließen.

Gerade, als sie ins Wasser wollen, passiert das, was Andy sich am Vortag gewünscht hat: Drei Boote von der Küstenwache blockieren die Bälle; von der Straße aus erklingen Polizeisirenen, über uns kreist ein Hubschrauber mit Fernschütze. Der einsatzleitende Sergeant erklärt, er habe gerade einen Notruf bekommen, sinngemäß in etwa so, dass sich zwanzig übergroße Zwiebeln ungeklärter Herkunft ins Wasser des East River begeben hätten. Ob Mr. Bichlbaum das irgendwie spezifizieren könne.

»Wir testen unsere Überlebensbälle für die nahende Umweltkatastrophe«, sagt Andy. Er bleibt ganz ernst dabei, wie damals, als er Jude Finisterra war.

»Soso. Eine nicht angemeldete Demonstration und Störung also«, sagt der Polizist, lässt sich Andys Ausweis geben und veschwindet kurz im Wagen. Als er zurückkommt, nimmt er Andy fest. Es läge noch ein früherer Haftbefehl gegen ihn vor.

»Welcher denn?«, fragt Andy.

»Sie sind mit dem Fahrrad mal quer durch den Washington Square Park gefahren. Das ist verboten, dafür haben Sie einen Strafzettel bekommen, den Sie nie bezahlt haben.«

Der Yes-Men-Aktivist wird wegen Radfahrens verhaftet – das ist so absurd, dass Andy zum ersten Mal an diesem Tag aus seiner Rolle fällt und lachen muss. Auch dann noch, als die Handschellen zuschnappen: »Okay, Sergeant!« Bevor sie ihn abführen, drückt er mir schnell seinen Fahrradschlüssel in die Hand; daran hängt auch ein USB-Stick mit Foto- und Film-Dateien von dem Polizei-Einsatz, den ihm sein Kameramann zugesteckt hat.

»Kümmerst du dich darum?«

Die nächsten 24 Stunden verbringt er in Haft, ein treuer Märtyrer der Bewegung.

Ich sehe Andy kurz nach, dann nehme ich sein Mountainbike und fahre los, quer durch New York, hin zu Mike, der schon im Büro sitzt und auf den Stick wartet. Der Wind bläst mir ins Gesicht, ich springe über Kantsteine, an Menschen, Hunden, Autos vorbei, schneller, immer schneller. Irgendjemand, den ich fast überfahren hätte, schreit mir was hinterher, aber ich drehe mich nicht um, sondern trete umso stärker in die Pedale.

Ich muss mich beeilen, ich bin ein Yes Man.

18 Stunden ARD

Wenn du vorhast, den ganzen Tag fernzusehen, ist es vielleicht nicht schlecht, wenn das mit einem Schock beginnt: Es ist kurz nach sechs, als die Riesen-Nonne erscheint, sie trägt Hakennase und Kruzifix, will bekehren, strafen, prügeln. Traum, Albtraum, Höllenbesuch? Nein, bloß das »Morgenmagazin« der ARD. »Missbrauchte Heimkinder formieren sich zum Protest in Berlin«, sagt eine Stimme; Männer, ältere, verletzt aussehende, schleppen eine unfassbar hässliche Karnevalsfigur durch die Straßen, eben diese Prügelnonne. Alles vor elf ist sonst nicht meine Zeit, aber jetzt bin ich hellwach: Guten Morgen, Deutschland, heut' komm' ich über dich.

Denn das ist der Plan an diesem Tag, das ist das Terror-Experiment: Zum sechzigsten Geburtstag der ARD das ganze Programm weggucken, um zu sehen, wie das aussieht, wie sie das machen, ob sich das lohnt. Macht man ja sonst nicht. Eine Zeitung blätterst du durch, aber wer scannt einen kompletten Sender? Im Grunde genommen wissen wir NICHTS übers Fernsehen, gerade WEIL es immer läuft. Für den Fall, dass es zu hart wird, stehen Apfelsinen, Paracetamol, Alkohol und Zigaretten bereit, wesentliche Arztnummern (Augen, Herz, Psyche) sind notiert.

Während der Kaffee kocht, moderiert Das-Erste-Morgenmagazin-Anchormann Sven Lorig durch, was bisher so passiert ist: Vulkanausbruch auf Island, Aschewolken; Erdbeben in Nordchina; Präsidentenpaar-Beerdigungs-Diskussion in Polen. Zwischendurch

Kinderreporter aus Hamburg (»Jan Delay, warum nuschelst du so?«, keine schlechte Frage) und Watt-Bericht von der Hamburger Hallig. »Der Sonnenaufgang, das ist ja der Wecker für die Vögel«, sagt die Reporterin, während sie durch den Schlick stapft, sie erinnert in Stil und Auftritt an Elke Heidenreich, ich meine das als Kompliment. So schön und wattig ist Deutschland, der Norden vor allem. Das ist das gute, alte ARD-Gefühl, bei dem dir nichts passieren kann. Hervorgeholt wird es den Tag über immer wieder mit einem Geburtstagsspot, der an Nicoles »Grand Prix«-Sieg, JFKs »Ick bin ein Berliner«-Rede und Lehmanns Elfmeterparade 2006 gegen Argentinien erinnert. Das war die ARD damals; was ist sie heute? Obama/Lena/René Adler?

Sven Lorig bemüht sich um Lässigkeit, er macht das ganz ordentlich, aber warum ist er so schlimm angezogen? Graues Jackett, lila-weiß-gestreiftes Hemd, aufmerksam ausgewaschene Jeans – stellt Jörg Pilawa seine Sachen zusammen? Würde er so in meiner Wohnung auftauchen, würde ich denken, er will mir einen neuen Handyvertrag verkaufen. Angeblich kann er zaubern (soll mal Gauklertricks gelernt haben) – warum tut er das nicht und zaubert sich ein Hemd mit vernünftigem Kragen? Er könnte auch gleich am Studio weiterzaubern, denn alles hier leuchtet grellgelb-orange, die Motto-Bilder, mit denen die Themen angekündigt werden, erinnern an das Frühstücksbuffet eines Mittelklassehotels: Tomaten, Eier, Apfelsinen, weiße Tassen; geht's um Sport, wird ein roter Ball dazugelegt. Die Sendung und ihre Moderatoren wollen Orangensaft sein, frisch, gesund! Ich mag Orangensaft, aber nach drei Stunden stößt es etwas sauer auf, fast muss ich rülpsen, Entschuldigung. Gut, dass Judith Rakers mit der »Tagesschau« stündlich immer wieder dazwischenfährt. Erste Zigarette.

9 Uhr 05: »Rote Rosen«, Folge 780. Was ist das, »Rote Rosen«? Noch nie gesehen, wusste gar nicht, dass es das gibt. Geht aber gut los: Spielt in Lüneburg, und in den ersten zwei Minuten gibt's zwei Trennungen und eine Schwangerschaft, es fallen die Sätze »Du

bist nicht der Vater«, »Tu das nicht, Meike!« und »Ich hoffe, du kannst mir verzeihen«. Seifenzeit auf ARD, ich bin in Stimmung, kann aber schon nach fünf Minuten nicht mehr: Die Schauspieler, man kennt sie allesamt aus anderen ARD-Produktionen, agieren wie Roboter, denen man Arztroman-Skripte gefüttert hat; die Story scheint völlig egal. Man merkt, dass die Serie entwickelt wurde, um die Hartz-IV-Typen und Hausfrauen rüberzuholen, die um diese Zeit lieber bei RTL oder Sat.1 abhängen. Nichts dagegen, aber »Rote Rosen« ist weder echter Trash noch irgendwie gut gemacht. Die Serie wirkt so, als würde sich der Sender für das Format schämen, es aber trotzdem drinhaben müssen. Zweite Zigarette. Auf meiner Facebook-Seite poste ich »schaut ARD«. Vito Avantario gefällt das. Er wird der Einzige bleiben. Kollegin Christine Mortag fragt sich, was zur Hölle passiert ist. Für sie scheint die ARD vor allem ein Katastrophenberichterstattungssender zu sein.

Kurz nicke ich ein, dann weckt mich Mareile Höppner mit »Brisant«. Um diese Zeit wirkt sie wie eine Sexbombe. Ich liebe »Brisant«. Könnte viel länger laufen als bloß eine halbe Stunde. Dann müsste ich auch nicht das als »Liebeskomödie« angekündigte Trauerspiel »Schlaflos in Oldenburg« ertragen, das nun kommt. Mit Suzanne von Borsody und Hannes Jaenicke sind zwei Schauspieler dabei, die ihre Rollen (sie: neurotische Enttäuschte; er: verrückter Vogel) routiniert runterspielen, aber kein Dialog überrascht, jede Einstellung ist zu lang. Wer schreibt solche Drehbücher? Ex-Fernsehspielchefin Doris Heinze, die zuletzt auch so viele »Tatort«-Folgen verhunzt hat? Dabei waren gerade Fernsehfilm und Krimi mal die Königsdisziplinen der ARD. Was kostet eine Produktion wie »Schlaflos in Oldenburg«? Wie viele Leute gucken das gerade? Wieso immer Lüneburg und Oldenburg und nicht mal was aus der Großstadt? Und warum gibt's keine deutschen »Sopranos«, »Mad Men« oder »The Wire«, das Geld wäre doch da? Gerade eben hat die GEZ wieder ihre vierteljährlichen 53,94 Euro abgebucht. Wut macht sich breit, ich rufe bei der ARD in Mainz an.

Man stellt mich weiter nach München, eine nette Pressefrau ist am Telefon.

»Guten Tag, was kostet so eine Bomben-Produktion wie ›Schlaflos in Oldenburg‹«?

»Oh, solche Zahlen werden eigentlich nicht veröffentlicht.«

»Wann wird der ›Tatort‹ wieder gut?«

»Also, ich mag ihn ja.«

»Welchen denn zum Beispiel?«

»Den Münchner. Und den Münsteraner mit Axel Prahl und Jan Josef Liefers.«

»Wann wird Ulrich Tukur Kommissar? Das gäbe mir Hoffnung.«

»Wohl erst 2011.«

»Wie viele Leute schauen jetzt ARD, in diesem Moment?«

»Gegen Mittag so im Schnitt 1,57 Millionen. Das sind 16,5 Prozent Marktanteil.«

»Ist das gut?«

»Das ist ziemlich gut, ja.«

»Was hat ›Mitten im Leben‹ von RTL?«

»Dreizehn Prozent.«

12 Uhr: »Tagesschau«. Vulkanwolke, Krebsmedikamentenbetrug, Konjunkturaufschwung.

12 Uhr 15: »ARD-Buffet«. Es gibt Kaninchen, daran ist nichts auszusetzen.

13 Uhr: »Mittagsmagazin«. Den Moderator Stefan Scheider mag ich. Er ist vernünftig gekämmt und angezogen und moderiert angenehm nüchtern. Er hat was von Christoph Waltz, nur ohne Dunkelheit.

14 Uhr: »Tagesschau«. Vulkanwolke, Krebsmedikamentenbetrug, Konjunkturaufschwung.

14 Uhr 10: »Rote Rosen«, Folge 781. Ab und zu wird ein Infoband eingeblendet: Vier tote Bundeswehrsoldaten in Afghanistan.

Gehe Kaffee kochen und duschen. Als ich zurückkomme, läuft »Sturm der Liebe«, Folge 1052. Das soll ganz gut sein, hab ich mal gehört. Die erfolgreichste Telenovela des deutschen Fernsehens insgesamt, mit im Schnitt 25 Prozent Marktanteil. Sie spielt in den Bergen, es liegt Schnee, ein Hotel »Fürstenhof« kommt vor. Ein Mädchen ist schwanger, sie sagt nicht, von wem. Zwei schrecklich dumme Greise finden einen Mops, der natürlich »mopsfidel« ist. Es ist fast noch schlimmer als »Rote Rosen«, weil es irgendwie Anspruch haben will. Dann lieber GZSZ. Wäre ich arbeitslos, würde ich jetzt einen Ein-Euro-Job machen, irgendeinen. Nur keinen beim Fernsehen.

Krampf im Bein. Hirnflimmern. Erster wirklicher Zusammenbruch. Trinke ein Glas Rotwein (Gran Sasso Primitivo, Puglia, 2007). Rufe bei der ARD-Programmgestaltung an; so geht's ja nicht. Ein Herr Röver.

»Herr Röver, ich gucke gerade ›Sturm der Liebe‹.«

»Wie schön, ich auch.«

»Warum, um Gottes willen?«

»Wegen der wunderbaren oberbayrischen Landschaft und der tollen Darsteller.«

»Warum zeigen Sie so einen Schrott, Sie kriegen doch Gebühren von mir, von uns, vom Volk?«

»Die Leute sehen das gern. Man muss auch mal einschalten, um abzuschalten.«

Röver ist ein kluger, angenehmer Mann. Es entsteht ein Gespräch über Information und Unterhaltung, über amerikanische Serien und deutsche. Darüber, dass Menschen sich eher für Geschichten aus ihrem eigenen Kulturkreis interessieren als für US-Serien wie »Dr. House« oder »Sopranos« oder »Mad Men«, und dass man das auch respektieren müsse. Tu ich auch. Von der Notwendigkeit von »Sturm der Liebe« überzeugt mich das trotzdem nicht. Dann könne ich doch Fußball gucken, meint Herr Röver.

»Aber die besten Spiele haben Sie doch an Sky verloren!«

»Ja nun, das Leben ist kein Wunschkonzert – auch bei der ARD nicht.«

Die Spots mit den Gänsehautmomenten JFK/Nicole/Lehmann laufen wieder. Jauch, Gottschalk, Beckmann weisen auf die große ARD-Geburtstagsshow hin, die um 20 Uhr 15 von Reinhold Beckmann moderiert wird. Jauch ist bei RTL, Gottschalk beim ZDF – warum sind die dabei?

»Haben ja beide bei der ARD angefangen«, sagt Herr Röver.

Eventuell liegt dort das Problem. Die Masse an Vergangenheit. Wer ARD sagt, muss immer auch ein bisschen BRD sagen. Prä-Einheit: Kulenkampff, Carrell, Loriot. Heute: Silbereisen, Beckmann, Schmidt. Vergleichen Sie selbst.

16 Uhr: »Tagesschau«. Susanne Stichler in Gold; Rainald Becker berichtet von den toten Soldaten.

16 Uhr 10: »Seehund, Puma & Co«-Zoogeschichten von der Küste. Drei Gepardenjunge. »Seit vier Wochen sind wir jetzt von der Milch weg«, sagt die Pflegerin. Wohl die beste Nachricht des Tages. Gibt's eigentlich nettere Menschen als Tierpfleger?

16 Uhr 56: Zum ersten Mal Werbung. Für den Dacia SUV, ERGO Direkt, Crataegutt Herzarznei. Und die ARD selbst: »Jede Begegnung ist eine Chance für das Neue«. Was heißt das: Bitte guckt mich immer immer immer wieder?

17 Uhr: »Tagesschau«. Stichler wirkt etwas müde. Kein Wunder. Sie ist in der Nachrichtenschleife. Ich auch. Ich fühle mit ihr.

17 Uhr 15: »Brisant«. Darling Höppner über Merkel bei Schwarzenegger, Bischof Mixa und einen Oberstaatsanwalt aus Palermo, »Mafiajäger Nr. 1«. Letzteres ein bisschen zu fett anmoderiert (Mafiajäger Nr. EINS, brandgefährdet, darf eigentlich gar nicht mit uns reden etc.), aber sonst kann man's so machen.

17 Uhr 55: »Verbotene Liebe«. Das hab ich von 1999–2002 täglich gesehen. Bin sofort im Thema. Toll, dass es das noch gibt. Viel besser als »Sturm der Liebe«.

18 Uhr 25: »Marienhof«. Seltsame Schnitte, einmal sogar verfilmtes Nahtoderlebnis. Hier versuchen sie, ganz modern zu sein. Vielleicht zu sehr. Zigarette.

18 Uhr 50: »Das Duell im Ersten«. Eine Art Memory. Ein Florian Weber moderiert. Ein Atze gewinnt. Interessiert mich irgendwie nicht. Noch etwas Wein. Zwei Zigaretten.

19 Uhr 20: »Das Quiz«. Auftritt des ARD-Giganten Pilawa. Von Journalisten gehasst, von Volk und Quote geliebt. Sein Gesicht sieht immer ein bisschen aus wie von Pinocchios Vater Geppetto geschnitzt. Ist aber Vollprofi. Wäre ich Ausländer und wüsste nichts über ihn, würde ich denken: Kleidet sich vielleicht ein bisschen zu jung, aber ansonsten ein moderner, weltoffener Deutscher, vor dem man keine Angst haben muss. So geht's einem sonst nur bei Claus Kleber, dem Top-Mann des deutschen Fernsehens. Eventuell hat die ARD einen Fehler gemacht, als sie Pilawa zum ZDF gehen ließ. Wer soll ihn ersetzen – Sven Lorig?

19 Uhr 45: »Wissen vor acht«. Ranga Yogeshwar erklärt in 145 Sekunden anhand einer Zahlenkurve, wie man seine Steuererklärung fälschen müsste, damit sie durchkommt. Irre überraschend und ganz toll. Die Art Sendung, die bei den Privaten wirklich nie laufen würde.

19 Uhr 49: Werbung für Jack Wolfskin, Gourmet-Gold-Katzenfutter, Prostagutt-Forte-Harnlöser, Mövenpick-Eis, das Magazin »Stern«. Genauer kann ein Publikum kaum umrissen werden: wandert gern, Probleme beim Wasserlassen, holt sich gern mal ein Eis aus dem Kühlschrank und liest den »Stern«. Im Schnitt 59 Jahre alt, schätze ich mal.

20 Uhr: »Tagesschau«. Der Klassiker. Bin schon etwas betrunken, behaupte aber trotzdem mal einfach: Die beste Acht-Uhr-Nachrichtensendung der Welt. Mutter aller Nachrichtensendungen. Gut designt, angenehme Farben, immer souverän moderiert. Nicht vorstellbar, dass irgendwo auf der Welt was von Belang geschähe und man woanders einschalten würde. Nicht vorstellbar, dass überhaupt etwas passieren KÖNNTE, wenn's die Tagesschau nicht mehr gäbe.

Und? Wie geht's der sechzigjährigen ARD nun? Was sagt der

Arzt? Er sagt's so: tagsüber sechzig Prozent Schrott, abends sechzig Prozent Qualität.

20 Uhr 25: Etwas verspätet (»Brennpunkt« wegen der toten Solda-ten) kommt Beckmann mit seiner ARD-Geburtstagsshow. Er will im schwarzen Rolls auf die Bühne fahren, aber der springt nicht an, Jauch (RTL) und Gottschalk (ZDF) müssen schieben. Ein pas-senderes Bild ist nicht denkbar. Ich schalte ab.

Unter Linken

Es ist kurz nach Mitternacht, als ich meinen ersten linken Moment erlebe. Die Straßen sind dunkel und leer, aus den Fenstern dringt kaum Licht, die Mücken summen besoffen, sie haben das Blut der Roten getrunken. In einem Hauseingang sitzen Gestalten und singen Lieder zur Akustikgitarre, ein Blinder spielt Keyboard:

»Es ist nicht deine Schuld,
dass die Welt ist, wie sie ist,
es ist nur deine Schuld,
wenn sie so bleibt.«

Der Kampf als Traum, der Traum als Kampf. Jugendgruppenpower, Ferienlagerfeeling. Der Rest der Welt ist 3773 Lichtjahre entfernt. Vielleicht funktioniert der Sozialismus vor allem nachts.

Aber der Reihe nach.

Ich kam gestern hierher, zum »Pfingstfest der Linken« am Werbellinsee bei Barnim, Brandenburg, eine Autostunde von Berlin entfernt. Es klang nach einer guten Idee: Griechenland-Krise, Inflationsangst, ganz Deutschland enttäuscht von CDU/FDP. In NRW schafft Die Linke über fünf Prozent und setzt sich zu Koalitionsverhandlungen mit der SPD hin. Wird zwar nichts draus, aber trotzdem: Wind of Change. Die Welt ändert sich, das Land ändert sich, Furcht und Unsicherheit herrschen. Da willst du wissen: Was macht Die Linke am Wochenende? Wie feiert, trinkt, tanzt sie? Hier am Werbellinsee trifft sie sich seit Jahren auf einem ehemaligen Jungpionier-Camp. Gesine Lötzsch, frischgewählte neue Bundesvorsitzende, würde auch kommen. Also: Vámonos, Genossen und Genossinnen!

Unrasierte, aber fröhliche Rothemden begrüßten mich, als ich einfuhr und mich beim »Orga-Büro« meldete, ein großer rot-weißer Heißluftballon stand davor. Um zu sehen, wie spontan die Linken sind, hatte ich weniger als nichts vorbereitet.

»Tag, ich würd' gern bei euch mitfeiern!«

»Schön, hast du ein Zimmer reserviert?«

»Natürlich nicht.«

»In Haus 3 ist noch Platz, Einbettzimmer. Macht 80 Euro die drei Nächte, inklusive Essen.«

»Nehm ich! Und was machen wir dann?«

»Party mit DJ Ecco Weber!«

»Wer ist DJ Ecco Weber?«

»Der Beste. Komm einfach.«

Ich warf meine Tasche auf die Pritsche und sah mich um: Riesengelände mit Herbergshäusern so groß wie Paläste, überall Bäume, Wiesen, Sträucher. Ein paar Kinder kickten einen Fußball. Am hervorragend ausgestatteten Merchandising-Stand der Linken kaufte ich Die-Linke-Sonnencreme, ein Die-Linke-Feuerzeug, Buttons von Rosa Luxemburg, Che Guevara, Oskar Lafontaine und einen, auf dem »Revolution!« stand. Innerhalb einer Minute war ich Little Fidel Castro. Fleisch- und Biergeruch überall, ich besorgte mir eine Wurst und notierte die ersten Feststellungen:

1. Die Linke grillt gut.

2. Die Linke trinkt gut.

3. Die Linke lächelt dich an, wenn deine Militärjacke mit den alten Helden vollgepinnt ist.

Durch den Wald kam ich zum Strand, and what a Strand it was! Caspar-David-Friedrich-artig leuchtete der See im Abendlicht. Bis 1989 wurden hier die verdientesten Söhne und Töchter der verdientesten Diener und Dienerinnen der SED zu noch größeren Verdiensten erzogen. Man versteht sofort weshalb, denn schöner als am Werbellinsee kann der Osten kaum sein. Man fragt sich aber auch ein bisschen, warum Die Linke ihr Pfingsten gerade in einer ehemaligen Kaderschule feiert, wo der Ostalgie-Vorwurf doch der erste ist, den sie von der Presse immer vor den Latz geknallt bekommt.

Vielleicht würde DJ Ecco Weber weiterhelfen können, Stimmungskanone und Radiomoderator bei Antenne Mecklenburg-Vorpommern, wie ich später erfuhr.

»He, Ecco – hast du die ›Internationale‹ da? Das würde doch knallen jetzt!«, fragte ich, als er anfing, in der Sporthalle die ersten Hits aufzulegen, zuerst ein Schlager der Ostgruppe »electra«, Refrain: »Nie, nie zuvor hab ich dir so sehr vertraut; nie, nie zuvor hab' ich so auf dich gebaut«.

»Nee, lass mal.«

»O. k., dann Gangster-Rap: ›Regulate‹ von Warren G!«

Daumen hoch von DJ Ecco.

Andreas Fährmann, Die-Linke-Organisator aus Berlin, konnte beim Mojito etwas mehr zur Ortswahl sagen:

»Die Linke ist hier, weil's der Osten ist. Weil hier viel Platz ist. Weil's Teil unserer Geschichte ist.«

»Verstehe. Können Sie mir später eventuell einen coolen alten Stasi-Mann vorbeischicken, der mir ein bisschen was von dieser Geschichte erzählt?«

»Ham' wir grad nicht da.«

»Glaub' ich nicht.«

»Doch. Schauen Sie sich um: sind vor allem jüngere Menschen hier.«

Stimmte nur so halb, es sei denn, mit den »Jüngeren« meinte Fährmann die Kleinkinder, die um uns herumsprangen. Ansonsten lag der Schnitt der Leute hier bei Mitte/Ende fünfzig.

Es sind Menschen wie die Renterin Lotti, zu DDR-Zeiten Arbeiterin in einer Glühbirnenfabrik, die erst vor Kurzem wieder in die Gegend gezogen ist und der der Staat wegen der angeblich niedrigeren Lebenskosten im Osten 150 Euro von ihrer Rente gestrichen hat. Es sind Menschen wie Rüdiger aus Gießen, der eine Zeit lang als Promotion-Manager großen Erfolg hatte, dann abgestürzt ist, von Hartz IV leben musste und nun einen Halbtagsjob im Fraktionsbüro hat. Klaus Dieter, ein ehemaliger Mathe-Lehrer aus Sachsen-Anhalt, hat so sehr an die DDR geglaubt, dass er nach der Wende nicht mehr wusste, was er seinen Schülern erzählen sollte, und verstummte, bis er in der Arbeitslosigkeit verschwand. Und noch drei- bis vierhundert andere mit ähnlichen Biografien. Nicht wenige wünschen sich die DDR zurück und sagen das auch genau so, weil: Ein Scheiß-Zuhause (früher) ist immer noch besser als gar kein Zuhause (Kapitalismus).

»Hat die Reisefreiheit nichts gebracht, Lotti?«

»Ach, wir werden doch überall nur ausgenommen: 3 Euro 50 für'n Cappuccino!«

»Hat Merkel nichts gebracht, Klaus Dieter?«

»Erst viel Hoffnung, dann noch mehr Enttäuschung.«

Es sind also vor allem Verletzte gekommen, die hoffen, dass Die Linke mit ihren Versprechen, sich für Mindestlöhne, Arbeitsplätze und Ost-West-Rentenausgleich einzusetzen, irgendetwas für sie tun kann. Hilfe spenden, Heilung.

Zusammen mit ihnen lasse ich mich am nächsten Morgen von einer Försterin, die ein bisschen so aussieht wie Patti Smith, durch den Biosphärenwald führen. Sie zeigt uns einen Fuchsbau.

»Manchmal teilen sich Fuchs und Dachs einen Bau«, erklärt sie.

»Wie CDU und FDP!«, sagt jemand.

»Wie Rot-Rot in Brandenburg!«, ein anderer.

»Wie Rot-Schwarz in NRW!«, der schlauste von allen.

Am Nachmittag geht's im sehr kleinen Festzelt ein bisschen um Frauenpolitik und Landesfinanzen, zwei Minister aus Brandenburg sind da, aber so richtig kickt es nicht. Etwas zu leger und schludrig lehnen die Redner am Tisch und wiederholen das, was sie immer sagen: Läuft doch gut für uns, steter Tropfen höhlt den

Stein, demokratischer Sozialismus, gerechtere Welt etc. – aber zur Erklärung, wie die Gegensatzpaare Demokratie und Sozialismus denn zusammengehen sollen, raffen sie sich nicht auf. Die Zuhörer nicken das ab. Sie freuen sich, dass jemand da ist, dass sie alle hier sind, dass eine Heimeligkeit entsteht weitab von der Welt. Es ist ein bisschen wie die singende Jugendgruppe vom Vorabend: Solange die Grundakkorde angeschlagen werden, ist noch Hoffnung.

Da ist es leicht, sich ablenken zu lassen: Die schönste Frau auf dem Gelände heißt Milena und ist eine Halbitalienerin/Halbtunesierin, die sich an einem Infostand für die Unabhängigkeit der von Marokko annektierten Westsahara einsetzt. Hätte man jetzt viel größere Lust, hinzufahren und Revolution zu machen. Bestangezogener Mann (Barbourjacke, Hemd, vernünftige Schuhe) ist Klaus Sühl, Die-Linke-Stadtrat von Dresden. Zünde mir mit meinem neugekauften Die-Linke-Feuerzeug (»Wir haben Feuer« steht drauf) eine geschnorrte Polenzigarette an. In diesem Moment beginnt es zu regnen.

Feststellung No. 4: Wenn's regnet, klappt kurz gar nichts bei den Linken. Dann geht das Feuer aus. Auf Schlechtwetter sind sie ähnlich ungenügend vorbereitet wie auf den Zusammenbruch der UdSSR. Die Tanzshow, die sie im Zelt hinlegen, untertrifft das schlimmste, abgenudeltste Dorffest. Niemand tut was, um die Stimmung zu retten, trotz »Beat it« von Michael Jackson und »Everybody needs somebody« von den Blues Brothers. Kein Bein zuckt, keine Hüfte wackelt. Notiz No. 5: Nein, Die Linke hat keinen Rhythmus.

Viel lustiger ist's draußen am See: Drei halbnackte Punks aus Thüringen springen im Wasser herum, sie sind erst bei der letzten 1.-Mai-Veranstaltung in die Partei eingetreten, von der Straße weg rekrutiert sozusagen. Die Politik interessiert sie nur dann, »wenn direkt was passiert, also Demo oder so«. Einer von ihnen, André, saß wegen Kleptomanie eine Zeit lang in der Psychiatrie, hat immer Bier, Tabak, Parfüms geklaut, wie ein Irrer. Kurz wirkt Die

Linke ganz lebendig. Wenn schon Straftäter in der Partei, dann doch bitte junge gesamtdeutsche Diebe statt alter Stasi-Recken!

Oder ein Typ wie Steffen Bockhahn. Ich traf ihn am Vortag vor der Disco von Ecco Weber, jetzt sitzt er im »Café am Strand« vor mir, während eine unwirsche Kellnerin versucht, die alte Stuhlordnung wiederherzustellen. Sie ist, man glaubt es kaum, wirklich sauer, dass genau dieselbe Stuhlart von einem Tisch zum anderen gewandert ist. Ganz kurz extremes Osthass-Gefühl, obwohl ich hier gar nicht aufgewachsen bin.

Bockhahn kommt aus Rostock, ist Landesvorsitzender der Linken in Mecklenburg-Vorpommern, dazu MdB im Direktmandat, mit 32 Prozent der Stimmen gewählt. Aufsteiger! Bockhahn (Lieblingsbuch: »Der alte Mann und das Meer«, Lieblingslied: »Losing my religion«, Lieblingsfilm: »Leaving Las Vegas«) ist einer der Typen, an denen du sofort hängenbleibst, weil er nicht nur links ist, sondern auch wach und sympathisch und schnell im Kopf und bei der Bierbestellung.

»Warum geht einer wie du zu den Linken, du siehst doch ganz gut aus?«

»Ich komme aus einem roten Elternhaus, fand Krieg und Militär immer doof. Und die Nazis auch.«

»Hast du Direkterfahrungen mit Nazis?«

»Rostock-Lichtenhagen 1992. Und das war nicht das einzige Mal.«

»Sauer wegen Nordrhein-Westfalen?«

»Nö, das haben wir von der SPD so erwartet.«

»Was nervt an Deutschland?«

»Die Reichen zahlen nicht genug Steuern.«

»Muss die Deutsche Bank verstaatlicht werden?«

»Warten wir's ab. Fakt ist, dass sie von der Gesellschaft profitiert und davon so gut wie nichts zurückgibt.«

»Demokrat, der Herr?«

»Natürlich!«

»Sozialist, Monsieur?«

»Auch! Aber demokratischer, nicht stalinistischer.«

»Gibt's zwei größere Widersprüche als Demokratie und Sozialismus?«

»Ja: Faschismus und Menschenwürde.«

»Jetzt vergleichen wir gerade den siebten Kreis der Hölle mit dem achten, non?«

»Einen Bauplan hab' ich auch nicht. Aber VERSUCHEN, eine andere Gesellschaft aufzubauen – das müssen wir, weil diese nicht gerecht ist. Es geht nicht an, dass im Osten geringere Löhne und Renten gezahlt werden; es geht nicht, dass die Bürger für die Spekulationen der Banken zahlen.«

Bei Bockhahn oder seinem Generationsgenossen Jan Korte aus Bitterfeld, der auch angereist ist, werden die unterschiedlichen Triebfedern klar, die in der Linken wirken: Das sozialistische Weltbild der Jungen speist sich nicht so sehr aus einer Ehrenrettung der DDR, politisiert wurden sie vor allem durch einen ausgeprägten Antifaschismus. Korte zum Beispiel war einer der Hauptakteure, als Die Linke im Bundestag den Antrag stellte, die sogenannten »deutschen Kriegsverräter« zu rehabilitieren, die unter Hitler zu den Alliierten übergelaufen waren und bis 2009 ungeheuerlicherweise als vorbestraft galten. Kann man nur gut finden, Kortes Engagement, und auch sonst sagt er richtige Sachen zu Datenschutz und Internet.

Die Parteiälteren dagegen wirken oft so, als wollten sie vor allem etwas Sozialistisches ins Staatsgefüge einschreiben, damit etwas von ihnen überlebt. Ihre Wähler, die von Westdeutschland tatsächlich in vielen Punkten erniedrigten und beleidigten Ossis, hängen dazwischen ein bisschen in der Luft, wie Marionetten, die an dem kleben bleiben, der ihren Namen nicht gleich wieder vergisst. Es ist das große Versagen der etablierten Parteien, sich nicht um sie gekümmert zu haben; völlig zu Recht werden sie dafür bei den Wahlen bestraft.

Es ist kurz vor zehn am Pfingstsonntag, als Gesine Lötzsch auf dem Gelände erscheint; sie trägt eine Art Zebrakleid zu einer Art Zebraturnschuhen, sie wirkt frisch geduscht und nicht unsympathisch. Weil's noch so früh ist und die Linken gestern alle bei DJ Ecco waren, wird sie nur vor etwa sechzig Leuten zu den ewigen Debatten um Unrechtsstaat – DDR Ja/Nein, Irgendwie Neuer Sozialismus/Alter Sozialismus, Afghanistan Ja/Nein etc. referieren.

»Schöne Buttons haben Sie da!«, lobt Lötzsch mich, als sie zum Redepult geht.

Den einen halte ich ihr ins Gesicht: »Revolution – meinen Sie das eigentlich ernst?«

»Ja klar!«

»Und wie soll die aussehen?«

Sagt Lötzsch in der Kürze nicht, dafür lädt sie ein zum »Neptunfest«, einem alten DDR-Ostsee-Spiel, bei dem die Kinder eine Art Taufe vom Meeresgott Neptun bekommen. Ein paar auf Seewesen geschminkte Jungs mit Keulen und Dreizack besetzen die Strandwiese, verlesen Namen von Kindern, die sich irgendwie gegen Neptun versündigt hätten (ins Wasser gepinkelt oder so), und schicken Häscher los, um die Kinder zu fangen.

Es ist ziemlich lustig, bis genau zu dem Zeitpunkt, als Neptuns Assistent die Kinder mit »Knie nieder!« anbrüllt, und die Häscher deren Köpfe ins Gras drücken, um Neptuns Flossen zu küssen. Da wird's irgendwie seltsam autoritär und demütig. Ein paar Kinder wollen auch gar nicht.

»Wer hat das Spiel erfunden – Mielke?«, frage ich einen Typen neben mir. Er versteht nicht.

»Wie früher!«, jubelt jemand.

Wer ist Vittorio Manalese?

Ich stand auf dem Balkon, als der Galerist anrief. Die Sonne ging gerade unter, das Licht brach sich in Schlieren, Staub lag in der Luft. Irgendwo war ein Vulkan ausgebrochen. Den Galeristen interessierte das nicht. Er redete so, wie er immer redete:

»Und?«

»Ja.«

»Gut. Ich mach' ne neue Galerie, mit fünfzehn Künstlern, die keiner kennt. Geheimsache noch. Du besuchst die, schreibst das auf, machst Fotos, gibst das ab.«

»Fünfzehn neue Künstler? Du bist irre. Warum überhaupt?«

»Brauch Frischfleisch.«

»Mach ich nicht.«

»Machst du doch. Oder verdienst du grad so viel, dass du das Geld nicht brauchst?«

Ich dachte an die Wohnung, die Scheidung, die Schulden, die Reise nach Scopello, den vierzigsten Geburtstag, den Hund, der mir gerade zugelaufen war. Jana liebte diesen Hund. Ein schwarzer Mischling, Joschi Corleone. Corleone stand vor mir, wedelte mit dem Schwanz, bellte. Diese Hunde haben immer Hunger, und die kleinsten den größten.

»Ich mach's.«

»Komm morgen vorbei«, sagte der Galerist und legte auf, so wie er immer auflegt. Corleone bellte.

VITTORIO MANALESE & Fils
Jeux Electriques
Flippers — Juke Boxes

steht auf dem Schild der Lagerhalle in Charlottenburg. Davor steht der Galerist, klein, unter Strom, wie immer. Neben ihm: eine Rothaarige.

»Soso«, sage ich. »Du verkaufst jetzt also auch Flipper und Spielautomaten. Ist die Krise so schlimm? Ist echt alles vorbei?«

»Ich verkaufe Kunst«, sagt der Galerist, klein, unter Strom, wie immer.

»Das ist die neue Galerie«, sagt die Rothaarige.

»Und du bist Vittorio Manalese?«

»Nein. Ich bin Aurelia und kuratiere die ganze Sache.«

»Sie hat alle ausgesucht. Sie ist der Spürhund«, sagt der Galerist.

»Und wer ist Vittorio Manalese? Der Geldgeber? Der Mann mit dem Koks? Die Mafia? Irgend so ein Arsch aus Amerika?«

»Das erfährst du schon noch. Stell nicht so viele Fragen!«

Wir gehen rein.

Ein großer, heller Raum. »Hier kommt was an die Decke«, sagt der Galerist und zeigt nach oben. »Und hier, hier häng ich drei Riesensiebdrucke hin, da fällst du um. Dahinten: Schrott, ganz viel Schrott. Da und da und da: Bilder!«

Der Galerist tanzt und vibriert vor Erregung. Diese Aurelia auch. Sie geben mir eine Bionade und drücken mir einen Zettel in die Hand. Darauf Namen.

»Die besuchst du«, sagt der Galerist und verschwindet.

»Au revoir«, sagt Aurelia.

»Philip Topolovac« lautet der erste Name auf der Liste. Wer das ist, was er tut, wo er herkommt? Keine Ahnung. Ich mache hier nur einen Job.

Ich treffe ihn in einem Café am Ufer, Kreuzberg. Er trägt Bart, einen langen Mantel, läuft auf Krücken. Wie so ein Typ aus einem Fritz-Lang-Film.

»Was ist mit deinen Beinen los?«

»Kniesache.« Topolovac holt eine Mappe heraus, schlägt sie auf. Schwarz-Weiß-Fotos, von Bergen oder so was. Er sieht mich an, erwartungsvoll. Ich verstehe nichts.

»Die Alpen?«

»Berlin«, sagt er. Und schweigt.

Ich blättere die Mappe durch. Topolovac hat Baugruben, Schuttberge und Müllhalden so fotografiert, dass sie wie Landschaftsbilder aus dem 18. Jahrhundert wirken. Auf anderen Bildern sind schwarze Industriegewächse zu sehen, die aus den Wänden in Räume hineinzuwuchern scheinen wie gigantische Industrieschwüre. »Alien«, »Blade Runner«, »Spider-Man III« kommen mir in den Sinn.

»Warum?«, frage ich.

»Strukturen und Systeme«, sagt Topolovac. »Inneres und Äußeres. Alles frisst sich fort, macht weiter, auf ewig. So ist es.«

Ich nicke. Topolovac ist mir ein bisschen unheimlich. Wachsen gerade Heizungsleitungen aus seinen Augen?

»Lass uns ein Foto machen.« Wir gehen auf eine Brücke, ich drücke ab.

»Eins noch«, fragt Topolovac zum Abschied. »Wer ist dieser Vittorio Manalese, bei dem die Ausstellung stattfindet? Noch nie von ihm gehört, nirgends.«

»Wüsst ich auch gern«, sage ich.

»Madeleine Boschan« ist der zweite Name. Sie wohnt nicht weit von mir. Ich steige aufs Fahrrad und nehme Joschi Corleone mit. Er freut sich, mal wieder rauszukommen.

Das Atelier befindet sich im Erdgeschoss eines Hauses in Neukölln. Der Teil, über den man nichts in der »Zitty« und im »Tip«

liest, wenn es um neue, lässige Wohngegenden geht. Der Teil, in dem es nach billigen Scheuermitteln und Sagrotan riecht.

Vor dem Haus: Schrott. Bretter, Blech, Rohre, kaputte Stühle. Im Haus: auch, denke ich, als ich den Raum betrete. Aber nur kurz. Dann beginnt das Zeug zu leben.

Boschan, schmal, in Schwarz, mit Kaffeetasse und Zigarette in der Hand, hat aus Dingen, die sie auf der Straße gefunden hat, eine Art Wesen gebaut. Es hat ein Rückgrat aus Holz und Stahl, kunstvoll verzwirbelte Alu-Rollos und Lampen überall. Es scheint aus sich selbst herauszuwachsen. Boschan hat dem Schrott etwas Organisches gegeben. Als wäre er immer so gewesen.

Joschi bellt.

»Ist's ein Vogel, ist's ein Flugzeug, ist es Superman?«, frage ich.

»Am ehesten ein Vogel«, sagt sie. »Aber wenn man ihn vertikal aufstellt, wird wieder was anderes daraus.«

»Wie heißt es?«

»Oxymoron.«

So sind sie, die Künstler.

Yasmin Müller, auch auf der Liste, treffe ich auf der Dachterrasse des Karstadt-Hauses am Hermann-Platz. Hier geh ich selbst seit Jahren hin. In letzter Zeit aber ist der Laden immer schlechter geworden. Die Ära der Kaufhäuser geht zu Ende.

Kurzer, heftiger Moment der Wehmut. Erinnerung an Nachmittage mit den Eltern und stundenlange Spielzeugabteilungs-Aufenthalte.

Müller trägt einen gelbschwarz karierten Schal, eine Art Trenchcoat, goldlackierte Fingernägel. All das plus eine Cola in der Hand. Nicht schlecht.

»Warum hier?«

»Weil es ein Ort des Trashs ist, der sich als exklusiv verkauft. Weil er vorgibt, etwas zu sein, was er nicht ist«, sagt sie.

»Eine Kopie?«

»Ja.«

Müller legt mir Bilder vor, von Logos, Zeichen, Schriftzügen. Auch bei ihr geht's um Kopien. Originalität entsteht durch Nachahmung, findet sie. Einmal stellte sie ein Paar weiße Turnschuhe aus, das sie in einem türkischen Modegeschäft gefunden hatte. »Super Mode« hießen die; ein No-Name-Produkt, das behauptet, es müsste eigentlich in der »Vogue« vorkommen. Eine Skulptur heißt »Marmorkuchen« und ist genau das: eine Marmorkuchenform in Marmor. Bei »Home Sweet Home«, einem pastellblau bemalten Fensterladen, der so wirkt, als sei er einem Hockney-Bild entsprungen, kommt zum zweiten Mal an diesem Tag Wehmut – aber wonach? Erinnerungen, die ich nie hatte? Erinnerungen aus Bildern? Kopien von Erinnerungen? Verlasse Müller verwirrt. Umarme unten auf der Straße meinen Hund und kaufe ein Eis, das erste des Jahres, Karamell.

Die Bar liegt am Kottbusser Damm, sie heißt »Cussler«. Früher befand sich ein Schuster darin, mein Schuster, ein guter Mann aus Afrika. Heute, an einem Dienstagabend: alles voller Künstler. Und da heißt es immer, Schuhe sind für die Ewigkeit.

Diese Aurelia hatte mich dorthin beordert: »Geh da mal hin, da sind auch welche von unseren Leuten.«

Einer heißt Ralf Dereich, einer Dominik Steiner. Sie machen die Bar. Beide malen abstrakt. Dereich mit Flächen und Schlieren, Steiner groß und monochrom, wie Flaggen für Länder, die's nicht gibt.

»Gin Tonic, bitte.«

»Kommt«, sagt Dominik. Er hat so einen Akzent.

»Österreicher?«

»Oberpfälzer!«

»Wie heißt dein Bild, das große blaue?«

»Leaving Green Sleeves.«

»Es ist aber doch blau.«

»Es ist aber ein Lied von Leonard Cohen.«

»Warum macht ihr diese Bar?«

»Aus Trotz. Weil so lange nichts passiert ist unter den Berliner Künstlern. Weil die alle immer nur rumhingen. Jetzt trinken sie wenigstens hier.«

Immer mehr Gestalten kommen rein. Boheme-Gefühl, bisschen Lower East Side New York. Eine Blonde tritt ein, in Schwarz, auch mit süddeutschem Akzent. Maike Gräf, sagt jemand. Die könne Wände hochklettern und Puccini singen, wenn sie gut drauf sei. Zu der kommen wir später noch.

Zweiter Gin Tonic.

Dereich steht vor mir, groß, bisschen Skepsis im Blick. Nicht sicher, ob er mich mag. Den Tag über hat er mit einem Bild gekämpft, sagt er.

»Rauschmaler?«

»Nö.«

»Worum geht's, wenn du malst?«

»Ralf Dereich malt ein Bild – darum geht's.«

»Bist du Vittorio Manalese?«

»Nein.«

Punkrockmusik. Diese Maike Gräf beginnt, die Wand auszuchecken. Dritter Gin Tonic. Klettert sie oder klettert sie nicht?

Worum geht's, wenn man heute Künstler wird, was will man? Will man DER NEUE sein, oder DER ALTE; will man aufbauen oder zerstören? Brauchst du eine Sucht, die du auslotest bis in die letzten Grenzen; dorthin, wo noch niemand war? Gibt's das noch, Orte wo noch niemand war?

All diese Fragen stelle ich zum Frühstück Joschi, meinem treuen Gefährten.

Joschi schaut, Joschi guckt, Joschi bellt. Er weiß, es geht nur um die Tat, nicht das Wort, in der Kunst wie im Hundeleben, das auch die Kunst manchmal ist.

Guten Morgen! Einer mit Kopfschmerz und leichtem Wahn; diese Manalese-Sache beginnt, mich mitzunehmen.

Schwänze, Titten, Brüste, Riesenpenisse, Mikropenisse, in Mündern, Ärschen und, Entschuldigung: Fotzen – auf Stefan Rincks Bildern, Petersburger Hängung im Atelier, sieht's aus wie im Internet-Porno. Ein bisschen ist's auch so.

»Guckst du viel YouPorn?« Er, wirre Haare, lustiger Blick, meißelt gerade an einer Eulenskulptur herum.

»Ich muss, ja, leider.«

»Ist es eine Sucht?«

»Es ist ein bisschen wie beim Tourette-Syndrom. Andere sagen ›ficken‹, ich muss das malen.«

»Warum eigentlich?«

»Ich versuch', da irgendwie Poesie zu finden.«

»Was ist das für eine Eule, warum reckt sie den Flügel?«

»Das ist eine Strebereule. Sie weiß alles. Auch das, was sie nicht weiß.«

»Der Zombie dahinten auf dem Bild, wer ist das?«

»Das ist ein Mädchen, in das ich mal verliebt war. Damals, als Kind.«

»Weiß sie davon?«

»Nein.«

Telefonklingeln, hektisch, energetisch, aufgeregt.

»UND?«, brüllt der Galerist.

»Porno«, sage ich.

»Ist doch gut!«, schreit er und legt auf.

Berlin-Wedding. Zerlumpte Fabrikgelände, Lagerhallen, verlassene Manufakturen. Die Art Gegend, wo du Rahmen so groß wie Fußballfelder bauen kannst und einen Mord begehen, wenn du Lust drauf hast. Künstlertraum!

Zhivago Duncan – was ist das bitte für ein Name? Damit hätte der Typ alles werden können: Schauspieler, Musiker, Porno-Model (bin im Kopf immer noch ein bisschen bei Stefan Rinck). Duncan aber ist Künstler – und was für einer: mit Muskelarmen, Kappe und Tätowierungen. Mit Sprühdosen, Lösungsmitteln, Autoteilen. Mit »What's up, man?« und »Yeah!« und »You know?«. Mit der ganzen tollen Künstlereuphorie also.

In seine Halle hineinzugehen, ist, als würde man das New York der Siebziger betreten: Siebdrucke überall, von Filmstars, Typen aus Mafia-Filmen, David Bowie, Andy Warhol etc. Auf einer Werkbank liegt ein Buch, schwerer als ein Paket Ziegelsteine, dick wie eine Hauswand.

»Was ist das, Zhivago?«

»Mein Buch, ›Souvenirs of God‹. Eine Hommage an Andy Warhols Magazin ›Interview‹. Schau rein.«

Sie sind alle drin, von Zhivago aufbereitet, verfremdet, mit Textfragmenten aus Google und Wikipedia versehen: Colacello, Malanga, Fremont, Warhol, Bowie, Blondie ...« Viele von ihnen hat er dafür besucht und interviewt. Es ist das Amerika von früher, das gute, alte, ganz alte. Das vor Reagan, Bush, Clinton, Bush. Zhivago ist ein Fan, ein Liebender.

»Sehnst du dich danach, Zhivago?«

»Nach großen, legendären Gestalten? Nach Geschichten, Skandalen, Irrsinn? Ja klar! Wer nicht?«

»Wie viel Exemplare gibt's davon?«

»Drei.«

»Was kostet eins?«

»Klären wir gerade.«

»Eventuell will ich eins.«

»Haha.«

Ein paar Meter weiter wohnt Wolfgang Ganter. Er hat eine Frisur wie der ganz junge John McEnroe (Finger in der Steckdose). Im Gegenteil zu McEnroe aber ist Ganter still, ruhig, leise. Ein Apothekenschild hängt über seinem Atelier. Drinnen: seltsamer Geruch. Während die meisten Künstler »Ich arbeite gerade« sagen, müsste er »ES arbeitet gerade« sagen.

Ganter, Typ irrer Wissenschaftler (die Art Dr. Emmett Brown aus »Zurück in die Zukunft I–III«) setzt Bakterien, Säuren, Mikroorganismen auf seinen Bildern und Fotonegativen aus. Er lässt sie besamen, bestatten, verätzen, verletzen. Emulsionen entstehen, Bilder, die ewig arbeiten sozusagen. Im Hintergrund läuft Genesis, »Invisible Touch«.

»Sind Sie oft krank, Herr Ganter?«

»Nie«, er grinst wieder.

Joschi schnüffelt. Die Luft, sie scheint zu wimmeln, glimmen, schwimmen. Treten jetzt gerade Bakteriensporen in unseren Körper ein? Ist der ominöse Manalese in Wahrheit ein Terror-Islamist, der vorhat, die Welt zu vergiften wie in »Outbreak« mit Dustin Hoffman? Nichts ist sicher, alles möglich. Für wen arbeite ich eigentlich? Fluch über den Galeristen!

»Sehr schön, Herr Ganter, besten Dank und: tschüss!« Erst dreißig Meter vom Atelier entfernt trauen Joschi und ich uns wieder zu atmen.

»Magst du Penisse oder findest du sie lächerlich?«

Joschi und ich stehen vor Maike Gräf. Wir erinnern uns: die Frau, die Wände hochklettern kann und Arien schmettert, wenn ihr langweilig ist.

»Natürlich hat der Schwanzkult, dem wir uns hingeben, auch etwas Lächerliches«, sagt Gräf.

Wir, der Hund, Gräf und ich, sind umgeben von bemalten Holzskulpturen in einer Art gigantischem Sägewerk. Die Skulpturen sind eckig, fast kubistisch, und bemalt, schwarz-weiß und neonesk. Eine zerschmetterte Melone, sehr schön. Dazu viele Schwänze und Vaginas; auf einem Medusa-Kopf mit Leuchtaugen, Totempfählen, Eiern. Einmal ist ein Mann eine Ameise.

»Feministinnen müssen das lieben, Miss Gräf.«

»Ja, die kriegen da manchmal gute Laune!«

Joschi, als Kerl, kriegt Angst. Ich auch. Wir müssen schnell etwas essen, um die Furcht zu vergessen. Am besten Fleisch. Der Türke um die Ecke hat was, es ist gut.

Es war der Hund, der entschieden hat, dass jetzt mal kurz Schluss ist mit der Penis- und Bakterienkunst. Hunde sind manchmal etwas wertkonservativ. Das müssen sie sein, weil sie abhängig sind, zum Beispiel von mir, was Futter, Wasser, Liebe betrifft. Joschi will Malerei; die gute, alte, romantische. Er will wissen, wie das ist, wenn man im Atelier steht und die Welt abbildet, so wie man sie sieht.

Michelle Jezierski in Kreuzberg ist seine Frau. Sie ist höflich, interessiert, leidenschaftlich. Sie hat eine vollgekleckerte Hose und Pinsel überall. Sie nimmt Bilder ernst, will sie nicht zerstören, sondern feiern. Sie reist herum und kommt mit Eindrücken von Häusern, Architektur, Licht, Spiegelungen zurück. Die malt sie dann, in leuchtenden Farben. Das ist ihr Leben.

Joschi mag das. Ich mag das. Wir könnten uns das gut in unserer Wohnung vorstellen.

Wir mögen auch gern die Bilder von Oliver Flössel. Er malt zwar abstrakt, das verstehen Hunde manchmal nicht (ist ja keine Wurst oder Hütte drauf); aber Joschi ist begeistert von der Farbigkeit und Energie, mit der Flössel malt. Die Bilder, vielschichtig aufgetragen, wirken wie ein Ganzes; Wirbel und Strukturen verbinden sich.

Hiphop (Mos Def) dringt durch den Raum, während wir bei Flössel sind, der T-Shirt und Malerhose trägt. Das Bild, vor dem wir stehen, ist erst gestern Nacht fertig geworden, das strahlende Grün kam erst frühmorgens dazu. Flössel weiß nur noch nicht, ob er's quer oder hochkant aufhängen wird. Ja, das sind so Künstlerfragen.

»Wie heißt es?«

»Weiß noch nicht.«

»Wie benennt man ein abstraktes Bild überhaupt? Wie nagelt man das in Buchstaben?«

»Der Titel kommt ähnlich assoziativ wie das Bild. Genau weiß man's nicht. Eins nannte ich mal ›Künstler an die Waffen‹.«

»Ist es sehr romantisch, Künstler zu sein?«

»Ab und zu schon.«

»Bist du ein Neuer Wilder oder ein Junger?«

»Ein Junger, hoff ich.«

Joschi nimmt auf der Couch Platz und hört Hiphop. Frieden kommt über uns. Ob Vittorio Manalese Terrorist, Scheckbetrüger oder Heiratsschwindler ist, ist grad nicht so wichtig.

So weit draußen in Berlin war ich noch nie. Die Schönhauser immer weiter bis sie zur Berliner Straße wird und dann immer noch weiter. Hier denkst du gar nicht mehr: Berlin. Du denkst: Moskau, Shenyang, Pjöngjang. Du denkst: Osten, Osten, Osten. Ein Glück, dass Joschi bei Jana ist. Es würde ihn zu sehr deprimieren hier. Links und rechts kein Baum, kein Strauch, kein Hundekollege.

Dafür ist diese Aurelia dabei. Sie holte mich ab, lud mich ein, führte mich her. Nach Plattenbautown.

»Mein Gott, ist das hässlich hier. Aber hässlich ist ja manchmal gut für die Kunst«, sagt sie.

Wir gehen durch eine vergessene Tür in ein vergessenes Foyer und betreten einen vergessenen Fahrstuhl, der uns irgendwo ausspuckt. Am Ende des Ganges steht ein Mann im US-College-Sweatshirt. Ein Jan Koch.

An den Wänden des Ateliers hängen großformatige Leinwände, meist schwarz oder weiß. Sie sind zerschnitten und zerritzt. Hinter ihnen, auf die Wand gemalt, leuchten Farben, orange, grün. Da ist auch ein Stuhl. Er sieht nicht unbequem aus, aber er steht auf Zitronen.

»Wie alt sind die?«

»Die sind ziemlich frisch.«

»Isst du viel Obst?«

»In letzter Zeit wieder, ja.«

»Warum zerschneidest du die Leinwände?«

Koch erzählt von Matisse, Mondrian, Bauhaus, Günther Förg. Seine Kunst verortet sich offensichtlicher in der Kunstgeschichte als die anderen. Koch sieht uns kaum, während er redet. Er scheint durch die Löcher hindurchzureden, durch die Wand, ins Dahinter. Auf dem Tisch neben seinem Sessel liegt ein Stück Papier. »Innehalten, abwarten, dann mit viel Liebe alles zerstören«, steht darauf. Das Kochrezept.

Erste Ermüdungserscheinungen, ich mache keinen Hehl daraus. Man kann auch zu viel Kunst gucken. Ist zu viel Kunst überhaupt gut für den Kopf? Macht das nicht dumm? Kann man an zu viel Kunst ersticken? Immer geht's nur um Bilder, den Bildschaffenden, neue Bilder, alte Bilder.

Teile diese wie ich finde hochinteressanten Gedanken der fahrenden Aurelia mit.

»Entspann dich, wir fahren jetzt in den Wald.«

»Soso, na denn.«

Der Wald: wieder eine Lagerhalle, diesmal in Friedrichshain. Ein Simon Rühle kommt uns entgegen, V-Pullover, Basketballschuhe, fernöstliche Gürtelschnalle. Es ist nicht übertrieben, ihn Bombadil zu nennen, König des Waldes (Tolkien). Er hat Baum- und Knollenskulpturen um sich aufgebaut, seltsam erstarrte Comicfiguren-Totems. Man denkt: Michael Ende, Herr der Ringe, Daffy Duck und Speedy Gonzales. Sie haben leuchtende Augen und sind mit einer Mischung aus Ponal und Erde bestrichen. Es ist eine Art Comicfetisch-Kabinett; kurz habe ich das Gefühl, niederknien und beten zu müssen. War Jesus vielleicht doch ein Erdmännchen?

Das Telefon klingelt, der Galerist.

»Manalese war gerade dran. Er hat das Gefühl, du trödelst.«

»Sag ihm, das soll er mir selber sagen.«

»Wenn er das tut, ist es normalerweise zu spät für den, mit dem er redet.«

»Manalese will mir drohen?«

»Manalese droht nicht. Er handelt. Er ist wie ein Hai. Spaß' nie mit ihm!«

Sie steht schon vor meiner Wohnungstür, als ich nach Hause komme.

»Hallo. Ich bin Gitte Jabs aus Hamburg. Manalese schickt mich.«

»Hast du ihn gesehen, persönlich?«

»Es wurde mir ausgerichtet.«

Sie hat die schmutzigsten Hände, die ich je gesehen habe. Voller Pech und schwarzer Farbe. Ein kleiner Rabe.

»Ich habe Rahmen gebaut«, sagt sie. »Große Rahmen.«

Sie zeigt mir ihre Bilder. Naive Bilder, von Sonnenuntergängen und Segelschiffen. Ich kenne sie von irgendwoher.

»Sie hängen bei den Simpsons an der Wand«, sagt Jabs.

»Bei d e n Simpsons?«

»Ja. Ich habe sie abgemalt und vergrößert.«

»Warum, um Gottes willen?«

»Weil sie schön sind. Weil sie Kunst sind, wie sie früher verstanden wurde. Bilder von Bildern. Weil für Landschaftsbilder heute kein Platz mehr ist. Weil die Kunstwelt sie verachtet und ermordet hat.«

Stimmt ja: Jeder Mensch hält vor Andacht den Mund, wenn er am Strand einen Sonnenuntergang betrachtet, aber kaum einer würde sich heute noch einen an die Wand hängen. Zu einfach. Zu kitschig. Zu wenig codiert.

»Was ist passiert mit der Kunstwelt, dass es so weit gekommen ist?«

»Würd ich auch gern wissen«, sagt Jabs.

Wir gehen auf meinen Balkon und denken während des Sonnenuntergangs über den Sonnenuntergang und die große Entkoppelung der Kunstwelt vom sogenannten Massengeschmack nach. Wir reden von Boheme- und Expertenzirkeln, die sich darauf geeinigt haben, was Kunst ist und was nicht. Wir entscheiden, dass diese Zirkel zerstört gehören, damit Neues geschaffen werden kann. Neues Neues oder neues Altes oder wasweißich.

Ich gieße mir einen Gin Tonic ein. Vielleicht ist es das, was Vittorio Manalese plant: einen Umsturz, einen Aufbruch, eine Revolution, wenn auch nur eine ganz kleine?

Zum ersten Mal seit ich für ihn arbeite, ist er mir sympathisch. Vielleicht doch kein so schlechter Kerl. Zum ersten Mal macht mir mein Auftrag Spaß. Ich bin Che Guevara, Vittorio ist Fidel Castro. Der Galerist ist Camilo Cienfuegos, der Kampfgenosse der beiden. Und Aurelia Rosa Luxemburg oder so. Bis früh in den Morgen denke ich darüber nach.

»Vittorio will dich treffen, sofort!«, schreit der Galerist ins Telefon. Ich bin mir nicht sicher, wo ich bin. Schlafe ich noch? Wenn ja, wo? Wenn ja, wie?

»Taxi steht vor der Tür!«, bellt es aus der Leitung.

Ich werfe mir irgendwas über. Draußen steht tatsächlich ein Taxi. Zwanzig Minuten später halten wir vor der Lagerhalle; vor dem Schild:

> **VITTORIO MANALESE & Fils**
> **Jeux Electriques**
> **Flippers — Juke Boxes**

In und vor der Halle stehen Lastwagen; Träger laden Rahmen, Bilder, Schrott und Installationen ab. Dazwischen: viele der Künstler, bei denen ich in den letzten Tagen war: Yasmin Müller, Topolovac, der irre Ganter, Dereich & Steiner; Jezierski, Boschan, Gräf. Zhivago schleppt eins seiner Bowie-Bilder; Flössel denkt immer noch über Hoch- oder Querformat nach; Jabs bastelt ihre Rahmen;

Rinck platziert seine Eulen. Mittendrin der Galerist. Er stellt mir Max Frisinger vor, den Einzigen, den ich noch nicht getroffen habe. Ein Schrott-Installations-Künstler aus Hamburg, den ich sofort mag. Mann des Volks, lässt sich sein gesamtes Material von Handwerkern und Ingenieuren schenken. Bestimmt ein guter Revolutionär – aber richtig auf ihn konzentrieren kann ich mich nicht. Ich denke die ganze Zeit an Vittorio Manalese, den ich gleich kennenlernen werde; an den Patron der schönen neuen Welt, die sie hier gerade bauen. Nur sehe ich ihn nirgends.

»Hey!«, rufe ich und greife mir den Galeristen. »Wo zur Hölle ist Vittorio Manalese? Du meintest, er wär' hier!«

Der Galerist sieht mich an, lange, federnd, so wie er immer Leute ansieht.

»Er ist schon längst da«, sagt er und weist auf das Durcheinander, auf das Basteln und Bauen:

»Du bist es

Ich bin es

Aurelia ist es

Wir alle sind es.«

Er zündet sich eine Zigarette an und lacht wie verrückt.

Die Sache mit den Beastie Boys

»Es ist etwas dazwischengekommen, Süße. Ich werd's wohl nicht mehr schaffen.«

»Was kann denn bitte beim ersten Date dazwischenkommen?«

»Die Beastie Boys. Ich wusste gar nicht, dass sie in der Stadt sind. Ken hat mir gerade erst gesagt, dass – hallo? Hallo? Bist du noch dran? Hallo?«

Ab einem gewissen Alter schwinden einem jungen Mann die Argumente, eine Verabredung mit einem Mädchen abzusagen. Das, was früher mal zog – ein Bier mit irgendeinem Freund, ein Fußballspiel, ein Film, den sie zum ersten Mal und womöglich nie wieder im Fernsehen zeigen –, zieht nicht mehr, schon gar nicht heute, wo man den ganzen Quatsch aufnehmen, im Internet nachgucken oder sich aufs Handy laden kann. Weil die Popkultur inzwischen überall ist, muss man sich nicht mehr mit ihr verabreden. Ganz praktisch, zerstört aber leider die Einzigartigkeit der Ereignisse. Drei gute Gründe für das Versetzen eines Mädchens allerdings – auch eines sehr hübschen wie das eben am Telefon – gibt es noch. Sie heißen

– Adam Yauch, genannt MCA
– Michael Diamond, genannt Mike D
– Adam Horovitz, genannt Adrock.

Zusammen sind sie die Beastie Boys.

So sieht es aus heute Abend: Mit ein paar Hundert anderen jungen Männern, alle ziemlich genau 33,3 Jahre alt und meist ohne weibliche Begleitung – sogar die Typen von den Fantastischen Vier haben ihre Damen zu Hause gelassen –, stehst du vor dem Eingang des Berliner Klubs »Maria« am Spreeufer.

Streng genommen wäre es korrekt zu sagen, dass du auf das Konzert einer New Yorker Hiphop-Truppe wartest, die seit knapp zwanzig Jahren im Geschäft ist und heute, sechs Jahre nach »Hello Nasty«, dem letzten, ihr neues Album vorstellt; aber wirklich streng genommen müsste man sagen, dass der Begriff »Konzert« dem, was gleich passieren wird, nicht nahekommt. Vielmehr ist es ein Gottesdienst, der hier abgehalten wird. Es ist ein Gottesdienst, weil diese Band, die man in den letzten Jahren ohne Übertreibung dank ihres prophetenhaft sicheren Stilgefühls die Drei Weisen aus der Neuen Welt hat nennen können, dein Leben und das von ein paar Millionen anderen Jungs wohl so geprägt hat wie keine andere Gruppe, nicht mal Nirvana. Denn während Nirvana nur einen einzigen Aspekt des Jungseins einfing – den Schmerz und die Verzweiflung –, gelang es den Beastie Boys immer, auch die angenehmen Seiten des Aufwachsens darzustellen: Spaß, Witz und den Willen, mit Stil und Haltung durch die Welt zu springen wie auf einem dieser Hüpfstöcke, die es in den Fünfzigern zu kaufen gab.

Nachdem sie auf der lustigen Prollplatte »Licensed To Ill« 1986 mit Bier und Pornoheften gegen die Eintönigkeit der amerikanischen High-School-Existenz vorgingen, entwickelten sie drogenlos und geläutert ein paar Jahre später mit »Paul's Boutique« den Hiphop weiter und brachten 1992 mit »Check Your Head« eine der fünf besten Partyplatten aller Zeiten heraus. Zwei Jahre danach präsentierten sie mit »Sabotage« den charmantesten Videoclip, der je gedreht wurde und bis heute als Karrierestart des Regisseurs Spike Jonze gilt, dem wir die Filme »Being John Malkovich« und »Adaptation« zu verdanken haben. Und lange vor Tarantino brachten uns die Jungs das Zitieren und die Selbstversunkenheit in den Parallelwelten der Popkultur bei und bewiesen, dass politische Korrektheit (in ihrem Fall der Einsatz für das besetzte Tibet) nicht zwangsläufig nach Kräutertees und Räucherstäbchen riechen muss, sondern auch smart daherkommen kann – in Halbarmhemden und den hübschen Sechzigerjahre-Klamotten ihrer Modefirma X-Large etwa.

Wenn du's dir genau überlegst, haben die Beastie Boys mehr für dich getan als so mancher Freund, geschweige denn deine Eltern, Brüder oder Schwestern; und darum geht es an diesem Abend um einiges. Es geht darum, ob die drei, die mittlerweile alle Ende dreißig und verheiratet sind, Familien haben und weder rauchen noch Fleisch essen, die also fast korrekter leben als ihr Freund, der Dalai Lama, ob diese drei es noch bringen und dir auch für die nächsten Jahre als Vorbild an Geschmack und Wendigkeit in allen Lebensfragen zur Seite stehen können.

Gründe für Zweifel gibt es durchaus. Die neue Platte »To The 5 Boroughs«, die sich die Journalisten im Hotel Four Seasons auf einem hundertfach kopiergeschützten iMac anhören durften, ist zwar ein unglaublich druckvoller Hiphop-Trip durch das New York der späten Siebziger- und frühen Achtzigerjahre, durch eine Zeit, in der Hiphop noch Rapmusik hieß, man die Beatbox einfach auf der Straße aufbaute und der Beat klang wie ein Basketball, den man auf der Stelle dribbelt: bumm, wumm, bumm, wumm. Trotzdem wirkt die Platte trotz all ihrer Protestaufrufe gegen die Bush-Regierung, für Umweltschutz und gegen Globalisierung ein bisschen wie eine Flucht in die Vergangenheit. Es liegt nicht allein an dem gezeichneten New-York-Skyline-Cover, auf dem das World Trade Center noch so dasteht, als sei es nie umgehauen worden; es liegt auch an dem grenzenlosen Lokalpatriotismus, mit dem die Beastie Boys New York auf dieser Platte umarmen. Und so wunderbar New York als Stadt sein mag, so steht es doch mittlerweile nicht mehr bloß als Opfer des elften September da, sondern auch als Vorwand der amerikanischen Regierung für zwei Kriege und ist heute zudem noch das New York von Michael Bloomberg, in dem du von der Straße wegverhaftet wirst, wenn du deinen Hund nicht anleinst. Es ist ein New York, in dem Bars nicht nur eine Lizenz zum Trinken brauchen, sondern auch eine zum Tanzen und eine zum Musikhören; ein New York, das gerade ein wenig zerrieben wird zwischen dem, was es ist, und dem, was es sein könnte.

»Das New York, das wir beschreiben, ist das New York unserer Kindheit«, sagt MCA. »Das World Trade Center ist auf unserem Cover, weil es noch mehr aufgefallen wäre, wenn wir es weggelassen hätten«, sagt Mike D.

Kommen die Beastie Boys zum ersten Mal ein wenig zu spät? Wurden Modernisten zu Eskapisten, die sich mit Nostalgie über die Realitäten unserer Zeit hinwegsetzen? Beginnt jetzt etwa schon ihr Alterswerk?

Über all diese Dinge denkst du nach an diesem Abend in dem Klub, in dem genauso wie in New York das Rauchen verboten ist, während DJ Mixmaster Mike ein Potpourri aus Grandmaster Flash, Jimi Hendrix und Run DMC zusammenmixt. Bevor du dir aber irgendeine Frage beantworten kannst, passiert es auch schon: Von rechts – oder war es von links? – springen drei schlanke Gestalten auf die Bühne, und obwohl MCA, der Buddhist, grauere Haare hat als Richard Gere (eigentlich Naturgesetz, dass Buddhisten früh ergrauen?) und auch Adrocks Schläfen versilbert sind, bewegen sich die drei wendig und flink wie immer. Sie bellen und springen und quaken, reimen tell auf yell und swell auf well, wie's sich gehört, und zerschneiden die Luft mit Handkantenschlägen und Figuren, die niemals lächerlich wirken, weil die Beastie Boys selbst es waren, die Ironie in den Hiphop brachten und nie so taten, als führten sie eine Nebenexistenz als Auftragskiller oder Drogenkuriere oder seien ohne Strom und fließend Wasser in der Bronx aufgewachsen. Schon nach ein paar Minuten lassen sich Menschen durchs Publikum tragen, und inmitten all der alten Hits, inmitten von »So What'cha Want« und »Intergalactic« und »Body' Movin'« und dem neuen Stück »Ch-Check It Out« wird klar, dass die Beastie Boys tatsächlich ein Opfer gebracht haben: Sie haben die Hipness, die ihnen so lange das Teuerste zu sein schien, gegen Liebe eingetauscht – eine etwas naive Liebe, die weniger eine Liebe zum echten New York als eine Liebe zu New York als Idee eines friedlich koexistierenden Zusammenlebens zu sein scheint. Eine ehrenvolle Sache, für die man durchaus auf die Stilführerschaft verzichten kann.

Vielleicht ist aber in diesen Zeiten, in diesem Jahr 2004, das bislang ein Schreckensjahr war, ganz einfach die Liebe das coolste Accessoire des Hipsters. Wenn es so wäre, wären die Beastie Boys modemäßig so weit vorn wie noch nie in ihrem Leben.

Unbesiegbar mit David Lynch

Den Film würde man gern sehen: Der Hollywood-Regisseur David Lynch kniet auf dem Berliner Teufelsberg vor einem Dicken in weißer Kutte und gräbt ein Loch in den Boden, während um ihn herum Leute mit Fackeln in den Händen stehen und »Unbesiegbares Deutschland!« rufen. Was für ein Film wäre das? Ein Nazifilm? Ein Hexenfilm? Ein Dickenfilm? Gar kein Film! Lynch sitzt an diesem Dienstagabend um kurz nach halb neun wirklich im Fackelschein auf dem Boden und buddelt für ein unbesiegbares Deutschland im Schmutz. So schaut's aus, kein Witz.

Dass es kein ganz normaler Nachmittag werden würde, war von Anfang an klar: »Erleuchtung und Unsterblichkeit« hieß der Vortrag, den Lynch um 17 Uhr an der Berliner Urania halten sollte. Sonst dreht er Filme über abgeschnittene Ohren und Callgirls, die kurz vorm Tod vier Seelenwanderungen durchlaufen, heute berichtet er von den Vorzügen der Transzendentalen Meditation. Es ist ein Kreuzzug: Überall auf der Welt will Lynch Super-Unis errichten, »die den Weltfrieden bringen«. Wesentlichen Anteil daran sollen yogische Flieger haben, die ein paar Zentimeter über dem Boden schweben und ihr Wissen und ihre guten Vibes wie Pusteblumensamen über das Land verteilen.

Klingt erst mal gut, und gut sieht auch Lynch aus, als er die Bühne der Urania betritt. Besser als gut: Er trägt einen schwarzen Anzug zu weißem Hemd zu gelber Strich-Krawatte, seine Haare sind eine Tsunamiwelle in Eisgrau. Seit ein paar Wochen ist er mit der

Yogi-Nummer auf Tour, er traf Schimon Peres in Israel, Sarkozy in Frankreich, gestern den österreichischen Kanzler Gusenbauer. Hamburg, Hannover, Köln kommen auch noch dran. Alle mochten Lynch gern, und obwohl ihm noch keine Super-Uni-Lizenz zugesagt wurde, so Lynch, kapiere die Welt doch langsam, dass sich was ändern müsse, wenn sie nicht in Verbrechen, Stress und Aggressivität untergehen wolle. Wie schlimm alles sei, sehe man ja in seinen Filmen, zuletzt »Inland Empire«: nur Betrug, Mord, Schmutz, Lügen überall!

Die Transzendentale Meditation ist eine Entspannungstechnik, 1958 erfunden in Indien von dem Guru Maharishi Mahesh Yogi, der schlagartig berühmt wurde, als in den Sechzigern auf einmal die Beatles, Beach Boys, Dolly Parton, Donovan und Stevie Wonder zum Maharishi pilgerten, um sich ihr geheimes Mantra abzuholen und »einzutauchen in das endlose Meer, das das glückselig-machende innere Selbst ist«. 1973 tauchte auch Lynch in dieses endlose Meer und schwimmt seitdem täglich zweimal zwanzig Minuten darin, morgens und abends. Und erzählt jedem, der's wissen will (und auch jedem, der's nicht wissen will), dass er ohne TM keinen einzigen seiner Filme hätte drehen können. Gibt nicht wenige, die meinen, Lynch werde mit den Jahren immer irrer; das Problem ist nur: Irgendwie war er's ja schon immer. Auf seiner Webseite verkauft er Kaffee und liest jeden Morgen den Wetterbericht vor.

Die knapp 200 Gäste, meist Studenten mit Brille oder sensible Yogatypen, applaudieren und fangen sofort an, Lynch Fragen zu seinen Rätselfilmen zu stellen: »Was geschah im Knast bei Lost Highway?«, »Wieso sang Isabella Rossellini ›Blue Velvet‹?«, »Was sollte der Zwerg in ›Twin Peaks‹?«, »Wenn Sie so friedlich sind, warum machen Sie dann so verstörende Filme?«.

Lynch lächelt und ist höflicher als der Dalai Lama, redet aber leider auch so: Jedem, der's mal mit TM probiere, verspricht er »Glückseligkeit, Befriedigung, Erleuchtung«, dazu macht er Kreisbewegungen mit den Händen, Hypnose? Er bittet die »weltberühmten Wissenschaftler Prof. Dr. John Hagelin und Prof. Dr. Bevan Morris« auf die Bühne. Die erklären, TM sei »hundert Millionen Millionen Millionen mal stärker als Nuklearkraft« und radiere alle Negativität aus der Gesellschaft, das sei »einschlägig bewiesen«, es gäbe Statistiken, Studien, Beweise.

Soso, mhm, aha, na ja, raunt es im Publikum, aber nun kommt der wahre Star der Show: Er trägt ein weißes Gewand, Amulett und eine Goldkrone, die ein bisschen so aussieht wie die, die Burger King früher in Fußgängerzonen verteilt hat. Es ist Raja Emanuel, der Raja von Deutschland, und er verkündet, dass endlich eine neue Ära angebrochen ist. Die des unbesiegbaren Deutschlands nämlich.

Der Raja redet lustig, in einer Art Singsang, wie eine Mischung aus Jonathan Meese und dem Komiker Andy Kaufman. Ein paar Leute lachen: Crazy, was der Lynch sich da wieder ausgedacht hat, läuft eigentlich eine Kamera mit? Wenn nicht, wäre er wirklich irre, denn das hier könnte der größte Film seines Lebens werden!

Der Raja heißt eigentlich Emanuel Schiffgens, ist 58 Jahre alt und lebt in Hannover. 1970 ging er nach Indien zum Maharishi, heute ist er Vorsitzender der Maharishi Veda GmbH, dem deutschen Ableger des Weltkonzerns, den der Originalyogi mittlerweile aus seiner Meditiererei gemacht hat. Ein Konzern, den viele Leute für eine Sekte halten, deren klügster Trick es ist, zu behaupten, sie sei k e i n e Sekte, sondern nur eine Technik, um den Alltag zu bewältigen. Anders gesagt: Der Raja bringt dir gern TM bei, aber 2000 Euro musst du für dein Mantra schon hinlegen. Und wenn du irgendwann auch mal fliegen willst, wird's noch ein bisschen mehr.

Raja Emanuel berichtet den Menschen in der Urania nun, die Maharishis hätten gerade den Berliner Teufelsberg gekauft, um darauf die »erste Universität eines unbesiegbaren Deutschlands zu errichten. Von dieser Universität wird ein Licht ausgehen, das sich strahlenartig über ganz Deutschland erstrecken und es unbesiegbar machen wird.« Der Raja hält ein Bild hoch: ein weißer Marmorturm vor blauem Himmel, das Refugium des zukünftigen Weltgeistes.

Die Lacher im Publikum verebben. Teufelsberg, Deutschland, unbesiegbar, strahlenartiges Licht? Man hätte jetzt gern ein Nazometer. Es würde explodieren.

»Warum denn ein unbesiegbares Deutschland? Wir sind doch in der EU!«, ruft einer.

Was denn so schlimm sei an der Unbesiegbarkeit, fragt der Raja. Der Trend gehe doch dahin! Kurz muss er ein bisschen lachen.

»Hitler wollte auch ein unbesiegbares Deutschland!«, schallt es zurück.

»Aber leider ist es ihm ja nicht gelungen!«, kontert der Raja.

Die Reaktion der Bayreuther Wagner-Fans bei Schlingensiefs »Parsifal« war ein wohliges Stöhnen im Vergleich zu dem Clown!-Scharlatan!-Buh!-Inferno, das nun auf den Raja niedergeht. Und David Lynch, was macht der so?

David Lynch versteht offenbar kein Deutsch. Er sitzt da und runzelt die Stirn. Was gerade geschehe, fragt sein Assistent Bobby Roth.

»Der Raja redet wie Goebbels auf Ecstasy.«

»Ist es sehr schlimm?«

»Na ja.«

Lynch versucht zu beschwichtigen. Die Unbesiegbarkeit sei nicht militärisch, sondern spirituell gemeint. Er lädt den Saal ein, zur Grundsteinlegung der Universität auf dem Teufelsberg mitzukommen. Die meisten können nicht, haben kein Auto. Studenten, Yoga-Schüler, was will man erwarten?

In Lynchs weißer Stretchlimousine singt Präsident Bevan Morris zum Runterkommen erst mal ein Lied von Roy Orbison. Solchen Ärger hätte man nur mit den Deutschen, nirgends sonst. Während der Wagen durch Berlin rollt, ergibt sich ein Gespräch über Natio-

nalismus, Glauben, Gruppen, Sekten. Dass Hitler auf dem Teufelsberg mal ein Wehrinstitut geplant hat, überrascht Lynch: »Echt?«
Leider hält der Wagen da schon auf dem Berg, gleich neben der
zerfallenen Abhöranlage.

Normalerweise wär jetzt tiefe Nacht, aber der Raja hat vorge-
sorgt: Fackelträger erleuchten das Gelände. Sind das schon die yo-
gischen Flieger? Nein, sie üben noch, sagt einer, aber irgendwann
klappt's bestimmt. Auch Hanfried Schütte ist da, der Mann, der
das Gelände an die Maharishis verkaufen will.

»Für wie viel denn eigentlich?«

»Muss ich ja nicht sagen.«

»Gibt's schon eine Baugenehmigung für die Super-Uni?«

»Nein.«

Der Raja drückt Lynch einen Spaten in die Hand, der kniet sich
hin, buddelt. Schmutzig macht er sich komischerweise nicht. Bald
ist das Loch einen halben Meter tief. »Nun die Ziegel«, sagt der
Raja und reicht Ytong-Blöcke, die Lynch mit dem Spaten zer-
schlägt, bevor er die Symbole des Maharishi draufpinselt. Geld und
Reis werden ins Loch geworfen, der fröhliche Raja stimmt sein
»Unbesiegbares Deutschland«-Lied an. Mehr Spaß als er hat im
Moment keiner auf der Welt. Die Maharishi-Sonnenflagge wird ge-
hisst, danach gibt's Pralinen für alle, sogar welche mit Cognac, und
wenn jetzt noch Bücher verbrannt würden, wär's auch keine große
Überraschung mehr.

»Hitler ist seit fünfzig Jahren tot und noch immer können die
Deutschen nicht stolz auf sich sein, das muss sich langsam mal
ändern«, sagt der Raja auf dem Rückweg in der Limousine. Er
schwebt nun tatsächlich ein bisschen, kein Wunder.

»Sie halten jetzt endlich mal den Mund!«, sagt Präsident Morris
plötzlich, der vorhin noch so schön Roy Orbison gesungen hatte.
»Hören Sie auf, in unserem Namen zu sprechen. Sie gefährden die
Sache, merken Sie das nicht?«

Ist der Weltfrieden die Sache? Ist die Weltherrschaft die Sache?

Egal, was die Sache ist: Sie ist so groß, dass bis zur Ankunft im Hotel Schweigen in der Limousine herrscht. Lynch verschwindet sofort in seiner Suite. Die Meditation hat er jetzt wirklich nötig.

»Heute ist viel schiefgelaufen«, sagt Bobby Roth später bei einem Drink. Stimmt. Ein toller Film war's trotzdem. Bloß eher einer mit David Lynch als von ihm.

Fünfzehn

Die Hochzeit hatte drei Tage gedauert. Am Morgen des dritten Tages, dem Sonntag der Bundestagswahl, wollte ich mich gerade auf den Weg von Wismar zurück nach Berlin machen und hatte mich schon verabschiedet, als mir plötzlich der Bräutigam hinterherlief.

»Ich habe eine Bitte.«

»Ja?«

»Kannst du Julia mitnehmen?«

»Wen, bitte?«

»Claras Freundin. Die, mit denen sie eigentlich fahren wollte, sind schon weg.«

Clara, des Bräutigams Tochter, ist fünfzehn. Ich nahm an, dass diese Julia ebenfalls fünfzehn war.

Ich wollte eigentlich keine Fünfzehnjährige im Auto haben. Nichts Persönliches, aber Fünfzehnjährige sind mir ein Gräuel. Kinder allein sind die Hölle, aber wenn sie aus dem Kinderalter rauskommen, geht's erst richtig los. Kinder kannst du spielen schicken, wenn sie nerven, du kannst sie zum Klavierunterricht zwingen, zum Judo, zum Zimmeraufräumen oder für drei Wochen zur Oma, wenn's wirklich gar nicht mehr anders geht. Fünfzehnjährige kannst du nirgendwohin schicken. Sie hören dir nicht zu, sie interessieren sich nicht für dich, deine bloße Anwesenheit ist schon ein Affront. Sie sind verschlossen, schlecht gelaunt, wollen, dass man ihnen Videospiele, Stereoanlagen, Handys, Turnschuhe, iPods, DVD-Kollektionen und Wochenenden in Paris schenkt. Sie nehmen, anstatt zu geben, und nur, wenn du wirklich sehr großes Glück hast, werden sie nicht kleinkriminell und finden abends ohne Gesichtstätowierung den Weg zurück nach Hause. Erinnert sich noch jemand an die Mädchenbande, die letztes Jahr durch Berlin zog und Tabakladenbesitzer verprügelte und ausraubte? Allesamt fünfzehn.

Woher ich das weiß? War selber mal fünfzehn. Kein gutes Alter. Während das Kind noch im Zimmer sitzt, klopft von draußen die Adoleszenz an. Als Fünfzehnjähriger bist du die Tür dazwischen.

»Äh – klar«, sagte ich. Wäre der Bräutigam kein Bräutigam gewesen, hätte ich nach einer Ausrede gesucht, aber einem Bräutigam am Hochzeitswochenende was abschlagen, nein, das geht nicht.

Ich hatte Claras Freundin vorher schon gesehen, in der Kirche und abends, auf der Feier. Als Tochter des Bräutigams kam Clara automatisch eine tragende Rolle zu: Sie bekam eine neue Familie, war der umworbene Star, jeder war an ihrem Wohlergehen interessiert. Diese Julia war ihre Begleitung, und wie das mit Begleitungen so ist, wirkte sie etwas hilflos und fremd, wenn Clara nicht an ihrer Seite war. Die meiste Zeit schwieg sie, lächelte höchstens kurz mal schüchtern. Ich muss zugeben, dass sie mir nicht ganz unsympathisch war mit diesem Ausdruck von Verlorenheit im Gesicht, mit diesem »Ich bin zwar hier, aber verlangt bitte nicht, das durch irgendwelche Aktionen unter Beweis zu stellen«. Dazu war sie sehr hübsch, Halbjapanerin.

Sie lehnte auf ihrem Rollkoffer und las in einem Buch, als mein Freund, der Bräutigam, mich zu ihr brachte.
»Das ist Marc, er nimmt dich mit nach Berlin.«

Sie reichte mir die Hand. Fünfzehnjährige drücken deine Hand nicht, sie gestatten dir nur, sie kurz mal anzufassen. Völlig egal, ob Junge oder Mädchen.

Galant wie ich bin, nahm ich ihren Koffer und zog ihn zum Wagen. Sie trottete mir in gebührendem Abstand nach. Wenigstens redet sie nicht viel, dachte ich, dann kann ich während der Fahrt Musik hören. Die neue Franz Ferdinand oder so was. Sicher wird sie selber gleich ihren iPod rausholen und sich in die Ohren stopfen.

»Anschnallen, bitte«, sagte ich im Befehlston. Dann fuhr ich los, mit der Fünfzehnjährigen auf dem Beifahrersitz. Der ersten Fünfzehnjährigen, die da jemals saß.

»Und?«, fragte ich, um kurz etwas Konversation zu machen, während ich die Ausfahrt suchte. »Hat dir die Hochzeit gefallen?«
    »Mhm«, sagte sie.
    »Schöne Musik in der Kirche, nicht wahr?« Was redete ich da eigentlich?
    »Mhm. Sag mal – mussten wir da eben nicht links abbiegen statt rechts?«
    »Mach dir darüber mal keine Sorgen, ich weiß schon, wo's langgeht.«

So sind sie, die Fünfzehnjährigen d'aujourd'hui: können schon drei Jahre vorm Führerschein besser fahren, bloß weil sie wissen, was Google ist. Allerdings war mir die Gegend, durch die ich fuhr, etwas fremd. Fünf Minuten später drehte ich um. Ich merkte, wie ich rot wurde. Jetzt konnte man eigentlich mal Musik hören.

»Und, was machst du so?«, fragte Julia, während ich am Radio herumfummelte.
    »Journalist«, sagte ich.

»Fest oder frei?«

»Frei«, sagte ich, etwas verwundert über die Genauigkeit der Frage.

»Wenn ich mal einen Job habe, will ich auf keinen Fall frei arbeiten.«

»Und warum nicht?« Ich drehte mich zu ihr.

»Wer frei arbeitet, sitzt die meiste Zeit zu Hause rum und wartet darauf, dass was passiert.«

»So ein Quatsch«, sagte ich. »Frei zu arbeiten ist das Paradies, das Beste, was dir passieren kann. Fest bist du ein Sklave, aber als Freier kannst du dir selber einteilen, was du wann machst, musst nie zu irgendwelchen festen Zeiten erscheinen ...«

»Sag ich doch: Man hängt zu Hause rum.«

»Ah ja, und du mit deiner grenzenlosen fünfzehnjährigen Erfahrung weißt das natürlich noch aus deiner Zeit, als du mit zwölf als freie Reporterin für die Süddeutsche Zeitung gearbeitet hast?«

»Nein, ich weiß das, weil meine Eltern beide frei arbeiten, und die Tatsache, dass sie nirgends pünktlich zu erscheinen haben, dafür sorgt, dass sie mir zu Hause manchmal sehr auf die Nerven gehen.«

Einen Moment lang wusste ich nicht, was ich sagen sollte.

»Was machen sie denn so? Deine Eltern, mein ich.«

»Mein Vater hat eine kleine Firma für Marktforschung. Zeitungen, Magazine, so was.«

»Und er testet die vor allem an dir?«

»Nein, aber er ist so ... unausgelastet. Er hat sich sogar eine Hängematte ins Haus gehängt.«

»Dein Vater arbeitet in der Hängematte?«

»Es ist nicht ganz einfach, in einer Hängematte zu arbeiten, wenn du weißt, was ich meine«, sagte Julia.

Auf der Autobahn fädelte ich mich ein, wechselte auf die linke Spur und gab Gas. Mir gefiel, wie der Wagen anzog. Nicht schlecht für 'n alten Diesel, dachte ich.

»Worüber schreibst du so?«

»Über Menschen und Orte, würd ich mal sagen.«

»Was für Menschen, was für Orte?«

»Menschen, die irgendwas machen, was die meisten anderen nicht machen.«

»Verrückte?«

Ich sah sie an.

»In gewisser Weise schon.«

»Gib mal ein Beispiel.«

»Ein irrer Amerikaner, der eine Maschine entwickelt hat, die Halluzinationen verursacht, zum Beispiel. Ein Deutscher, der nach Kuba gegangen ist, um eine kommunistische Zeitung zu leiten. Ein Kubaner, der mit zu Booten umgebauten Oldtimern nach Florida flüchten will. Ein Kunsthändler, der sein Vermögen auf einem gefälschten Bild von Gauguin aufgebaut hat. Ein Partymacher aus Hamburg, der ...«

»Michael Ammer?«

»Den kennst du?«

»Ich hab von dieser Partygirlgeschichte gelesen. Was ist das für ein Typ?«

»Die Art Typ, auf dessen Partys ich dich nicht lassen würde, wenn du meine Tochter wärst«, sagte ich.

»Und welche Orte?«, fragte sie nach ein, zwei Minuten Pause.

»Inseln«, sagte ich. »Am liebsten Inseln.«

Wir ließen Schwerin hinter uns.

Ich gab es nicht gern zu, aber langsam gefiel es mir, Julia neben mir sitzen zu haben. Sie stellte gute Fragen und schien tatsächlich an Antworten interessiert. Ich nun auch.

»Was macht man so, als Fünfzehnjährige in Berlin?«

»Man steht um sechs auf, duscht, frühstückt, setzt sich in die Bahn und fährt eine Stunde lang zur Schule.«

»Genauer geht es nicht?«

»Frag halt genauer.«

»Was machst du nachmittags?«

»Kennst du die Friedrichstraßenbrücke?«

»Ja.«

»Da waren Clara und ich diesen Sommer sehr oft.«

»Was macht man da so, auf der Friedrichstraßenbrücke, in der teuersten Gegend der Stadt?«

»Eis essen. Es gibt da so einen Laden, ›Australian‹ heißt der. Der hat das beste Eis. Kostet aber einen Euro pro Kugel.«

»Wie bezahlt ihr das?«

»Eltern.«

»Ihr esst da also euer Eis und dann …«

»Gehen wir spazieren oder setzen uns auf die Brücke.«

»Und trefft euch mit Jungs?«

»Nö. Wir nahmen Abschied.«

»Ihr nahmt was?«

»Abschied. Clara zieht doch nach Hamburg, wusstest du das nicht? Und meine Eltern und ich gehen nächstes Jahr nach Australien, weil es meiner Mutter in Deutschland nicht gefällt.«

Obwohl da gar nichts war, sah sie raus zum Fenster.

»Ich nehme an, du willst nicht nach Australien?«

»Da ist nichts, was ich kenne.«

»Australien ist sehr schön. Überall Meer, Strände, Sonne …«

»Hautkrebs, fremde Sprache, fremde Menschen, giftige Tiere, Haie, vielen Dank.«

»Wenn du achtzehn bist, kannst du selbst entscheiden und zurück nach Deutschland.«

»Und bis dahin?«

Zum ersten Mal verstand ich den Blick, den ich in den letzten Tagen an ihr bemerkt hatte. Den Blick, der mir sympathisch gewesen war. Der Blick, der mich an meine eigene Verlorenheit erinnert hatte, als ich fünfzehn war. An das Ausgeliefertsein an die Erwachsenen, obwohl man selber gerade damit anfing, sich die Welt einzurichten.

»Und ihr habt wirklich alle ein Handy?«

»Die meisten schon.«

»Und warum?«

»Zum Verabreden halt. Damit ich meinen Vater anrufen kann, wann er mich nach der Schule vom Bahnhof abholen soll. Und damit ich mit Clara in Kontakt bleiben kann.«

»Vertrag oder Karte?«

»Karte. Leider.«

»Und einen iPod hast du auch?«

»Woher weißt du das?«

»Irgendwas musst du auf dem Weg zur Schule ja machen. Hol mal raus und spiel mir deine Lieblingslieder vor.«

Sie kramte in ihrer Tasche herum. Ich versuchte zu erkennen, was sonst noch drin war, aber es war vor allem bunt.

Sie schloss den iPod ans Autoradio an und drehte, nicht unelegant, am Scrollrad. Es klickte und klickte und klickte.

Dann erklang ein Lied, das ich kannte.

»›Diamonds are forever‹ von Shirley Bassey ist dein Lieblingslied? Das ist über zwanzig Jahre länger auf der Welt als du.«

»Aber es ist ein gutes Lied, oder nicht?«

»Es ist ein gutes Lied, ja. Woher kennst du es?«

»Mein Vater hört es sehr oft.«

»Wenn er in der Hängematte liegt und arbeitet?«

»Ja«, sie lachte zum ersten Mal so, dass man es hören konnte.

Wir fuhren durch Deutschland und hörten Shirley Bassey. Manchmal redeten wir, manchmal ließen wir einfach nur dieses komische Land, das gerade über seine Zukunft entschied, an uns vorbeiziehen. Wenn wir redeten, redeten wir über die Bücher, die sie las, eine seltsame Auswahl aus John Sinclair, Kenzaburō Ōe und Harry Potter; sie erzählte von Tokyo, wo sie einmal im Jahr ihre Verwandten besuchte; von ihrem ersten Bier, bei dem ihr natürlich schlecht geworden war; sie beschwerte sich ein wenig über ihren Vater, der immer Witze machte, die sie nicht wirklich witzig fand (an ihr Telefon zu gehen und sich mit verstellter Stimme vor ihren Freundinnen als sie auszugeben oder unangekündigt ihr Zimmer zu betreten zum Beispiel). Sie redete von der Fernsehserie »O. C., California«, die sie manchmal sah, vor allem aber von Clara, die sie sehr vermisse, und davon, dass sie nicht wisse, was sie mit dem folgenden Jahr anfangen solle, wenn ja schon klar sei, dass sie mit ihren Eltern nach Australien gehen müsse.

Sie redete nicht von Klingeltönen, Videospielen, Popstars oder Musikvideos.

Ab und zu schrieb Julia kurze Notizen in ein kleines Buch. Ich hätte mir ebenfalls was aufgeschrieben, hätte ich nicht beide Hände am Lenkrad gehabt. Da würden sie auch bleiben, denn ich wollte Julia heil nach Berlin bringen. Ich fand das für die Zukunft des Landes mittlerweile entscheidender als die Bundestagswahl.

Ich ging etwas runter vom Gas.

»Bist du verheiratet?«, fragte sie irgendwann.

»Ich war's«

»Und warum nicht mehr?«

Mein Gott.

»Wenn ich das wüsste.«

»Weil du frei arbeitest, vielleicht?«

Langsam hatte sie mich so weit, dass ich tatsächlich darüber nachdachte, ob das vielleicht der Grund gewesen sein konnte. Einer der Gründe auf jeden Fall. Mein Leben hatte daraus bestanden, viel weg zu sein, um irgendwelche Reportagen zu machen. Wenn ich wieder zu Hause war, schrieb ich diese Reportagen auf und war dann – nun ja, wieder weg. Zeitweise hatte ich meine Frau nicht mehr als zwei, drei Tage im Monat gesehen. Da ich geglaubt hatte, im Auftrag höherer Mächte unterwegs zu sein, war das für mich in Ordnung gegangen: Agent Ihrer Majestät, der Königin.

»Kann es sein, dass ›frei‹ für dich das denkbar schlechteste Wort ist, Julia?«

Sie lächelte kurz von der Seite zu mir hoch.

»Ich wollte auch keine Kinder«, sagte ich dann. Komischerweise kam mir dieser Satz in diesem Moment zum ersten Mal völlig irrsinnig vor. Er kam mir vor wie das Dümmste, was je ein Mensch gesagt hatte.

»Zumindest damals«, sagte ich.

Berlin kam näher, und es machte mich ein wenig traurig, dass es so war. Ich fühlte mich wie in einer Tragikomödie mit Kevin Costner: Ein Typ, der immer stolz auf seine Unabhängigkeit war, ist plötzlich nicht mehr stolz, als er erfährt, dass Abhängigkeiten nicht immer nur Eisenketten bedeuten müssen.

Diamonds are forever, sang Shirley Bassey.

Ich weiß nicht, ob Julia auf irgendeine Art und Weise typisch für die Fünfzehnjährigen von heute ist. Ich habe und hatte nie eine Ahnung von irgendeiner »Generation«. Ich weiß nur, dass sie mich mit fast allem, was sie sagte, überraschte. Mag sein, dass sie die Speerspitze in einem Haufen von Idioten ist, einer Armee von Fünfzehnjährigen, die so gern als missraten, desinteressiert, techniksüchtig, weltflüchtig dargestellt wird. Aber ich glaube es nicht. Und selbst wenn es so wäre, wären es immer noch wir, die diesen ganzen Quatsch erfunden und sie damit infiziert hätten. Wir sind es ja, die eine Illusion von grenzenloser Mobilität hochhalten. Ich bin der Typ, der sich mit Videospielen, Handys und iPods beschäftigt und sich mit DVDs aus der Welt beamt, wenn er sich zu Hause langweilt. Ich bin der Typ, der nicht nur frei arbeitet, sondern auch sonst so wenig Verantwortung wie möglich übernehmen will. Ich bin die Insel. Ich bin das Kind. Sie ist etwas anderes.

Auf jeden Fall muss es irgendwas zu bedeuten haben, wenn eine Fünfzehnjährige von einer Festanstellung träumt.

»Du tanzt übrigens etwas komisch«, unterbrach sie meine Gedanken nach einer Ewigkeit.
    »Ich tue was?«
    »Du tanzt komisch. Gestern, auf der Hochzeitsparty.«
    »Ich tanze ganz hervorragend«, sagte ich. »Ich habe Preise gewonnen, auf Kuba, den Bahamas, einmal sogar in Rom.«
    »Mag sein, aber das ändert nichts daran, dass es ein bisschen lustig aussieht.«
    Gut, dann tanzte ich eben lustig.

Berlin war da. Alexanderplatz, nach drei Stunden und sieben Minuten.

Es ging alles sehr schnell: Ich hielt in der Taxispur des Park Inn, holte ihr Gepäck aus dem Kofferraum, fragte noch mal, ob sie wisse, wo sie hinmüsse, gab ihr zum Abschied die Hand und setzte mich wieder in den Wagen.

Da stand sie nun mit ihrem Rollkoffer, gerade mal fünfzehn, aber trotzdem nicht so, als sei sie darauf angewiesen, dass sie jemand abhole. Sie blickte sich kurz um und setzte sich in Bewegung, eine kleine, mobile Einheit, aber eine mit Ziel und irgendwie entschlossener als die Erwachsenen um sie herum, kam es mir vor.

Ganz kurz überlegte ich, ihr nachzurufen, ob wir nicht mal irgendwann in den Zoo gehen wollten oder ich sie auf drei Kugeln Eis bei ›Australian‹ einladen könnte, nur um zu wissen, wie's ihr geht. Nur, um sie ab und zu mal aus ihrer Welt berichten zu hören, der Welt der Fünfzehnjährigen.

Ich traute mich nicht. Ich hatte Angst, sie würde es etwas kindisch finden.

Hotel Somalia

»Es war nur ein Haken dabei, und das war der X-Haken«
JOSEPH HELLER, CATCH 22

Manager und Angestellte beschweren sich ja immer wieder gern darüber, aber ich für meinen Teil mag ein Hotel, das auch mal einen Gast beherbergt, der ein bisschen aus der Rolle fällt, ob das nun ein irrer Filmstar, korrupter Politiker oder eine drogensüchtige Punkrockband ist, die das Mobiliar zu Brei schlägt. Das, was du als Manager für zerstörte Fernseher, zerrupfte Sofaecken oder eingetretene Türen auslegen musst, bis die Versicherung zahlt, kriegst du über den unbezahlbaren Wert Mythenbildung doppelt und dreifach wieder rein. Die Gäste lieben eine Suite in der Weltgeschichte – frag nach beim Chelsea in New York (Sid & Nancy), beim Watergate in Washington (Nixon & sein Kassettenrekorder), beim Beau-Rivage in Genf (Barschel & eine verzauberte Flasche Rotwein); sogar das Steigenberger in Düsseldorf (Immendorff & zwei Handvoll Nutten) hat ein paar schöne Anekdoten zu berichten.

Auch das Hotel Sixeighty im Zentrum Nairobis, 35 Jahre alt, zehn Stock hoch, 340 Zimmer, 680 Betten, Einzelzimmer um die 50, Doppelzimmer um die 60 Dollar, war ursprünglich wohl nicht als Ort geplant, in dem die Weltgeschichte vorbeischauen würde. 1970, bei der Eröffnung des mittlerweile ein bisschen heruntergekommenen Businesshotels ohne Roomservice, Klubsandwich,

Aircondition oder Pool auf dem Dach, werden die Besitzer als Zielgruppe mittelprächtig verdienende afrikanische Geschäftsreisende oder frühpensionierte Safaritouristen im Kopf gehabt haben, denen Bett und funktionierende Dusche Luxus genug sind.

Das ist nicht gelungen. Jedenfalls sind Abdulrahman Osman Dirir, 39, wohnhaft in Zimmer Nr. 721 des Hotel Sixeighty, Khadar Biihi Aalin, 34, wohnhaft in Zimmer Nr. 722, und Mohamed Ali Hagaa, 36, wohnhaft in Zimmer Nr. 715 schräg gegenüber, nicht das, was man sich normalerweise unter Geschäftsreisenden oder Opis mit Tropenhüten auf dem Kopf vorstellt. Die würden eher nicht mit drei weiteren Kumpels und zwei Frauen auf dem Boden von Zimmer Nr. 721 rumlümmeln, sich gegenseitig anschreien, auf Campingherden Spaghetti kochen, ihre Zigaretten und Rauschdrogen auf den Teppich spucken und so laut Radio hören, dass es im ganzen siebten Stock zu hören ist.

Besuchern gegenüber sind die Herren aus Zimmer Nr. 721 meist recht freundlich, wenn man nicht gerade orthodoxer Jude oder bekennender Kreuzritter ist.

»Salaam Aleikum, Fremder! Zigarette?«

»Aleikum Salaam, Freunde! Gern, aber gibt's hier auch 'n Aschenbecher?«

»Wer braucht denn so was?«

Und dann wieder:

»Wenn die Äthiopier kommen, gibt's Krieg, Abdulrahman!«

»Niemals trauen die sich ins Land, Osman!«

»Und was war 1964?«

»Da haben wir doch angefangen!«

»Ja, und jetzt fangen halt DIE mal an!«

»Quatsch!«

»Kein Quatsch!«

Nicht wesentlich anders geht es in 164 weiteren Zimmern des Hotel Sixeighty zu, die ebenfalls alle von Angehörigen der somalischen Regierung bewohnt werden.

Der somalischen was bitte?

Erinnern wir uns kurz: Somalia, das ist das Katastrophenland, das sich seit vierzehn Jahren konstant im Zustand von Bürgerkrieg, Anarchie, Clankämpfen, Hunger und Dürre befindet; das Land, das nach dem Sturz von Siad Barre 1991 nie mehr auch nur im Ansatz das hatte, was man im Rest der Welt als Regierung bezeichnen würde. Somalia steht für Warlords und Straßenkiller, zerstückelte UNO-Blauhelm-Soldaten, ermordete Journalisten, abgeschossene Black-Hawk-Hubschrauber und eine Stadt namens Mogadischu, die das Bild, das wir bislang von der Hölle hatten, durch ein etwas zeitgenössischeres ersetzte.

Genau dieses Höllensomalia hat seit Kurzem eine neue Regierung. Fast war es nicht zu glauben, als es EU, Internationaler Gemeinschaft und IGAD, einem Zusammenschluss von sieben ostafrikanischen Staaten, vor ein paar Monaten, im Oktober 2004, in Nairobi endlich gelang, die unzähligen Warlords, Clankämpfer und Nomaden zu einer Einigung zu drängen. Gut: Das 275-köpfige Parlament mit seinen 47 Ministern, 47 Stellvertretern, mit Ministerpräsident Ali Mohammed Ghedi und Staatspräsident Abdullahi Yusuf an der Spitze, das sie jetzt haben, ist, gemessen an den rund sieben Millionen Menschen, die in Somalia leben, nicht gerade das, was in eine Vier-Zimmer-Wohnung passt – aber jeder Warlord sollte den Ministerposten kriegen, der ihn zufriedenstellt, damit er nicht gleich wieder Krieg anfängt. Auf Berufserfahrung des Einzelnen wurde dabei größtmögliche Rücksicht genommen: Warlord Osman Atto, der den UN-Trupps früher die Gebäude wegbesetzte und Jeeps und Lastwagen klaute, ist für Transportwesen und Wohnungen zuständig. Warlord Musa Sudi Yalahow, Vorzeigemoslem, der der UNO Wasserkanister und Hygieneeinrichtungen stahl, bekam das Handelsministerium. Warlord Omar Muhamoud Filish, Spitzname ›Finnish‹, weil er so viele Feinde in Allahs Paradies schickte, wurde Minister für »religiöse Angelegenheiten«. Und Warlord Hussein Aidid, Sohn des berühmten US-Soldatenkillers

und Putschisten General Aidid, hat als stellvertretender Ministerpräsident und Innenminister den klassischen Doppeljob.

Jetzt müssten sie eigentlich bloß noch nach Mogadischu fahren
und das Regieren anfangen.

Eigentlich.

Aus irgendeinem Grund aber lassen die Somalis jeden angekün-
digten Umzugstermin verstreichen. Zuerst war es Ende Januar.
Dann Ende Februar. Dann Ende März. Jetzt haben wir Anfang
April, und sie sind immer noch in Nairobi. Und im Hotel Sixeighty.

Warum, ist ungeklärt. Es muss daher einen X-Faktor geben im
Rätsel Somalia – eine unbekannte Variable, einen Störfaktor, der
dem Parlament die Rückkehr in die Heimat unmöglich macht.
Suchen wir ihn also, den X-Faktor.

Wir beginnen bei den Experten. Bei den Jungs in Zimmer Nr. 721.

»Warum seid ihr noch hier, Abdulrahman?«

»Mogadischu ist im Augenblick zu gefährlich. Wir würden sofort
erschossen, wenn wir dort über die Straße gehen würden.«

»Zu gefährlich? Jahrelang erprobte Kämpfer wie ihr, die weder
Tod noch Teufel fürchten und für die Krieg eher was Sportliches
ist als was Persönliches, benutzen noch Ausdrücke wie gefährlich?«

So irre es klingt, wenn man die Biografien der Warlords und Mili-
zionäre durchgeht, scheint Abdulrahmans Einschätzung auf den
ersten Blick gar nicht so abwegig, denn Frieden ist in Mogadischu
noch lange nicht. Nach wie vor gibt es weder Polizei noch Justiz in
der Stadt, noch immer teilt sie sich in sieben oder acht Bezirke, in
denen jeweils ein Clan regiert. Als vor wenigen Wochen eine De-
legation hingeschickt wurde, um das Terrain zu sondieren, wurde
die begleitende BBC-Journalistin Kate Peyton vor ihrem Hotel erschossen. Zwölf Tage später ging an einer Hauptstraße, an der ein
UN-Transporter vorbeikommen sollte, eine Motorradbombe in die
Luft, die fünf somalische Kinder tötete. Und vor zwei Monaten
erst spielten ein paar Irre mit den ausgebuddelten Gebeinen des
italienischen Friedhofs Fußball.

All diese Dinge weiß man sicher.

Nicht so genau weiß man, wer für all den Stress verantwortlich ist. Auch im Hotel Sixeighty nicht.

Mister Allahi Jama in Zimmer Nr. 834 vermutet, es waren islamische Fundamentalisten der Gruppierung Al Itihaad, die enge Verbindungen zu al-Qaida haben soll und deren Koranschulen in Mogadischu angeblich enorm an Einfluss gewonnen haben.

Mister Hussein Jabiri in Zimmer Nr. 428 vermutet, es war irgendein Subclan, der seine besetzten Straßen, Gebäude, Transportwege nicht an die Regierung abtreten will.

Mrs. Asha Ali in Zimmer Nr. 719, eine der wenigen Frauen im Parlament, glaubt, es handle sich um ein unglückliches Missgeschick.

Und ganz aktuell ist die Vermutung einiger Warlords der Clans Haba Gedir und Abgal aus Mogadischu, der Anschlag auf Kate Peyton und die Explosion seien von Präsident Abdullahi Yusuf höchstpersönlich geplant worden, der als Angehöriger des Darod-Clans aus dem Norden Mogadischu als Hauptstadt ablehnt, weil er befürchtet, man würde ihn dort sofort umlegen, wenn er mal aus dem Fenster guckt, um sein Volk zu begrüßen. Vielleicht hätte Yusuf darauf verzichten sollen, zur Entwaffnung der Clans 30.000 Afrikanische-Union-Truppen anzufordern, vor allem aus Äthiopien, mit denen er in seiner Zeit als Präsident der Nordregion Puntland gute Erfahrungen gemacht hat, weil sie ihm durch Waffen- und Soldatenlieferungen zu einer zweiten Amtszeit verhalfen. Äthiopische Soldaten, die ihnen die Kalaschnikows abnehmen – das ist eine Vorstellung, die vielen Somalis nicht gefällt. Sie befürchten eine Besetzung durch das christliche Land, gegen das sie schon zweimal Krieg führten. Dass auch Ministerpräsident Ghedi was gegen Yusufs Plan hat, macht die Sache nicht einfacher.

Es gibt allerdings noch eine zweite Theorie, warum die Somalis nicht nach Hause gehen. Die besagt, es gefalle ihnen in Nairobi so gut, dass ihnen die Lust aufs Regieren in der Heimat vergangen sei. Die These wird gestützt vom kenianischen Präsidenten Kibaki, der die Somalis in seiner Neujahrsansprache aufforderte, so bald wie möglich das Land zu verlassen, weil sie ihm auf die Nerven gehen. Sie wird ebenfalls vertreten von John K. Shabaan, Manager des Hotel Sixeighty, der sich angewöhnt hat, über seine Gäste nur noch in Ratespielen zu reden:

»Was sind 165 Somalis auf einem Haufen?«

»Keine Ahnung, Herr Shabaan.«

»165 neue Namen für das Wort ›Ärger‹.«

Eine hübsche Analogie – aber darf sich der Investigativjournalismus unserer Zeit damit zufriedengeben? Reicht die Einschätzung eines möglicherweise tendenziösen Betroffenen, der sich um den Ruf seines Etablissements sorgt, aus, um zu klären, warum die Somalis in Wartestellung verharren wie das berühmte Kaninchen vor der noch berühmteren Schlange? Genügt das schon zur Identifizierung des X-Faktors?

Wir meinen nein und wenden den Blick daher wieder auf die Somalis.

Gemessen daran, wo die meisten von ihnen herkommen, ist es ja auch nicht ganz schlecht im Sixeighty. Jeder Abgeordnete hat sein eigenes Zimmer, TV, Koran-Leselampe, Essen gibt's dreimal täglich, die Rechnungen für das All-Inclusive-Nairobi-Pauschalpaket für die 165 Somalis im Sixeighty und den restlichen 110, die in anderen Hotels in Nairobi untergebracht sind, übernehmen EU, IG und IGAD, deren Ausgaben für den Friedensprozess mittlerweile in Milliardenhöhe liegen. Abdulrahman, Khadar und Ali, meine Freunde aus Zimmer 721, kommen aus der Republik Somaliland im Norden und waren einfache Fischhändler, die zusammen in einer Blechhütte lebten, bevor sie als Abgeordnete von ihrem Clan, einer Untergruppierung der Darod, zur Konferenz nach Nairobi geschickt und Politiker wurden. Wenn du dein Leben lang auf Strohmatten und Holzplanken geschlafen hast, weißt du's zu schätzen, wenn jeden Mittag das Zimmermädchen vorbeikommt, die Betten aufschlägt und den Dreck von gestern wegräumt. Und Dreck, man kann es leider nicht anders sagen, machen sie ziemlich viel. Es ist so eine Art Punkrock, den sie im Hotel Sixeighty veranstalten. Neben den ausgedrückten Zigaretten empfinden die Zimmermädchen und Mister Shabaan vor allem die Khatreste auf dem Teppich als störend. Das Khat ist eine Rauschpflanze aus der Gegend um den Mount Kenya, seit Jahrhunderten die Leib- und Magendroge der Somalis, deren möglichst frisch geerntete Blätter der Konsument ein paar Stunden kauen muss, bis sie eine Wirkung entfalten, die der eines sanften Amphetamins ähnlich ist – mit erweiterten Pupillen, glasigem Blick, wirren Gedankengängen und grün gefärbtem Zahnfleisch. Und da viele Somalis das Zeug den ganzen Tag lang kauen, landet der Brei eben oft auf dem Fußboden des Sixeighty und macht ihn zu einer Art Kunstrasen, den auch das beste Scheuermittel nicht mehr rauskriegt. Das ist leider noch nicht alles: Einen ihrer größten Coups landeten die Somalis, als es ihnen vor zwei Wochen gelang, die Zimmer 320 und 321 abzufackeln. Was genau dort geschah, bleibt bis heute ungeklärt, auch Mister Shabaan schweigt zu dem Vorgang. Vielleicht kommen wir dem X-Faktor näher, wenn wir uns etwas intensiver mit diesem Vorgang beschäftigen.

»Was war da los in den Zimmern, Osman? Fackeln? Offenes Feuer? Bettraucher?«

»Ich hab nichts damit zu tun gehabt. Frag Abdulrahman.«

»Wie war das mit den Zimmern, Abdulrahman?«

»Keine Ahnung, wie Osman auf die Idee kommt, dass ich auch nur das Geringste darüber weiß. Frag doch Ali.«

»Ali?«

»Ich weiß auch nichts Genaues, meine aber, gehört zu haben, dass es irgendwelche Abgal-Typen aus dem Süden Mogadischus waren. Frag doch mal den Ministerpräsidenten!«

Keine schlechte Idee.

Ministerpräsident Ali Mohammed Ghedi trifft man nicht im Hotel Sixeighty. Man trifft ihn am Pool des Hotel Jaracanda in Nairobis Villenviertel Westlands.

Ghedi ist ein dünner Mann mit einem an den Schultern etwas zu großen Anzug, dafür aber sehr hübschen Schuhen, schwarzen Loafern. Das Parlament hat sich vor allem auf ihn einigen können, weil er mit Politik vorher nicht viel zu tun hatte. Eigentlich ist er Tierarzt, Spezialgebiet Rinder und Kamele. Kamele sind wichtig in Somalia, sie waren jahrtausendelang praktisch die Landeswährung, bis sie von Gewehren, Luftabwehrraketen und Panzerwagen abgelöst wurden.

»Bleibt Mogadischu Hauptstadt, Herr Ghedi?«

»So steht es in der Charta. Ja.«

»Werden äthiopische Truppen nach Somalia kommen, Herr Ghedi?«

»Davon ist mir nichts bekannt.«

»Wie ist die Situation in Mogadischu?«

»Nicht so schlimm, wie viele meinen.«

»Trotz der Bombe, die dort gerade explodiert ist? Trotz des Mordes an Kate Peyton?«

»Das könnte auch ein Unfall gewesen sein. Aufgrund der unzureichenden technischen Wartungsmöglichkeiten explodiert in Mogadischu fast jeden Tag etwas.«

»Trotz der Macht der islamischen Fundamentalisten?«

»So groß ist die nicht.«

»Wann fahren Sie nach Mogadischu?

»Nächste Woche.«

»Wann genau?«

»Nächste Woche.«

»Mit oder ohne den Präsidenten?«

»Wir planen noch.«

»Im Hotel Sixeighty sind die Zimmer 320 und 321 abgebrannt. Was wissen Sie darüber?«

Ghedi sieht mich kurz an, bevor er aufsteht und geht.

Kein Problem, dann frage ich eben den Präsidenten. Eine gewisse Auskunftspflicht hat er mir gegenüber. Leider hat Abullahi Yusuf gerade keine Zeit, weil er sich mit Abgeordneten der äthiopischen Regierung trifft. Dafür Bari Bari, sein Sprecher.

Bari Bari ist ein kluger, leicht übergewichtiger Mann, der in Italien Politik studiert hat. Um ihn zu treffen, geht man weder ins Sixeighty noch ins Jaracanda. Um ihn zu treffen, geht man ins Grand Regency im Zentrum, dessen Zimmer das Sechsfache kosten.

»Bleibt Mogadischu Hauptstadt, Herr Bari Bari?«

»Nein. Haben Sie nichts von dem Bombenanschlag und dem Mord an der BBC-Journalistin Kate Peyton gehört?«

»Werden äthiopische Truppen nach Somalia kommen, Herr Bari Bari?«

»Somalia ist ein sehr, sehr krankes Land. Es leidet an vielen Viren: am Bürgerkrieg, an der Anarchie und seit einiger Zeit auch am Stachel des islamischen Fundamentalismus, der sich tief ins Fleisch unseres Landes gebohrt hat. Und was tun Sie mit einem kranken Land? Sie holen einen Arzt.«

Bari Bari ist ein Mann, der gern in Bildern spricht. Ich auch: »Und der heißt Dr. med. Äthiopien?«

Bari Bari grinst kurz, verfällt aber sofort wieder in seinen Vortrag. »Wir brauchen Hilfe, verstehen Sie? Finanziell und in Form von internationalen Friedenstruppen aus Europa, der Arabischen Liga – und eben auch von der Afrikanischen Union und Grenzländern wie Äthiopien, Kenia und Dschibuti.«

»Wann fährt der Präsident nach Mogadischu?«

»Erst mal fährt er in zwei Tagen nach Baidoa und Bossasso. Möchten Sie mit?«

»Überlege ich mir noch. Aber wissen Sie zufällig was über die demolierten Zimmer im Hotel Sixeighty?«

»Mit Verlaub: nein.«

Weil uns die Planlosigkeit der Regierungselite etwas erschöpft und die Suche nach dem X-Faktor nicht wesentlich voranbringt, kaufen Fotograf Zuder und ich uns jeder eine Flasche Wodka und zwei Liter Orangensaft und ziehen uns auf unsere Zimmer Nr. 931 und Nr. 932 im Hotel Sixeighty zurück. Vielleicht verstehe ich die Somalis besser, wenn ich mich hier method-acting-mäßig einschließe, mir den Schädel zuknalle und bei den Dealern, die Zimmer 721 beliefern, noch etwas Khat bestelle. Sollte kein Problem sein. Man kann viel sagen über die Somalis, nur nicht, dass sie unterhaltungselektronisch unterversorgt sind. Handys haben sie alle, manche sogar mehr als eins, und wegen der günstigen, nämlich nichtexistenten Steuersituation in Somalia gibt es dort mehr und bessere Mobilfunknetze als in Kenia, Dschibuti, Tansania und Äthiopien zusammen. Sogar Wireless LAN und DSL haben sie da, zu Preisen, von denen du im Westen nur träumen kannst. Die Deals in dem Kapitalismusparadies haben so manchem Warlord hübsche Zweit- und Drittwohnungen in Dubai ermöglicht. Im Übrigen ein weiterer Grund, warum man sich mit der Regierungsübernahme noch Zeit lassen könnte. Auf einem Zettel notiere ich: »Möglicher X-Faktor: Finanzinteressen der ehemaligen Kriegsparteien, denen neu gebaute Immobilien in Dubai, Saudi Arabien und Oman wichtiger sind als die komplett verwohnten Kriegsbaracken in Mogadischu.«

Ich bin beim dritten Screwdriver, als es an der Tür klopft.

Dort steht ein kleiner Mann mit Schnurrbart, der ein bisschen wie Ben Kingsley in seiner Rolle als Mahatma Gandhi aussieht. Nein, ich muss mich korrigieren: nicht bloß ein bisschen. Er sieht genauso aus.

Ist er es vielleicht? Brauchen könnte man ihn.

»Guten Abend«, sagt er in perfektem Deutsch. »Ich habe gehört, Sie suchen mich?«

»Wer sagt so was?«

»Es machte die Runde.«

»Und wer sind Sie, wenn ich fragen darf?«

»Mein Name ist Ibrahim Rashid Abdulfattah, aber Sie dürfen mich Rashid nennen. Sie interessieren sich für die somalische Regierung?«

»Ich suche den X-Faktor, ja.«

»Den was?«

»Den Grund, warum die Somalis noch in Nairobi sind, obwohl sie eigentlich in Mogadischu sein müssten.«

»Da kann ich Ihnen helfen, wenn Sie bereit sind, mir kurz zu folgen. Keine Angst: Es ist ganz nah. Nur neun Stockwerke unter uns.«

Auf dem Weg nach unten gibt mir Rashid einen Kurzabriss seiner Biografie: 1953 geboren in Addis Abeba, Äthiopien, in den Sechzigern nach Mogadischu gekommen, wo er als Verkehrspolizist Strafzettel an frisierte Vespas verteilte; nach dem Putsch durch Siad Barre 1969 Asyl in Nürnberg, Deutschland, wo er heiratete und diverse Existenzen als Student, Ingenieur, Kaufhausdetektiv und Unternehmer durchlief.

Warum sein Clan, zu dem er jahrelang kaum Kontakt hatte, gerade ihn als Abgeordneten zur Friedenskonferenz entsandte, ist auch Rashid ein Rätsel.

»Vielleicht, weil ich ein paar Fremdsprachen beherrsche und zwei gut sitzende Anzüge habe.«

Dann stehen wir in der Lobby des Sixeighty. Was wir dort sehen, ist unglaublich: Nicht nur jeder einzelne Stuhl, Tisch, Sessel, Tresen, ja jede Lehne zwischen Rezeption, Café, dem Bata-Schuhladen und dem gigantischen Rauchglasfenster vor dem Eingang ist besetzt, auch die knapp achtzig Quadratmeter dazwischen sind vollgepackt mit Somalis, die in Zehn- oder Zwölferpacks umeinander herumstehen und reden, schreien, flüstern, diskutieren, in Handys brüllen. Es ist eine nach Zedernholzparfüm riechende Mischung aus Basar, Flughafen, Parlament, und es sind nicht nur die Regierungsabgeordneten hier, sondern auch Exilanten aus Kanada, USA, England, Italien; dazu Oppositionelle, Geschäftsleute, Journalisten, Spitzel, Spione.

Ganz Somalia also.

»So ist es jeden Tag«, sagt Rashid. »Hören und schauen Sie einfach nur mal zu, dann werden Sie verstehen.«

Rashid nimmt meine Hand und führt mich von Gruppe zu Gruppe. Er führt mich

– zu Dr. Qaasim Hersi Fara, Arzt aus Abudwak, der sich im Herbst letzten Jahres als einer von über hundert Somalis als Präsidentschaftskandidat aufgestellt hat und trotz Ablehnung immer noch mit seinem Bewerberausweis am Hemd herumläuft, weil er die Chance, Somalia »eine knallharte Law-&-Order-Politik italienischer Machart« zu verordnen, noch nicht vertan sieht;

– zu Colonel Pilot Scheich Omar Abdi Kassim, ebenfalls ehemaliger Präsidentschaftskandidat, der sich auf den Kragen seines weißen Rollis den Namen »Mike Tyson« hat einsticken lassen und aus Somalia so eine Art Gottesstaat machen will, wenn ich ihn richtig verstehe;

– zu Colonel Abdi Assis, genannt Garam Garam (›Der mit gebrochener Stimme spricht‹), nach eigener Aussage die rechte Hand des mittlerweile entmachteten Warlords General Morgan, der besser bekannt ist als »Schlächter von Hargeisa«, weil er dort mal alle Feinde im Handstreich plattmachte;

– zu Jama Adam Mohammed, genannt Jama, dem seit seinem Kampf gegen die Amerikaner an der Seite von General Aidids ein halber Finger fehlt, weswegen er die amerikanische Regierung »noch in Grund und Boden klagen wird«, wie er sagt;

– zu Abdir Hassan, ehemals Fußballprofi aus Mogadischu, jetzt Exilsomali aus London ohne jegliches Amt, der in der Lobby mit seinen Beleidigungen, die Abgeordneten seien »alles faule Säue, die man erschießen sollte, weil sie sich hier in Nairobi eine gute Zeit machen, während in Somalia die Kinder verhungern«, schon für einigen Aufruhr gesorgt hat;

– zu dem anfangs schon erwähnten Warlord Omar Muhamoud »Finnish«, Religionsminister, der seinem Publikum gerade verkündet, er sei bereit, seine 2000 Kalaschnikows und vierzig Panzerwagen der Regierung zu überlassen, solange die »bereit ist, den aktuellen Marktpreis zu bezahlen«.

Und zu fünfzig, sechzig anderen, die, mit Zetteln, Flugblättern, Büchern, Statistiken und irgendwelchen »Zeugenaussagen aus erster Hand« bewaffnet, in der Lobby herumstehen und alles diskutieren, was ihnen gerade einfällt: die »äthiopische Frage«; die Frage, ob Ministerpräsident Ghedi »mehr Tierarzt oder Politiker« sei; Macht und Waffenstärke der einzelnen Warlords im Kabinett; ihre Lieblingspolitiker der Weltgeschichte (Helmut Schmidt, Berlusconi, General Aidid, Idi Amin, Bill Clinton, Nelson Mandela, Arnold Schwarzenegger, Lenin); ihre Meinung zur Lage im Irak, Iran, Afghanistan, Deutschland nach dem Zweiten Weltkrieg. Wem zugehört wird, der blüht auf und ergeht sich in stundenlangen Monologen; wer sich unverstanden fühlt, wendet sich ab und versucht sein Glück im nächsten Kreis.

Eigentlich ist es bloß ein gigantisches Theaterstück:

Die Zeit: sechs Uhr abends. Der Ort: Lobby des Hotel Sixeighty. Beleuchtung: Neonlicht, das von oben auf die Darsteller fällt. Stimmung: gebremst hysterisch. Garam Garam, rechte Hand des Kriegsverbrechers General Morgan, betritt die Szenerie.

GARAM GARAM, *den Kopf schwer in die Runde neigend:* »Eine Zukunft Somalias ist nur mit General Morgan vorstellbar.«

ABDIR HASSAN, *die Arme verschränkend und sich vor allen aufbauend:* »Ach, papperlapapp: Der tut doch nichts, außer im Grand Regency herumzusitzen und Whiskey zu trinken.«

GARAM GARAM: »Natürlich tut der was!«

ABDIR HASSAN: »Was denn?«

GARAM GARAM: »Er organisiert. Er hält Kontakt zu unserer Miliz in Kismayo.«

JAMA, *den Fingerstumpen hebend:* »Dem muss ich zustimmen! Ich habe selber mitgekriegt, wie er neulich mit seinen Leuten telefoniert hat. Er klang entschlossen und stark, so stark wie damals, als wir die Pakistanis aus dem Land geschmissen haben.«

ABDIR HASSAN: »Eure Miliz in Kismayo? Wie viel Mann sollen das denn noch sein? Dreißig? Vierzig? Sind das nicht eher die Soldaten von Barre Hirale, der ihn dort letztes Jahr vernichtend geschlagen hat?«

Schweigen. Abtritt Garam Garam, Auftritt Qaasim Hersi Fara.

QAASIM: »Auf Seite fünf meines Präsidentschaftskandidatendossiers äußere ich mich sehr ausführlich zu Fragen der Amnestie und Nicht-Amnestie von ehemaligen Bürgerkriegsteilnehmern.«

ALLE, *sich wegdrehend:* »Nicht der schon wieder!«

Meine Einschätzung der Lage nach den Gesprächen mit Bari Bari und Ghedi war falsch: Das Problem, das den Somalis und ihrer Heimreise im Weg steht, ist nicht, dass keiner einen Plan hat. Das Problem ist, dass JEDER einen Plan hat. 165 Somalis an einem Ort sind nicht 165 andere Namen für das Wort ›Ärger‹. Es sind 165 völlig verschiedene Vorstellungen davon, wie ein neues Somalia auszusehen hat. Und zu den 165 Vorstellungen kommen noch die 110 Vorstellungen der Somalis hinzu, die in den anderen Hotels untergebracht sind!

Der X-Faktor beträgt also 275.

»Verstehen Sie?«, fragt Rashid und deutet in die Lobby. »Wir sind in den Jahren des Krieges alle abnormal geworden! Es hat nie eine Aussöhnung gegeben zwischen den verfeindeten Clans, und nun hat man uns hier zusammengepfercht in der Hoffnung, dass etwas dabei herauskommt. So aber kommt auch in zehn Jahren nichts heraus, außer unlösbaren Formeln wie: Die, die sich nicht einigen wollen, sollen sich einigen; und: Die, die ihre Waffen nicht abgeben wollen, sollen bitte ihre Waffen abgeben. Wie denn, wenn einer dem anderen misstraut und jeder nur das Beste für sich heraus-schlagen will?«

Rashid wirft die Hände in die Luft.

Später in dieser Nacht sitzen Zuder, Rashid und ich mit dem somalischen Journalisten Abdi-Rahman Roble auf Rashids Zimmer Nr. 408 des Hotel Sixeighty. Roble erzählt von dem Fernsehsender, den er in Mogadischu gerade aufbaut, erst letzte Woche war er wieder da, allein, ohne irgendeine Begleitung der Regierung.

»Wenn man will, geht es«, sagt Roble und zuckt mit den Schultern. »Man muss sich nur entschließen, hinzufahren, ohne monatelang darüber abzustimmen. Und natürlich vorsichtig sein.«

»Und die islamischen Fundamentalisten?«

»Es gibt sie, na klar. Aber soll ich nie wieder nach Hause, bloß weil's dort ein paar Leute gibt, mit denen ich nicht einverstanden bin?«

Wenn Roble rechnet, scheint er ohne den X-Faktor auszukommen. Aber er ist ja auch kein Parlamentarier.

»Bari Bari bot uns an, übermorgen mit dem Präsidenten nach Somalia zu fliegen«, sage ich.

»Daraus wird nichts«, sagt Rashid. »Habe ich vorhin erfahren.«

»Warum?«

»Ein plötzlich aufgetretenes Problem mit den Landebahnen.«

»Angegriffen? Zerstört?«

»Nein. Zu kurz. Hat man gerade eben herausgefunden.«

Alle grinsen: Ein neuer X-Faktor.

»Eins muss ich noch wissen, Rashid. Sie haben nicht zufällig eine Ahnung, was in den Zimmern 320 und 321 geschehen ist?«

Rashid überlegt einen Moment.

»Eine Grillparty vielleicht? Wir Somalis essen gern italienisch, aber im Hotelrestaurant servieren sie es leider nicht oft genug. Gut möglich, dass man sich dort einen Branzino an Limone mit Kartoffeln und Frühlingsgemüse zubereitet hat.« Rashids Lachen hört man noch bis zum Fahrstuhl.

Auf dem Rückweg in mein Zimmer schaue ich noch mal in der Lobby vorbei.

Sie sind noch da, jetzt allerdings in einem völlig anderen Zustand. Ruhig. Sanft. Schweigend. Einige schnarchen, einige wühlen sich von einer unbequemen Lage in die nächste, andere liegen in den Stühlen wie erstarrt.

Sie sind alle eingeschlafen.

Der Postkastenmann

Ich trug eine dunkle Brille und einen beigefarbenen Tropenhut, als ich auf dem Postkasten saß.

Es war ein wunderbarer Tag: Die Sonne knallte vom Himmel, die Mädchen trugen kurze Röcke, und aus den heruntergekurbelten Fenstern der Autos drang seltsamerweise keine Schrottmusik, sondern die Lieder der Beach Boys.

Was also hatte ich auf einem Postkasten zu suchen?

Geplant hatte ich es nicht: Ich war aufgestanden, wie ich immer aufstehe; ich hatte geduscht und mir einen Kaffee gekocht, und dann ging ich raus, auf die Straße, in die Sonne, zu den Mädchen.

Da war so viel Licht, dass ich taumelte.

Und auf einmal stand ich vor dem Postkasten.

Er leuchtete hell und gelb und sah in diesem Moment – nun, wie soll ich es sagen? – ansprechend aus. Während alles um ihn herum in Bewegung war, stand er dort, fest und sicher wie ein Monolith zwischen den Gehwegplatten, die um ihn herum eingelassen waren. Ansonsten war nichts Besonderes an ihm: Er hatte einen roten Punkt, zwei Briefschlitze und ein Schild mit den Leerungszeiten – einmal um zwölf, einmal um siebzehn Uhr. Der Zwölf-Uhr-Termin war gerade vorbei, der Kasten musste also leer sein.

War es der rote Punkt, der mich anlockte?

Jedenfalls kletterte ich auf den Postkasten.

Es war nicht besonders schwierig.

Was, fragte ich mich dann, auf dem Postkasten sitzend, werden wohl die Leute sagen, wenn sie mich sehen, auf dem Postkasten sitzend? Was werden die Frauen denken, was die Männer, und was werden Eltern ihren Kindern antworten, den Mann auf dem Postkasten betreffend? Werden sie sagen, der Mann auf dem Postkasten sei ein Irrer, vielleicht gefährlich – oder werden sie mich überhaupt nicht bemerken?

Diese Fragen beschäftigten mich.

Vielleicht blieb ich sitzen, weil ich keine Antworten darauf hatte.

Es war nicht sonderlich bequem auf dem Postkasten, denn ich benötige zum Sitzen immer eine Lehne für meinen Rücken, der schnell in sich zusammensackt. Weil ein Postkasten keine Lehne hat, musste ich meine Wirbelsäulenmuskeln sehr anstrengen, damit mein Rücken nicht zusammensackte.

Und dann kam schon der erste Mann auf mich zu.

Er hatte nicht viel in der Hand, nur ein kleines Kuvert, und als er sich dem Postkasten näherte, wie er es wohl immer tut, entschieden und mit großen Schritten, erschrak er plötzlich, als er vor mir stand.

»Oh!«, machte er und sah zu mir herauf.

»Was tun Sie denn hier?«

»Ich sitze auf dem Postkasten und ruhe mich ein wenig aus«, antwortete ich.

»Aha. Sitzen Sie schon lange hier?«

Schweiß stand ihm auf der Stirn.

Ich verstand den Sinn der Frage nicht ganz: Geht das Sitzen auf einem Postkasten erst ab einem bestimmten Zeitraum in Ordnung? Kann man zu lange auf einem Postkasten sitzen oder vielleicht auch: zu kurz, mit einem Mangel an Übung, der einen noch nicht qualifiziert?

»Zehn Minuten etwa«, sagte ich und lächelte den Mann höflich an, der schnell und fast verschämt das Kuvert in den Briefschlitz unter mir steckte, sich dann sofort umdrehte und verschwand, als hätte er etwas Verbotenes getan. Als hätte er mich, den Postkastenmann, unsittlich berührt. Als würde der Postkastenmann homosexuelle Neigungen offenlegen.

Was der Postkastenmann alles kann!, dachte ich und sah über die Menschen hinweg, die unter mir ihren Beschäftigungen nachgingen. Viel besser, als auf einem Hochhaus zu stehen – denn ein Postkastenmann ist trotz seines Abstands noch nah genug dran an den Menschen, um jede Regung mitzukriegen und ihnen in die verwirrten Augen zu blicken.

Ein paar Minuten später fuhr auf dem Fahrrad eine der hübschen jungen Frauen im Minirock an mir vorbei. Sie hatte eine Kamera um den Hals hängen.

Die Frau hielt, stieg vom Fahrrad, und fragte, ob sie mich vielleicht fotografieren dürfe.

»Wofür denn?«, fragte ich.

»Für ein Projekt an der Universität«, sagte sie und fing schon an zu knipsen.

Zwei Minuten lang umrundete sie mich mit der Kamera, mich, den Mann auf dem Postkasten. Als sie mich aus allen Positionen fotografiert hatte, kniend, stehend und auf dem Boden liegend, bedankte sie sich und stieg wieder aufs Fahrrad.

»Was kann man denn auf der Universität mit Fotos von einem Mann auf dem Postkasten anfangen?«, fragte ich sie.

»Es ist ein Projekt über die Absonderlichkeiten des Alltags«, rief sie herüber, während sich im Wind der Anfahrt schon ihr Rock hob; dann war sie verschwunden.

Um heutzutage berühmt zu werden, dachte ich, reicht es schon, wenn man bloß auf einem Postkasten sitzt.

In der nächsten Stunde passierte gar nichts. Frieden kam über mich, auf dem Postkasten sitzend, und ich fragte mich: Gibt es sonst wo auf der Welt noch Menschen, die auf Postkästen sitzen, in Japan oder Brasilien zum Beispiel? Gibt es vielleicht sogar irgendeinen Wahnsinnigen, der tage- oder wochenlang auf einem Postkasten ausharrte und im Guinnessbuch der Rekorde steht?

Oder bin ich der Erste, der es über eine Stunde lang auf einem Postkasten ausgehalten hat?

Vielleicht, überlegte ich, gibt es auf dieser Welt doch noch Dinge, die ein Mensch zum ersten Mal tun kann.

Dann geschah es.

Ich weiß nicht, wie lange sie schon dort stand und mich umrundete; gut möglich, dass sie schon seit einer Viertelstunde ihre Runden drehte wie ein Haifisch, der nicht weiß, ob er ein potenzielles Opfer oder einen potenziellen Feind vor sich hat.

Jedenfalls stand sie da, die Alte mit den SPAR-Tüten und dem Stock, auf den sie sich stützte.

Sie starrte mich an, Blitze kamen aus ihren Augen.

»Was machen Sie dort?«, schrie sie auf einmal.

»Ich bewache den Postkasten!«, rief ich zurück. Ich hielt das für einen guten Witz, doch die Frau erschrak so sehr, dass sie einen Satz zurück tat.

»Sie müssen sich keine Sorgen machen!«, rief ich, um sie zu beruhigen: »Das ist eine ABM-Maßnahme, vom Arbeitsamt und der rot-grünen Regierung bezahlt!«

Der Postkastenmann war gut in Form, wie ich fand.

»Verschwinden Sie!«, brüllte die Alte nun. »Ich will einen Brief an meine Tochter einwerfen!«

»Wohlan!«, rief ich zurück und tippte mit dem Finger an meinen Tropenhut. »Machen Sie nur – ich hindere Sie nicht!«

»Ich rufe die Polizei, wenn Sie nicht verschwinden!«, schrie die Alte zurück.

Sie war ganz offensichtlich eine Kämpferin.

Inzwischen hatte sich etwas verändert auf dem Postkasten: Zuerst war es nur ein beklemmendes Gefühl, das in mir aufstieg, doch als ich zur Straße hinuntersah, bemerkte ich, was passiert war.

Der Postkastenmann war umrundet von einer Menschenmenge.

Die Alte und ich mussten sie durch unsere Schreie angelockt haben; etwa ein Dutzend Augenpaare starrte zu mir auf, alle mit derselben Frage: Was macht dieser junge Mann auf dem Postkasten?

Und auf einmal bekam ich Angst.

Das Kräfteverhältnis hatte sich geändert: War ich eben noch der Postkastenmann gewesen, der aus einer Position der Stärke und Erhabenheit heraus auf die anderen hinuntergeschaut hatte, war ich nun ein Postkastenmann, der von einem Kreis aufgebrachter und verwirrter Bürger umzingelt war, der von einem alten Mütterlein angeführt wurde. War ich eben noch der Sonnenkönig vor der Revolution gewesen, war ich nun der Sonnenkönig nach der Revolution.

Ein Gehenkter also.

Dann stand auch schon der Scharfrichter vor mir; ganz in Grün und mit einer weißen Mütze auf dem Kopf.

Nein – er stand eher unter mir.

»Schönen guten Tag«, begrüßte mich der Schutzmann mit in den Nacken geneigtem Kopf, sodass fast die Mütze herunterfiel.

»Guten Tag«, antwortete ich.

»Was machen Sie hier?«, fragte der Schutzmann.

»Ich sitze auf dem Postkasten«, antwortete ich.

»Das sehe ich. Mit welchem Grund, wenn ich fragen darf?«

»Kunstprojekt für die Universität«, antwortete ich.

»Haha«, machte der Schutzmann.

»Ich bin eine Absonderlichkeit des Alltags«, sagte ich.

»Runterkommen«, sagte der Schutzmann.

So stieg der Postkastenmann von seinem Thron, dem Postkasten – und wenn es auch kein Gebrüll von den Umstehenden gab, dann doch triumphierende Blicke und gegenseitiges Zunicken. »Recht so«, sagte das alte Mütterlein, als sie ihren Brief in den Schlitz warf; dann schlurfte sie einfach davon mit ihren Tüten und dem Stock, ohne mich noch mal anzusehen. Kurz darauf löste sich auch die Menge auf.

Der Postkastenmann war besiegt.

Auch ich schlurfte nach Hause, durch das schwächer werdende Licht; geschlagen, besiegt und den Kopf voller Fragen: Was hatte ich falsch gemacht während meiner Zeit als Postkastenmann, was hatte die anderen so sehr aufgebracht? Lag es an meiner exponierten Stellung, daran, dass ich ein wenig von oben herab geredet hatte? Lag es am Tropenhut oder an der Sonnenbrille? Oder lag es am Postkasten selbst, der irgendeinen unterbewussten Einfluss auf die Menschen ausübt, indem er uns daran erinnert, dass zur Kommunikation immer zwei gehören, deren Codes aufeinander abgestimmt und in jahrelanger Kleinarbeit mühsam erarbei...? Oder bringt ein Mann, der sich auf einem Postkasten ausruht, von vornherein alles durcheinander?

Keine Ahnung.

Mein Rücken schmerzte.

Aber alles in allem war es ein schöner Tag auf dem Postkasten.

Der Brillenmann

Es begann damit, dass in Tokyo ein Mann umging, der den Leuten die Brille von der Nase klaute. Er tauchte auf, scheinbar aus dem Nichts, schnappte sich die Brille, die er haben wollte, und verschwand wieder, so spurlos wie er gekommen war. Wenn alles glattging. Ließen sich die Menschen nicht so leicht von ihrer Brille trennen, schlug der Brillenmann sie auch mal. So jedenfalls erzählten es die Opfer, knapp zwanzig inzwischen. Einem war sogar der Arm gebrochen worden.

Ein deutsches Magazin wollte eine Geschichte darüber.

»Warum?«, fragte ich.

»Finden wir exotisch«, sagten sie. »Sagt etwas aus über den Zustand, in dem die Welt sich seit dem elften September befindet.«

»Ja?«

»Aber hallo! Siehst du die Metaphorik nicht? Es geht um Weltsicht und Wahrnehmung, um Blickwinkel und Perspektive. Es ist ganz großer Stoff!«

»Aber wie finde ich ihn? Kaum eins seiner Opfer hat ihn bislang richtig gesehen. Er kommt und greift zu wie ein Schatten aus der Menge, wie ein Meuchelmörder.«

»Sei halt ein bisschen investigativ.«

Der Fotograf, den sie mir schickten, kam extra aus Hamburg angereist. Sein Name war Enver Hirsch.

»Hirsch wie das Tier?«, fragte ich am Telefon.

»Und Enver wie der Diktator«, kam es zurück.

Da ich immer gern weiß, mit wem ich's zu tun habe, holte ich ein paar Informationen über diesen Hirsch ein. Ich erfuhr, dass er gern tote Tiere fotografierte und gerade von einer Expedition auf eine Giftgasinsel zurückgekommen war. Dazu löste er sich einmal im Jahr in Luft auf und kam mit einem Riesenhaufen Fotos von Plastikpuppen zurück. Warum Puppen? Warum einmal im Jahr? Wo fand das statt? Seltsamer Typ.

Ein paar Tage später holte ich ihn vom Flughafen Narita ab. Er war, nun ja, eher mittelgroß und zog einen orangen Schalenkoffer hinter sich her, in den er dreimal reingepasst hätte. Seine Kamera war nur unwesentlich kleiner. Er trug einen roten Burberry-Blouson zum Scheitel und wirkte insgesamt sehr britisch. Sein Akzent war fast so stark wie der von Prinz Charles.

»Well, well, well«, begrüßte er mich. »Wir machen also eine Reportage über einen supercrazy Brillendieb?«

»Ganz genau«, sagte ich.

»Und wie finden wir ihn? Geben wir eine Anzeige auf?«

»Wir gehen erst mal Brillen kaufen, dachte ich.«

»Exzellente Idee!«, sagte Hirsch. Das »exzellent« sprach er aus wie Peter Ustinov.

Der Brillenladen befand sich im Stadtteil Roppongi. Es war der beste Brillenladen Tokyos, ich hatte das extra recherchiert. Sie hatten alle Arten von Brillen da: Hornbrillen, Stahlbrillen, Eckbrillen, Rundbrillen, Designerbrillen, Stangenbrillen, Starbrillen, Sekretärinnenbrillen, Sonnenbrillen, Schutzbrillen, Fernbrillen, Nahbrillen. Es war ein Brillenparadies, genau der richtige Ort, um unsere Nachforschungen zu starten.

»Ich nehm' die große braune hier!«, schrie Hirsch, nachdem er ein paar Modelle ausprobiert hatte. »Steht mir gut, finden Sie nicht?«

Die Fassung wirkte in seinem Gesicht wie ein Filzstift, der ihm immer wieder dicke Kreise um die Augen malte.

»Vielleicht etwas sehr Yves-Saint-Laurent-mäßig«, sagte ich.

»Also genau richtig!«, freute sich Hirsch. »Und Sie, was nehmen Sie?«

»Die schwarze hier.«

»Ah, Andy-Warhol-Style! Auch nicht schlecht. Spesen sind was Wunderbares, are they not?«

Dem musste ich zustimmen.

Ein paar Minuten später standen wir draußen auf der Straße, mit unseren Fensterglasbrillen auf der Nase. Es war früher Abend. Millionen von Japanern und Japanerinnen umfluteten uns. Sie kamen von der Arbeit oder waren auf dem Weg in Restaurants oder ins Kino. Einige von ihnen trugen Businesskostüme, andere nicht. Einige von ihnen trugen Brillen, andere nicht. Sicher war nur: Die Brillen, die wir aufhatten, waren von allen die größten. Von Gott aus gesehen, also vom schönen Himmel auf die zugebaute Erde runter, waren wir die zwei Typen mit Heiligenscheinen aus Plastik um unsere Köpfe. Wir sahen aus wie zwei Jim-Henson-Muppets.

»Und jetzt?«, fragte Hirsch.

»Jetzt warten wir«, sagte ich. »Der Köder ist gelegt, nun muss der Brillenhai nur noch anbeißen.«

»Frech!«, sagte Hirsch.

»Nicht wahr?«

Wir ließen uns mitziehen von dem Strom der Japaner um uns, wir trieben durch Roppongi, Harajuku und Shibuya, in U-Bahnen hinein und hinaus, auf Plätze und wieder hinunter, in Cafés hinein und hinaus, stundenlang. Vom Brillenmann war nichts zu sehen.

Irgendwann, es war schon spät, saßen wir in einer Bar, immer noch mit den Brillen auf der Nase, mit denen wir jeden Gast auffordernd anstarrten. Konnte ja sein, dass es sich um den Brillendieb handelte.

Nach dem dritten Gin Tonic sagte Hirsch laut, was schon seit einiger Zeit leise in uns gearbeitet hatte.

»Well, well, well. Ich weiß nicht, wie Sie sonst arbeiten, aber eventuell müssen wir unsere Taktik ändern.«

»Was schlagen Sie vor?«

»Es reicht nicht, auf den Brillenmann nur zu warten. Wir müssen viel kriminologischer vorgehen, wie in ›Das Schweigen der Lämmer‹, kennen Sie dieses Werk der dramatischen Filmkunst?«

»Ja, Agent Starling.«

»Gut. Wir müssen uns also in den Brillenmann hineinversetzen – herauskriegen, was für ein Typ er ist. Stiehlt er für sich selbst oder für jemand anderen? Leidet er unter einem Trauma? Zieht ihn nur ein bestimmter Brillentyp an oder ist prinzipiell jedes Modell für ihn interessant? Spielt die Dioptrienstärke eine Rolle, der Hersteller? Die Details sind entscheidend. Haben Sie schon die Opfer kontaktiert?«

»Gleich morgen früh.«

»Exzellent, mein Freund. Trinken wir noch einen, danach geht jeder schlafen und stellt sich vorher noch mal genau den Brillendieb vor.«

So, wie der Fotograf es befohlen hatte, tat ich es später. Ich kroch neben Yasuko ins Bett, kniff meine Augen zusammen und dachte an den Brillenmann. Wo kam er her, wer war er? Trieb er sich jetzt gerade in der Stadt herum, fehlsichtig, auf der Suche nach Korrektur? Warum ging er nicht zum Arzt und ließ sich lasern? Fremde, seltsame, undurchsichtige Welt.

Früh am nächsten Nachmittag hatten wir das erste Treffen mit einem der Opfer. Ein Kollege bei der Japan Times hatte den Kontakt zu Naoko Setagaya hergestellt, einer vierzigjährigen Frau mit kurzem Haar. Sie lebte in einer 1,5-Zimmer-Wohnung in Yokohama und pendelte täglich mit dem Zug nach Tokyo, wo sie als Sekretärin einer Werbeagentur arbeitete. Es war zwei Wochen her, dass der Brillendieb sie attackiert hatte, aber der Schock hielt noch an: Die Augen hinter ihrer verkratzten Ersatzbrille waren weit geöffnet, als sie uns die Tür öffnete. Als seien ihre Pupillen seit dem Angriff erstarrt.

»Es ist sehr freundlich, dass Sie uns empfangen«, sagte Hirsch und verbeugte sich tief vor Frau Setagaya. »Ich möchte, dass Sie wissen, wie sehr wir den Verlust Ihrer Brille mit Ihnen betrauern.«

»Vielen Dank«, sagte Frau Setagaya und verbeugte sich ebenfalls. Dann brach sie, gänzlich unjapanisch, in Tränen aus.

»Es tut mir leid«, schluchzte sie. »Es ist nur so: Ich verstehe nicht, wie ein Mensch einem anderen die Brille rauben kann. Jemandem die Brille wegzunehmen, das ist, als nehme man ihm die Seele weg.«

Hirsch nickte verständnisvoll und tätschelte der Frau die Schulter.

Sie erzählte, wie sie an besagtem Tag wie jeden Morgen in die Stadt gefahren war, bis zur Bahnstation Shinjuku, wo sie noch mal in einen Regionalzug wechselte, der sie zur Arbeit brachte. Als sie abends wieder in Shinjuku umsteigen wollte, umklammerte sie kurz vor dem Bahnsteig von hinten plötzlich ein Arm, während ihr eine Hand die seit Jahren so erfolgreich getragene Brille von der Nase riss. Bevor sie wusste, was geschehen war, war der Täter weg. Beschreiben konnte sie ihn, bei –3,5 und –5,5 Dioptrien Kurzsichtigkeit, leider nicht.

»Woher wissen Sie, dass es ein Mann war?«

»An der Art, wie er zugriff. An seinen Händen.«

»Hmh«, machte Hirsch in der Art eines ermittelnden Londoner Sonderkommissars. »Hmh. Hmh. Hmh.«

»Haben Sie in Ihrem Umfeld jemals jemanden bemerkt, der scharf auf Ihre Brille gewesen sein könnte?«, fragte ich, der auch mal was sagen wollte.

Frau Setagaya schüttelte den Kopf, als sei die Frage völlig absurd.

»War irgendwas Besonderes an der Brille?«

»Es war eine ganz normale Brille. Ein Stahlgestell, Kassenmodell, gekauft in einem kleinen Geschäft in Atami.«

»Baujahr?«, wollte Hirsch wissen.

»1989 bekam ich sie geschenkt, glaube ich. Von meinem damaligen Freund.«

»Heute sind Sie Single?«

»Leider ja«, sagte Frau Setagaya. »Ist das wichtig?«

»Alles könnte wichtig sein. Darf ich Sie fotografieren? Aber bitte ohne Brille.«

Frau Setagaya blickte kurz verstört, nahm dann aber ihr Ersatzgestell ab und sah wie blind in Hirschs Mittelformatkamera. Es wirkte so, als sehe sie durch ihn hindurch, an den Ort, wo sie ihre gestohlene Brille wiederzufinden hoffte. Zum ersten Mal verstand ich die Macht des Brillendiebs; was er seinen Opfern angetan hatte, wie groß das Grauen und die Verletzung sein mussten. Er hatte sie aus der Welt gestoßen.

Hirsch drückte ab.

Das zweite Opfer, das wir besuchten, war ein junger Mann, Mitte zwanzig. Er war nicht ganz so traumatisiert wie Frau Setagaya. Auch er war am Shinjuku-Bahnhof überfallen worden, wie ein Großteil der Opfer. Er war der, dem der Arm gebrochen worden war. Allerdings gab er zu, dass es sich eher um einen Unfall handelte als einen absichtlich tätlichen Angriff des Brillenmanns.

»Als er sich meine Brille – ein sehr hübsches Modell von Armani übrigens – greifen wollte, schlug ich um mich und rutschte aus. Dabei stürzte ich so unglücklich auf den Ellenbogen, dass das Gelenk brach.«

»Haben Sie den Mann gesehen?«

»Nein. Ich weiß nur, dass er etwas Helles getragen haben muss; eine Jacke, ein Jackett. Ich sah es, weil ich beim Sturz versuchte, mich daran festzuhalten.«

»Ist Ihnen etwas aufgefallen? Ein Geräusch, Geruch, etwas in der Art?«

»Jetzt, wo Sie's sagen: Ich erinnere mich, dass er nach Ingwer roch.«

»Ingwer?«

»Ja. Nach dem Raspel-Ingwer, den Sie einem beim Sushi immer mit auf die Platte packen. Ich selber mag es nicht besonders.«

»Sie waren essen, bevor Sie in den Zug steigen wollten?«

»Ja, in einem kleinen Rotating-Sushi-Imbiss, zu dem ich gern gehe: Sushi Express, kennen Sie das? Kein schlechter Laden.«

»Haben Sie eine Freundin?«

»Nur eine? Sind Sie irre? Ich bin doch noch jung!«

Etwas fiel dem Mann noch ein, bevor wir ihn verließen. Ein paar Minuten vor dem Angriff hätte er sich sehr unwohl gefühlt: »Beobachtet, wie ausgezogen. Als ob ein wirklich durstiger Vampir mich aussaugen wolle. Grässlich!«

Opfer Nr. 3 war wieder eine Frau, eine sehr alte diesmal. Sie fiel etwas aus der Reihe, weil sie außerhalb der Shinjuku Station überfallen wurde, nicht drinnen wie die anderen. »Ich erschrak mich sehr und ließ leider auch das Sushipaket fallen, das ich mir gerade geholt hatte.«

»Sie hatten ein Restaurant besucht?«

»Ja, Sushi Express, in der Station. Sie haben dort ganz günstige Lunchmenüs.«

Hirsch griff sein Telefon, stürmte aus dem Raum und kam zwei Minuten später zurück, leicht betrübt: Frau Setagaya hatte nicht bei Sushi Express gegessen. Allerdings kam sie regelmäßig an dem Laden vorbei.

Am nächsten Tag saßen wir dort. Es gab keine Garantie dafür, dass er kommen würde, es war bloß eine Idee. Viel in der Hand hatten wir nicht: In der Achtmillionenstadt Tokyo suchten wir in der belebtesten Bahnstation einen Mann, der vielleicht das Sushi hier mochte, stets seinen Ingwer aufaß, eventuell eine helle Jacke trug und eine manische Vorliebe für die Brillen anderer Leute hatte.

Es war ein netter kleiner Laden in einer Unterführung, mit Neonbeleuchtung, zwölf Plätzen, einer hübschen Bedienung vormittags und einer nicht so hübschen nachmittags.

Das Sushi war wirklich gut.

Der Sake auch.

Vier Tage lang gingen wir jeden Tag dorthin. Wir scannten die Umgebung ab und versuchten zu denken, fühlen und sehen wie der Brillenmann.

»Was meinen Sie, Hirsch«, fragte ich, während ich mir ein Stück Tekka Maki in den Mund schob, »was treibt unseren Brillenteufel an?«

Hirsch überlegte, nahm einen Schluck Sake und sprach: »Ich glaube, dass er vor langer Zeit etwas verloren hat. Die Brille erscheint mir dabei als gar nicht so entscheidend. Er sucht nicht nach der größten, schönsten, teuersten. Er sucht nach der, die ihm etwas zurückgibt. Ein Gefühl, einen Geschmack, eine Erinnerung. Er sucht seinen ihm eigenen Blick für die Dinge. Wie jemand, der auf der Suche nach seinem Namen ist. Darum sind es vor allem die Einsamen, die ihn anziehen.«

»Schön gesagt!«

»Vielen Dank!«

Es klingt komisch, aber: So langsam fingen wir an, den Brillenmann zu mögen. Vielleicht war er trotz des Unheils, das er angerichtet hatte, kein ganz schlechter Kerl. Er zog allein durch die Straßen, auf der Suche nach Wahrheit. Er war ein Held unserer Zeit, ein letzter Romantiker. Manchmal steckt der Schlüssel zum Weltgeheimnis in Leuten wie ihm. Ein bisschen suchen wir alle stets nach unserem eigenen Blick, und nicht jeder findet ihn.

Auf einmal wurde mir kalt, so kalt wie nie zuvor. Es fühlte sich an, als würde eine fremde Hand in mich hineinkriechen und nach meinem Innersten greifen.

Ich sah mich um. Links und rechts waren nur Menschen, die mit sich selbst beschäftigt wirkten. Auf der anderen Seite des Sushi-Tresens stand ein leerer Stuhl, davor ein Bierglas, ausgetrunken, und ein leeres Sushi-Brett, ingwerfrei.

»Saß da nicht eben noch jemand?«

»Mir war auch so«, sagte Hirsch und rieb sich den Hals, als sei er gerade gewürgt worden. Er sah wirklich ein bisschen blass aus.

Wir riefen nach der Bedienung, da kam aus Richtung des Bahn-steigs ein Schrei, so erschütternd, dass er uns allen die Kehle zu-drückte. Wer immer du auch sein magst, armer Mensch, dachte ich nur – pass auf deine Brille auf!

Das Liz-Hurley-Gefühl

Es war vor etwa zwei Jahren, ich lag gerade am Pool des Hotel Chateau Marmont in Hollywood, als ich darüber nachdachte, was eigentlich aus dem Liz-Hurley-Gefühl geworden war.

Ich weiß nicht, ob Sie mit diesem Begriff vertraut sind, aber irgendwann Mitte der Neunziger haben sich meine Freunde Samuel,
Chon, Ken und ich diesen Begriff ausgedacht. Er fiel zum ersten
Mal am Abend des Tages, an dem so ziemlich jede Zeitung dieser
Welt das Foto druckte, das Elizabeth Hurley weltberühmt machte,
das Foto von der Premierenfeier des Films »Vier Hochzeiten und
ein Todesfall«, zu der sie ihren damaligen Freund Hugh Grant begleitet hatte – in einem Versace-Kleid, das eigentlich kein Kleid
war, sondern ein gigantisches Körperdekolleté, das von vierund-
zwanzig Sicherheitsnadeln zusammengehalten wurde. Eigentlich
wurden Hurleys Brüste, Beine und ihr wunderbarer Rücken von
den Sicherheitsnadeln zusammengehalten.

Es war vielleicht keine besonders originelle Reaktion, aber meine
Freunde und ich waren begeistert von dem Bild, dem Kleid und
der Frau, und einer von uns, ich glaube, es war der Fotograf Chon
Choi, erfand den Begriff des Liz-Hurley-Gefühls. Was er beschreibt,
ist ganz einfach: den Gefühlszustand, in dem sich Liz Hurley be-
funden haben muss, als sie mit diesem Kleid auf die Party ging, den
Moment, in dem sie dachte: Yes, Ladies and Gentlemen – ich bin
Liz Hurley, verdammt noch mal, und nach diesem Abend wird die
Welt für euch und mich eine andere sein, für immer.

Das Liz-Hurley-Gefühl ist also ein Gefühl des Glücks und der Ekstase – und immer, wenn sich einer von uns glücklich oder ekstatisch fühlte, sagte er: »Ich glaube, ich habe gerade ein Liz-Hurley-Gefühl.«

Klingt ein bisschen dämlich, aber so ein Haufen Jungs waren wir damals.

Der Grund, warum ich mich jetzt, acht oder neun Jahre später am Pool des Chateau Marmont, fragte, was aus diesem Gefühl geworden war, waren die beiden Bikinimädchen, die sich auf den Liegestühlen neben mir sonnten.

»Schon gehört?«, sagte die eine, eine Brünette mit etwas plumpen Beinen und irritierend schmalem Oberkörper, »angeblich soll Elizabeth Hurley auch im Hotel sein.«

Natürlich erschrak ich in diesem Moment sehr.

»Die Elizabeth Hurley?«, fragte die andere zurück, ohne wirklich von ihrem Magazin aufzusehen, »ist das nicht diese schrecklich ordinäre englische Schauspielerin, die irgendwann mal Gesichtsmodel für Estée Lauder war?«

»Genau die«, sagte die Brünette. »Richtig berühmt wurde sie aber erst, als sich ihr Freund von einer Straßennutte auf dem Sunset Boulevard einen hat blasen lassen.«

»Ach ja«, sagte die andere und lachte, »wie hieß der noch mal? Hugh Gant? Sind die noch zusammen?«

»Er hieß Hugh Grant, Süße«, sagte die Brünette, »und: Nein, sind sie nicht. Sie ist angeblich allein hier.«

»Will wohl keiner mehr haben, die Verliererin«, stöhnte die mit dem Magazin und sank in ihre Liege zurück.

Es war nicht der Hass, mit dem die beiden Frauen über Hurley redeten, der mich irritierte: Mit dem Neid der anderen Weiber auf ihren Stil, ihren Ruhm, ihren Körper muss jede Frau umgehen können, die aus der Menge herausstechen will. Was mich allerdings überraschte, ja schockierte, war, wie radikal die beiden Mädchen Liz Hurley, den Männertraum und die Überfrau der letzten Jahre, schon abgeschrieben hatten, obwohl sie gerade Mitte dreißig war. Konnte es sein, dass sie recht hatten – wollte wirklich kein Mensch mehr etwas von Liz Hurley wissen?

Zwei sich paarende Libellen überflogen meinen Kopf, als ich mich an die schöne Zeit erinnerte, in der das Liz-Hurley-Gefühl überall war, ganz einfach, weil Liz Hurley überall war: Auf jedem Magazin-Cover und sogar im Fernsehen als Estée-Lauder-Model war die wunderbare Zobelhaut ihres Gesichts zu sehen und verbreitete ehrliche gute Laune, so sehr, dass man fast den Bildschirm streicheln wollte, wenn sie darauf erschien. Zwar sah ich sie nie als große Schauspielerin, doch sie bekam ein paar gute Rollen in der lustigen Agentenparodie »Austin Powers« mit Mike Myers und dem Drogenfilm »Permanent Midnight« mit Ben Stiller. Selbst die Wahnsinnstat von Hugh Grant, sie mit der Straßenhure Divine Brown zu betrügen und sich noch dazu von zwei Zivilpolizisten erwischen zu lassen, konnte Hurleys Glanz nichts anhaben, im Gegenteil: Sie bekam mehr Mitleids- und Sympathiebekundungen als Jackie Kennedy und Hillary Clinton zusammen, und über Grant, den Depp, schüttelte die ganze Welt den Kopf, weil ihm eine Bombenfrau wie Hurley sexuell nicht genügte.

In den letzten Jahren aber, das sah selbst ich ein, war es nicht gerade gut gelaufen für Hurley: Grant verließ sie, das Model Carolyn Murphy schnappte ihr den Job bei Estée Lauder weg, die Filme, die sie mit ihrer Produktionsfirma »Simian Films« produzierte, floppten allesamt, und die Rollen, die ihr angeboten wurden, waren schlechte Witze für jemanden, der schon mal ganz gute gemacht hatte. Hurley verlor sich in Affären mit Millionärssöhnen und unbedeutenden Schauspielern, die meisten davon hielten keine drei Tage und wirkten wahllos und verzweifelt – nicht im Geringsten so, als habe sie dabei das Liz-Hurley-Gefühl verspürt.

Und jetzt muss sie auch noch den Spott dieser zwei hässlichen Liegestuhlvögel hier über sich ergehen lassen, dachte ich und hatte das Gefühl, als sei eine Ära zu Ende gegangen – nicht nur für sie, sondern ebenso für mich. Eine Ära der guten Laune und der Fotos, zu denen man Begriffe erfinden konnte.

Es klingt ausgedacht, ist aber wahr und wird für keinen Menschen, der schon mal im Chateau Marmont war, eine Überraschung sein: In genau diesem Moment kam natürlich Elizabeth Hurley in einem weißen Bademantel an den Pool spaziert, kein Wunder, sie wohnte ja hier, und hinter ihr her liefen, genau wie früher, ein paar Fotografen und Beleuchter und Dienerinnen und irgendein Liebhaber, und alles, was dazugehört. Sie sah fantastisch aus und charmant, und sie lachte laut, und den beiden Mädchen neben mir, die sich eben noch über sie lustig gemacht hatten, blieb die Luft weg.

Sie war zurückgekehrt, und auch das Liz-Hurley-Gefühl war wieder da!

Ein paar Wochen später, wieder zurück in Deutschland, hörte ich, dass ihr letzter Lover Steve Bing sie verlassen habe und sie nun schwanger sei, aber ich machte mir jetzt keine Sorgen mehr um sie: Solange sie und ich das Liz-Hurley-Gefühl behalten, kann nichts passieren.

Wie aus Katja Riemann und mir mal nichts wurde

Es war einer dieser Hammertage im letzten Jahr. Die Sonne knallte vom Himmel, als hätte sie was zu beweisen, die Luft vibrierte, die Frauen auf der Straße sahen so umwerfend aus, dass man ihnen nachpfeifen musste, weil man schlecht »Sie da, links neben der Ampel, ja genau, SIE – heiraten Sie mich jetzt gleich bitte?« rufen konnte. Es war so ein Tag, an dem man von der Straße noch mal zurück in die Wohnung rennt, um sicherzugehen, dass man sein bestes Hemd anhat. Hatte ich, und zwar mein dunkelblaues offenes kubanisches, Guayabera genannt, das ich nur zu besonderen Anlässen trage. Dieser Tag war so ein Anlass. Ich war mit der Schauspielerin Katja Riemann in dem Berliner Restaurant Borchardt zum Mittagessen verabredet.

Das Gute an Katja Riemann ist, dass man jetzt eigentlich gar nicht groß weiterreden müsste. Man sagt nicht einfach »Katja Riemann« und dann kommt nichts. Es kommt entweder ein »Oh Gott!«, oder ein »Echt? Wie schön!«. Etwas öfter als ein »Echt? Wie schön!« kommt allerdings, ich habe das geprüft, das »Oh Gott!«. Es kommt vor allem von Leuten aus der Medienbranche, von Journalisten, die mal was mit ihr zu tun hatten und berichten, dass sie »schwierig« sei, »zickig«, »schnell beleidigt«, »bockig wie ein Kleinkind« gar und gern so tue, als sei es vor allem mit der Presse seit 1933 in Deutschland eigentlich nur schlimmer geworden, bloß dass statt den Juden jetzt die Schauspieler dran sind.

Klang alles ein wenig übertrieben für mich und gar nicht so sensationell besonders. Wer mal ein bisschen was mit der Presse zu tun hatte, weiß, dass sie jede Schauspielerin hart rannehmen, die nicht nur schauspielert, sondern, wie Riemann, außerdem singt, Kinderbücher schreibt und für UNICEF nach Afrika fährt, um da was für die Frauen zu tun. Es ist der Multitasking-Vorwurf. Wer ein bisschen was vom Kulturverständnis der Deutschen mitbekommen hat, den überrascht nicht, dass der Riesenerfolg, den sie beim Publikum mit »Abgeschminkt«, »Der bewegte Mann« und »Stadtgespräch« erreicht hat, ihr die Kunstweihe des Feuilletons ein bisschen schwerer macht. Es ist die E-&-U-Debatte. Und wer nur kurz irgendwo eine Schauspielerin erlebt hat, dem ist klar, dass die sich eigentlich immer falsch verstanden und nicht genügend gewürdigt fühlen, selbst wenn sie, wie Riemann, so ziemlich alle deutschen Preise gewonnen haben, die man gewinnen kann, obendrauf noch die Coppa Volpi in Venedig für ihre Rolle in »Rosenstraße«.

All das Gerede und die Gerüchte waren mir egal an diesem Tag, als ich zu ihr fuhr. Ich freute mich darauf, sie zu treffen und mit ihr über das zu reden, was sie in den letzten Monaten so gemacht hatte, ihre Rolle als Eva Braun in Dani Levys Hitler-Film, der bald rauskam, oder über die anstehende Walser-Verfilmung »Ein fliehendes Pferd«. Ein paar Wochen vorher hatte ich Jenny Elvers durch Mailand und Paris begleitet, auch gut, aber mit Katja Riemann wollte ich alles ein wenig gehaltvoller aufziehen, bildungsbürgerlicher, Thomas-Mann-artiger. Sieht man ja ihrem Gesicht schon an, dass sie sich mit solchen Dingen auskennt. Ich wollte Sancerre mit ihr trinken, Fisch essen, ihr einen Nachtisch spendieren, eine Crème brulée vielleicht oder irgendetwas Gesundes mit Früchten. Ich wollte der galanteste Journalist sein, den sie jemals getroffen hat – der, über den sie später sagen würde »das war der in dem hübschen Hemd mit den vielen schlauen Fragen«.

Der Innenhof des Borchardt war lichtdurchflutet, als ich reinkam, aber die Sonne hatte nur am Rande was damit zu tun. In der

Hauptsache war es Menschenglanz, ausgestrahlt von Katja Riemann, die mit ein paar Freunden zusammensaß, eine davon war die Theaterregisseurin Amina Gusner, mit der sie gerade die »Hedda Gabler« gemacht hatte und schon wieder etwas Neues plante, wofür sie jetzt Geld brauchten oder so.

Ich stellte mich vor und sagte gleich darauf: »Frau Riemann, Sie sehen wunderbar aus.« Tat sie wirklich: Sie trug ein schwarzes Kleid mit einem scharfen Ausschnitt und wirkte gar nicht so zerbrechlich wie in ihren Rollen, eher handfest. Eine Bombenfrau, ihre 42 Jahre kamen mir vor wie ein Zahlendreher.

»Katja Riemann, angenehm. Setzen Sie sich doch schon mal an den Nebentisch.«

»Gernstens!«

Glücksgefühle durchströmten mich. Jesus Christus, warum hat noch nie einer geschrieben, wie sexy sie ist, fragte ich mich und schrieb im Kopf schon den Einstieg. Waren denn vor mir alle blind gewesen? Ich hatte gute Lust, ihr den Heiratsantrag zu präsentieren, den ich mir bei den Ladys auf der Straße nicht getraut hatte. Ihren Ex Peter Sattmann hatte sie zum Glück schon vor Jahren verlassen, stand damals schwarz auf weiß als Trennungsanzeige in der Süddeutschen, von den beiden selbst geschaltet.

»So«, sagte Katja Riemann und setzte sich vor mich.

»Was trinkt die Dame? Weinchen? Der Sancerre soll ganz hervorragend sein.«

»Grünen Tee, bitte.«

Bis die Drinks kamen, also mein Weißwein und ihr Tee, plauderten wir ein bisschen. Wir redeten über Afrika, Musik, über »Ich bin die andere«, diese Multiplenklamotte von der von Trotta. Es war sehr nett, obwohl ich manchmal das Gefühl hatte, sie hörte nur mit halbem Ohr richtig zu, aber das kann an meinem verwirrten Gesamtzustand gelegen haben, denn die Riemann, ich sagte es schon, sah wirklich sehr gut aus.

»Also!«, sagte sie dann auf einmal etwas schroff. »Sie wissen ja, dass es sich hier um ein Vorgespräch handelt, um herauszufinden, ob wir miteinander arbeiten können.«

»Ein Kennenlerndate ist das, genau.« Ich klimperte mit den Wimpern, für einen Mann habe ich recht lange.

»Dann machen Sie mir ein Angebot«, sagte Frau Riemann.

Ich sah sie an und lachte. Toll, diese Marlon-Brando-in-Der-Pate-Impersonation! Hatte ich zuvor nur von dem ehemaligen Kiezkönig Kalle Schwensen so gehört, den ich auch mal zum Essen getroffen hatte. Spitzenwitz, in Topform, die Frau! Wie ernst sie dabei gucken konnte! Eine richtig gute Schauspielerin.

»Eins, das Sie nicht ablehnen können?« Ich kicherte.

Sie nicht.

»Ein Angebot. Was ist Ihr Plan? Was können Sie mir bieten, was ich nicht schon kenne? Was ist die Katja-Riemann-Park-Avenue-Geschichte? Was ist Ihr Take? Ich habe das nicht unbedingt nötig, hier zu sitzen.« Ihr Ton war aggressiv, eher Kommando als Frage, aber ich bringe jetzt lieber keinen Geheime-Staatspolizei-Vergleich. Ganz langsam keimte in mir der Gedanke, es könnte möglich sein, dass sie keinen Witz machte und diese blasierte Schauspielerinnenkarikatur nicht spielte.

Ich versuchte, ihr höflich zu erklären, dass ich das, was sie einen »Plan« nannte, nicht hätte, allein schon deshalb, weil ich sie bis eben noch gar nicht gekannt hatte. Ich sagte, der »Plan« könnte, wie schon mit ihrer Agentin besprochen, sein, sie zu begleiten bei dem, was sie so macht, bei ihrem Leben, Singen, Schauspielern. Ich versuchte, ihr zu erklären, dass ich mich für sie und ihre Arbeit interessiere und jede Menge Fragen habe, aber noch nicht sagen könnte, was später genau im Text stehen würde, weil außer diesem wunderbaren Lunch noch nichts zwischen uns geschehen sei. (Leider.)

Sie schwieg ein paar Sekunden.

»Also keine Idee?«

Ich sah zum Himmel, um sicherzugehen, dass nicht Gott es war, der Schuld daran hatte, dass auf einmal schwer geworden war, was eben noch leicht geschienen hatte; dass ich fror, obwohl ich eben noch geschwitzt hatte. Aus Katja Riemann, die ich kurz toll und interessant gefunden hatte, war in zwei Minuten genau die verkniffene Gouvernantengesichtsverleiherin geworden, vor der mich meine Kollegen gewarnt hatten.

»Nein, Frau Riemann«, sagte ich und zwirbelte mein Weinglas zwischen den Fingern. »So gesehen: tatsächlich keine Idee.«

»Tja. Muss ja nicht.«

Wäre sie jetzt aufgestanden und gegangen oder hätte mich angeschrien oder wäre explodiert oder irgendwas, hätte das einen kleinen Rest Glamour gehabt. Stattdessen blieb sie sitzen und unterzog mich einem Behördenverhör, für wen ich arbeite und warum, zog die Brauen hoch, wenn die Antwort vor ihr bestand, zog sie zusammen, wenn nicht, wägte ab, wie feindlich man ihr gesinnt sein könnte. Auch sie wollte natürlich irgendwas, vielleicht eine Fotoproduktion, vielleicht ein bisschen Eindruck schinden, vielleicht ein bisschen auf schwierige Diva machen, aber sie eierte dabei so humorlos und uncharmant rum, dass man immer weniger Lust bekam, überhaupt was mit ihr zu tun zu haben. Ich sehnte mich ein wenig nach der Selbstironie von Jenny Elvers zurück und überlegte, ob ich ihr von unter dem Tisch eine SOS-SMS schicken sollte.

Als es ans Bezahlen ging, gab ich dem Kellner 50 Prozent Trinkgeld, damit wenigstens einer von uns mit etwas Plus aus dem Tag ging.

»Sie können ja noch mal überlegen und dann meine Agentin anrufen«, sagte Katja Riemann zum Abschied. Es klang wie: »Da ist noch Hoffnung, eine kleine Chance haben Sie noch, geben Sie sich Mühe, ganz unsympathisch sind Sie ja nicht!«

»Okay«, sagte ich, dachte aber: nö. Diesmal nicht. Diesmal haben wir keine Lust, den immer weiter um sich greifenden Prominentenwahn zu unterstützen, bei dem der Porträtierte jedes Detail des

Porträts kontrollieren will, bis gar nichts mehr drin steht, weil es inzwischen Mode geworden ist, nicht nur Zitate, sondern ganze Texte autorisieren zu lassen. Ein bisschen Risiko gehört zum Geschäft, ein bisschen Lässigkeit im Umgang mit dem Selbstbild auch, und weil Katja Riemann den nicht hat und ein Nein für den Neinsager manchmal sehr befreiend sein kann, steht hier nicht ›Das große Katja-Riemann-Interview‹ oder die ›Homestory mit exklusiven Fotos ihrer Tochter‹ und dem ganzen Quatsch. Darum steht hier nur die Geschichte einer Absage, eines Non merci, Madame, muss ja nicht, und das ist gut so.

Sie rief dann noch ein paar Mal an, Katja Riemann. »Haben Sie sich Gedanken gemacht? Schon eine Idee? Was macht der Plan?« Zu einem Termin ging ich sogar noch, aber danach bestand der Plan, wenn es einen gab, bloß in der Vermeidung.

Eins allerdings ist klar: Wenn ich mir Riemann in Levys »Mein Führer« als Eva Braun angucke (bestimmt ist sie gut in der Rolle), ziehe ich mein kubanisches Hemd wieder an, mein Guayabera. Zur Erinnerung an die Zeit, die Katja und ich nie hatten.

Die Sache mit den Neunzigern

Wir waren zu viert, Stefanie, Til, Nika und ich; es war der Sommer 96, und wir stritten darüber, ob wir zur Love-Parade fahren sollten oder nicht.

»Um nichts in der Welt fahr' ich heut Abend noch nach Scheißberlin zu den Raverdeppen«, sagte Stefanie.

»Ich genauso wenig«, sagte Nika. »Übermorgen drehen wir, Til, du weißt das genau!«

»Wo zur Hölle denn sonst hin?«, riefen Til und ich.

Wir saßen in Tils und Nikas Altbauwohnung in Hamburg, sie hatte mindestens 300 Zimmer und lag gleich um die Ecke der Uni Hamburg. Bis dahin war es ein netter Abend gewesen: Es hatte Saltimbocca und Rotwein gegeben und zum Nachtisch Kokain. Ich sah aus wie Ethan Hawke, Til wie Kiefer Sutherland, unsere Freundinnen wie Chloë Sevigny und Amber Valletta. Aus der Anlage kam ein Lied von Tricky, auf dem Couchtisch lag ein aufgeschlagenes Buch von Wolfgang Tillmans, das Bild »Lutz und Alex« sah uns an, mit dem halbnackten Pärchen. Darauf hält die Frau den Schwanz ihres Freundes fest, drückt ihn zusammen, muss man eigentlich sagen.

»Warum hält sie seinen Schwanz?«, fragte Stefanie.

»Weil er sehr klein ist«, sagte ich.

»Weil er sehr groß ist«, sagte Til.

»Damit er ein Geheimnis bleibt«, sagte Nika. Ich fand, dass das die beste Antwort war.

In ähnlicher Manier hatten wir auch vorher beim Essen geredet: Es war um das Ende des Magazins »Tempo« gegangen; um Christian Kracht und Rainald Goetz und darum, ob der Designer Helmut Lang wirklich was draufhatte oder nur ein Protegé von einer Handvoll Münchner Journalisten war, die sich einen Spaß daraus machten, Lang zum größten Modegenie seit Yves Saint Laurent zu stilisieren.

Im Grunde waren es Entweder-Oder-Fragen, und manchmal, wenn ich an die Neunzigerjahre denke, denke ich, dass sich die Menschen damals die ganze Zeit nur solche Fragen gestellt haben: Berlin oder Hamburg? Gucci oder Prada? Blur oder Oasis? In gewisser Weise war es ein rhetorisches Jahrzehnt. »Es gibt nur cool oder uncool und wie man sich fühlt«, sang die Hamburger Band Tocotronic. Das traf es in etwa.

Til und ich waren zusammen zur Schule gegangen; wir hatten 1990 Abitur gemacht und uns ein paar Jahre später zufällig wiedergetroffen und waren Freunde geworden, im Hamburger Pudels Klub, der damals zum Zentrum einer neuen, deutschsprachigen Popmusik geworden war: Gruppen wie Blumfeld, Die Sterne und Tocotronic sorgten dafür, dass man sich in Hamburg eine kurze Zeit so fühlte, wie man es sich von Seattle vorstellte, wo die ganzen Grunge-Bands hergekommen waren. Auf einmal war es nicht mehr unangenehm, Musik mit deutschen Texten zu hören; im Gegenteil: Auf einmal gab es nichts Passenderes. »Zeittotschläger auf ihren Wegen, heute Nacht gehöre ich zu ihnen«, diese Zeile von Blumfeld war in unseren Köpfen, wenn wir durch die Straßen liefen. Gefühle, die wir vorher nur auf Englisch empfunden hatten, klangen nun auch in unserer eigenen Sprache.

Der Irrsinn war, dass das, was in der Musik passierte, auch woanders in Deutschland geschah: Auf einmal gab es Fotos, die man sich anschauen konnte (Tillmans, Teller, Fengel, die sogenannte Neue Deutsche Fotografie), Bücher, die man lesen konnte (Kracht, Goetz, Stuckrad-Barre, die sogenannte Popliteratur), es gab Magazine, die sich an einer neuen Sprache versuchten (»Tempo«, »SZ-Magazin«, »Jetzt«), und in München und Berlin entwickelten die Raver eine neue, fast sportliche Art des Dauerfeierns mit einer exquisiten neuen Droge (Ecstasy).

Nur ein paar Jahre vorher war noch alles anders gewesen in Deutschland: Da hatte man vor allem Kulturschrott und schlecht sitzende Jacketts gesehen, wenn man sich einmal um die eigene Achse gedreht oder die »Tagesthemen« angeschaut hatte. Hässlichkeit und Provinzgeruch überall; kein Land, so schien es, war weiter von der Moderne entfernt als die Bundesrepublik. Deutschland war ein Kartoffel-Tellergericht mit einer Sauce aus »Lindenstraße«, Wolfgang Petry, Helmut Kohl und »Wetten, dass..?«.

Plötzlich war alles in und um uns herum Pop geworden – mit hübscherer Kultur, hübscherer Kleidung, hübscheren Möbeln und ab 1998 sogar hübscheren Politikern (Schröder & Fischer). Der Stilwille war stark in den Neunzigern: Selbst der »Spiegel« erschien in Farbe und führte die Autorenzeile ein. Alles war so sehr Pop, dass die Frage »Love-Parade oder nicht« existenzieller schien als »Sein oder Nichtsein«.

Es gibt Leute, die sagen, es lag am Fall der Mauer und dem Ende des Kalten Kriegs. Es gibt Leute, die sagen, es lag am in den Siebzigern und Achtzigern erarbeiteten Wohlstand unserer Eltern. Es gibt Leute, die sagen, es lag an Berlin, der ersten Stadt, die sich eine deutsche Jugend selber bauen konnte. Es gibt Leute, Mystiker, die sagen, dass es die letzten Jahre eines ausgehenden Jahrtausends waren, die dafür sorgten, dass wir freier wurden. Stimmt alles ein bisschen.

Vor allem lag es wohl daran, dass auch im Rest der Welt alles Pop wurde – und der Rest der Welt immer näher an die Provinz Deutschland ranrückte. Anfang der Neunziger hatte ich nicht mal einen Anrufbeantworter; Mitte der Neunziger dann ein Handy und E-Mail-Adresse; Ende der Neunziger war das Fax tot und wir verabredeten uns über SMS. Anfang des Jahrzehnts war ein Anruf in Amerika ein teures »Ferngespräch«; zum Ende gab's das Wort kaum noch.

Kaum jemand hatte diesen Wandel zum freien Fluss der Informationen so konsequent dargestellt wie der kanadische Schriftsteller Douglas Coupland. Nicht, weil sein erster Roman »Generation X« hieß, sondern weil er in Büchern wie »Microserfs« und »All Families are Psychotic« genau beschrieb, wie die Leute und Strömungen, die in den Achtzigern noch Randbereiche gewesen waren, nun den Mainstream übernahmen. Skater, Zippies, Sprüher; Jungle, Drum 'n' Bass, Electronic Listening Music – die Subkulturen blühten auf. Programmierer, in den Achtzigern nichts als Informatik-Spacken, wurden zu Gestaltern einer neuen Zeit: Bill Gates war der reichste Mann der Welt, Apple-Chef Steve Jobs legte mit dem bunten iMac den Grundstein für den iBook-iPod-iPhone-Technikfetischismus von heute. Wie von Warhol entworfene Plastik-Diamanten funkelten seine Popcomputer von den Plakatwänden; heute braucht er diese Werbung gar nicht mehr, weil jeder zweite Mensch ein Apfel sein will.

In der Musik wurde alles, was eben noch Underground gewesen war, nach oben gespült: amerikanischer Garagenrock (Nirvana, Pearl Jam etc.), Britpop (Oasis, Blur etc.), Elektronik (Massive Attack, Portishead etc.). Im Film triumphierte Tarantino mit »Pulp Fiction« und »Reservoir Dogs« wie ein Gott über alle anderen Regisseure; bis heute ist er der Einzige, der Kino zum Erlebnis macht. In der Unterhaltung bereitete uns Pamela Anderson mit ihrem Promi-Porno auf das vor, was Paris Hilton später berühmt machen sollte: Famous for fucking. Ästhetisch wurden wir angeführt von einem ehemaligen Kriegsreporter, der ein Einrichtungsmagazin namens »Wallpaper« gegründet hatte: Wenn Tyler Brûlé entschied, dass man ohne weiße Lederquader im Wohnzimmer nicht leben konnte, schmissen alle ihre Sofas weg und kauften weiße Lederquader ohne Rückenlehnen, sehr unbequem. So hörig war die Welt Brûlé, dass es ihm sogar gelang, einen öden Vulkan-Felsen im

Nordatlantik zum Fetisch zu machen: Als Brûlé erwähnte, wie sehr ihm »der minimalistische Stil der Insel Island« gefalle, verdoppelte sich die Stadtbevölkerung Reykjaviks durch übers Wochenende einfallende Engländerhorden. Selbst Blur-Sänger Damon Albarn beteiligte sich an einer Bar dort.

So war es, das Leben in den Neunzigern: Leicht, luftig, laisser-faire. »Living in a magazine«, der Titel eines Zoot-Woman-Albums, war das Motto, egal ob das Magazin »Wired«, »Wallpaper«, »i-D« oder »Tempo« hieß.

Alles schien möglich: Du wolltest Musik machen, ein Buch schreiben, einen Film drehen: kein Problem, mach's halt. Fast jedes Buch kam raus, fast jede Platte wurde veröffentlicht, fast jedes Bild ausgestellt. Darüber, wie viel man davon am Ende verkaufen konnte, dachte kaum jemand nach. Der Glaube an den Markt war groß damals; so groß, dass man mit einer Geschäftsidee, in der das Wort »Internet« vorkam, Millionen verdienen konnte. Alle waren Künstler und Geschäftsleute in den Neunzigern. Man brauchte nicht mal ein Werk zu haben oder ein Geschäft.

Auch Til und ich sahen uns zu dieser Zeit als Künstler; ich Journalist, er Regisseur. Und darum ließen wir die Frauen Frauen sein, stiegen in meinen alten, marsroten Golf II und fuhren nach Berlin in dieser Nacht, um kurz nach zwölf, mit fünf Gramm Koks und ein paar Pillen in den Taschen.

Die Autobahn war frei, die Sterne leuchteten über uns, ich fuhr 200 km/h oder so, und knappe zwei Stunden später waren wir da, in der Hauptstadt. Eine Million Menschen hatten sich um die Siegessäule versammelt, die Raver hatten zum Rhythmus von Westbams rührender Hymne »We'll never stop living this way« die Macht übernommen und sich nun über die Klubs und Bars der Stadt verteilt, mit untersetzergroßen Pupillen auf der Jagd nach, wasweißich, dem besten Tanz, der besten Musik oder der besten übersinnlichen Erfahrung. Ziemlich genau das wollten Til und ich auch.

Ich weiß nicht mehr genau, wie der Laden hieß, in dem wir landeten, ob »Walfisch«, »E-Werk« oder »WMF« – nur, dass es dort so voll und heiß war, wie ich's später nie wieder erlebt habe, und dass ich irgendwann beim Tanzen ein Mädchen ansprach. Anschrie eher.

»Wofür tanzen wir hier eigentlich? Für den Beat, für den Frieden, für ein neues Deutschland?«, brüllte ich. Sie trug einen Kunstgras-BH und geblümte Hotpants und sah mich stumpf an.

»Für uns – für wen denn sonst?«, kam es dann, eine Viertelstunde später.

»Wer ist uns?«, wollte ich wissen. »Du und ich? Wir alle? Vier alle? Und machen wir später noch Love zusammen?«

Sie tanzte weg, so schnell wie sie gekommen war, eine schüchterne, kleine Rasenfläche.

Alles gab's im Überfluss in den Neunzigern: Geld, Kunst, Technik, Mode – nur Sex nicht so. Der Penis wurde zusammengedrückt, wie auf dem Bild von Wolfgang Tillmans. Die Menschen sahen sexy aus, machten aber kaum was draus. Lag's an den vielen Drogen, am ewigen Tanz? So waren die Hippies ja auch drauf gewesen, und da hatte sich keiner über zu wenig Liebe beschwert.

In den Neunzigern aber trugen wir keine Liebe in uns; keine wirklich verbindende jedenfalls. Dafür gab's viele Affären. Wir waren lustig, spontan, enthusiastisch. Wir suchten die Nähe der anderen wie Hundewelpen, die ihre Mutter verloren hatten. Aber weil's keine echten Feinde mehr gab (weder böse Russen noch explodierende Atomkraftwerke noch einen lügenden Nixon noch ehemalige Nazis), gab's auch keine echten Freunde. Sehnsucht und Tristesse drückten sich aus in dem komplett irren Erfolg der Trauermusik der Gruppe Portishead. Give me a reason to love you.

Das heißt nicht, dass es in den Neunzigern keine Haltung gegeben hätte. Eher gab's zu viel Haltungen, bloß blieben wir nicht lange genug bei ihnen, um erinnern zu können, welche genau das gewesen waren. War der Anti-Irakkrieg-Protest von 1991 die Haltung? War Grunge die Haltung? Turnschuhe? Tom Ford? War Lonely Planet die Haltung? Rave? Generation Golf? Tom Kummers Guerilla-Medienzynismus? Rot/Grün? Amazon.com?

Wenn's etwas Verbindendes gab, dann war es Ironie.

Was das ist, Ironie? Ironie ist das smarte Lächeln, mit dem du der Festlegung entkommst; der galante Ausfallschritt, der dich ungreifbar macht. Dieser Stunt wurde in den Neunzigern perfektioniert.

»Leg dir nichts zu, was du nicht innerhalb von 30 Sekunden hinter dir lassen kannst«, sagt Robert DeNiro in Michael Manns Film »Heat« (1995) zu Al Pacino.

Ironie ist auch produktiv. Mit Ironie kannst du dich täglich neu erfinden und die aus Überfluss und Wohlstand geborene Mischung aus Leere und Leichtigkeit zur Kunstform machen. Die Coen Brothers taten das, Pulp taten das, Beck tat das, Bret Easton Ellis tat das, Tarantino tat das, Madonna tat das. Auch Stefan Raab und Harald Schmidt. Kurt Cobain hatte das nicht so gut draufgehabt. Er hatte alles zu ernst genommen: Integrität, Ausverkauf, Anspruch, die Rolle des Stars in der Gesellschaft. Er war der letzte nichtironische Großkünstler seiner Zeit gewesen und hatte dafür sterben müssen. Danach wurde die Welt zu einem Bild von David LaChapelle: ein Kaugummi-Planet in Hyberbunt, auf dem an jeder Ecke irgendwas Groteskes passierte. Homer Simpson lädt Anna Nicole Smith bei Starbucks zu einer Grande Iced Latte ein, während sich Michael Stipe und Harmony Korine bei The Gap neue Khakis kaufen. Dann gingen alle zusammen »Beverly Hills, 90210« gucken. Gibt's jetzt auch wieder.

Die Politik verpassten wir dabei ein bisschen. Daran, dass nichts passierte, kann's nicht gelegen haben: Irak Episode I, Somalia, eine halbe Million Leichen in Ruanda, Krieg im Kosovo, Bin Laden startete seine ersten Anschläge auf Botschaften und Flugzeugträger. Aber irgendwie ließen wir nicht zu, dass diese Dinge zu uns durchdrangen. Die politischen Fragen der Epoche waren Geschmacksfragen: die Anzüge und Cohiba-Zigarren von Gerd Schröder, die

Steingeschosse von Joschka Fischer und ob Bill Clinton wegen Monica Lewinsky zurücktreten müsse oder nicht. »Wie sehen Sie denn aus?«, hieß eine Kolumne im »SZ-Magazin«. Und Nelson Mandela war bloß ein netter Ex-Knacki, der's zum Präsidenten geschafft hatte.

Vielleicht ist das der Preis, den man zahlen muss, wenn eine Zeit lang alles Pop wird: dass die Politik verschwindet. Vielleicht kann nur dann alles Pop werden. Und für das, was wir jetzt erleben, waren die Neunzigerjahre die Keimzelle, im Guten wie im Bösen:

Mit den CD-Kopien, die wir gierig brannten, weil das im Fraunhofer-Institut erfundene MP3-Format es möglich machte, zerstörten wir die Musik-Industrie. Wir wurden zu Datendieben und gewöhnten uns daran, alles umsonst zu bekommen. Der rasante Aufstieg und noch plötzlichere Fall des Internet-Booms trug schon alle Anzeichen der Wirtschaftskrise, die Ende 2008 ausbrach. Auch dieser Zusammenbruch hatte viel mit Bewusstlosigkeit und höchstens auf Papier existierenden Werten zu tun.

Es startete damals aber auch die globale Digital-Vernetzung von heute, wo wir zu Hause genauso viel Freunde haben wie in Amerika, Brasilien oder Laos, mit denen wir über Facebook, Twitter, Skype kommunizieren. Die Lieder, Filme, Fotos, die wir übers Internet verschicken, geben uns das Gefühl, selber eine Art Star zu sein, selbst wenn wir noch nirgends aufgetreten sind, nicht mal bei RTL. Steve Jobs ist der Herrscher der Welt, und obwohl Helmut Lang nichts mehr entwirft, schneidern Ketten wie »Cos« seinen Stil fort.

Wir schauen uns zu, wie uns andere zuschauen; dieses Prinzip der ständigen Gegenwart wurde damals geboren. Was das betrifft, sind die Neunziger die eigentlichen Nuller-Jahre dieses Jahrtausends.

Silvester 1999, kurz vor zwölf, waren Til und ich wieder zusammen. Ich sah aus wie John Malkovich, Til sah aus wie Gérard Depardieu, unsere Freundinnen sahen nach gar nichts aus, weil wir keine hatten. Wir standen mit Polenböllern und Piccolo-Champagner auf der Straße und warteten darauf, dass die Welt wegen des Y2K-Computerproblems untergehen würde. Das tat sie nicht in dieser Nacht. Das kam erst eindreiviertel Jahre später.

Die Sache mit Michael Jackson

»Es ist natürlich schwul, was wir hier machen«, sagte Nullmann.

»Die anderen dürfen es nie erfahren«, sagte der Zwerg.

»Auf keinen Fall«, sagte ich.

Wir saßen in der U-Bahn, der Zwerg, Nullmann und ich. Es war ein Nachmittag im Sommer 1988. Es war der Nachmittag des Michael-Jackson-Konzerts im Hamburger Volksparkstadion.

Der Zwerg, Nullmann und ich waren damals nicht gerade das, was man »coole Jungs« nennt. Wir waren nette, freundliche, schüchterne Jungs aus der zehnten Klasse, mit Jacken mit Kapuzen dran, falls es mal regnete oder plötzlich ein Sturm aufkäme. Der Zwerg war klein (1.54 m) und gut in Mathe, Nullmann war groß (1.91 m) und gut in Geschichte, ich war mittel (1.82 m) und gut in nichts Besonderem. Ein Mädchen hatte keiner von uns. Dafür kannten wir das Geräusch, das es macht, wenn man eine Milchtüte an den Kopf geworfen bekommt. Plopp macht es.

Dass wir an diesem Tag zu Michael Jackson gingen, würde unsere soziale Stellung an der Schule kaum verbessern. Im Gegenteil: 1988 war Jackson der größte Popstar der Welt, aber um Größe ging es damals nicht mehr, wenn du dich statusmäßig verbessern wolltest. Die Megastars starben gerade langsame Tode. Wer Wert auf seinen Ruf legte, zitierte Morrissey oder ging auf Konzerte der Beastie Boys oder von Public Enemy. Garantiert ging er nicht zu Michael Jackson, dessen aktuelle Platte »Bad« so schlecht war, dass man sie eigentlich gleich wegwerfen wollte. Sich über sein Loch in der Nase, die weiß gewaschene Haut und den Schimpansen Bubbles lustig zu machen, gehörte zum guten Ton. Wer zu Michael Jackson ging, wurde mit Milchtüten beworfen. Wir hatten Angst, dass man uns erkennen würde; Späher und Spitzel lauerten überall, es war nicht ungefährlich. Trotzdem hatten wir uns Karten gekauft, für fünfzig Mark das Stück.

Ich weiß nicht mehr genau, warum Nullmann und der Zwerg mitkamen. Vielleicht kam der Zwerg mit, weil Nullmann mitkam. Vielleicht kam Nullmann mit, weil der Zwerg mitkam. Vielleicht waren wir einfach diese Art Freunde damals. Ich weiß aber noch ganz genau, warum ich hinging. Ich ging hin, weil ich das Gefühl hatte, ich sei Michael Jackson das schuldig, weil er fünf Jahre vorher eine Platte namens »Thriller« gemacht hatte. Und »Thriller« war ein Erlebnis für mich gewesen, ähnlich prägend wie Batman und Huckleberry Finn.

Es ist eine komische Platte, auch heute noch. Streng genommen sind nur drei gute Lieder drauf: »Billie Jean«, »Beat it« und »Wanna Be Startin' Somethin'«. Der Rest ist Durchschnitt. Nicht so brillant jedenfalls, dass er sich 120 Millionen Mal verkaufen müsste. Das ist aber egal, weil »Thriller« eigentlich gar keine Platte ist, sondern ein Film. Der visuelle Eindruck, den die Inszenierung des Albums hinterlassen hat, ist unendlich stärker als die Songs selbst. Das 18-minütige Werwolf-Video zu »Thriller«, das damals in der Sendung »Formel Eins« laufen sollte, wurde vom NDR aus Jugendschutzgründen ins Spätprogramm verlegt, auf einmal war ein Musikvideo ab 18, wie ein Porno oder Horrorfilm. Als ich es, gemeinsam mit meinem Vater, dann sah, wurde »Thriller« zu dem ersten Popsong, der mir Angst machte – und weil es so war, machte mir auch Michael Jackson von nun an ein wenig Angst. Im Gegensatz zu Batman und Huckleberry Finn existierte er wirklich, war offensichtlich echt, aber aus welcher Welt kam er? Aus den Karpaten wie Dracula? Aus dem Wunderland wie Alice? Aus Neuschwanstein wie Ludwig II.? Es war toll und verunsichernd und aufregend, dass man das nicht mit Sicherheit beantworten konnte, und auch später sollte Jackson der einzige Popstar bleiben, zu dem man sich solche Fragen stellen konnte. Die Inszenierungen von Alice Cooper und David Bowie wirken wie Spießerfantasien gegen den Welterfindungsreichtum des Michael Jackson.

All das durchschauten der Zwerg, Nullman und ich damals natürlich nicht. Was wir allerdings ahnten und was uns anzog, war, dass Jackson dieselbe Art von Außenseitertum verkörperte wie wir. Wie wir strahlte er eher Schwäche als Stärke aus. Wie wir war er kein Sexgott (auch wenn er sich immer in den Schritt griff, aber es wirkte nicht so, als sei da ein Maschinengewehr versteckt). Wie wir schien er sich allein sicherer zu fühlen als in der Menge. Wie wir wirkte er wie etwas, was sich in Luft auflöste, wenn man es anfassen und genauer betrachten wollte. Das Leder-, Nieten- und Schnallenoutfit, das er sich für »Bad« hatte zurechtschneidern lassen, betonte diesen Eindruck nur noch. Er war kein Rocker, erst recht kein Hiphopper, sondern Edward mit den Scherenhänden, nur ohne Scherenhände.

Wir sprachen nicht viel, als wir aus der Bahn stiegen, der Zwerg, Nullmann und ich. Wir ließen uns mit den Zehntausenden anderer Jackson-Fans zum Stadion treiben. Es war das erste Mal, dass ich mich in so einer Menge bewegte; das erste Mal, dass mir klar wurde, wie irre es ist, dass ein einziger Mensch so viele andere so irre machen kann, allein durch Musik, Stil, Ausstrahlung. Viele Mädchen waren da, mehr mittelhübsche als ganz hübsche.

»Wo ist der Zwerg?«, fragte Nullmann.

»Verdammt, wir haben ihn verloren!«, sagte ich, ein kurzer Moment des Schreckens.

»Ich bin hier«, sagte der Zwerg von irgendwo links unter uns. Dann, die Sonne ging gerade unter, ging es los.

Ich erinnere mich nicht mehr genau, ob es »Dirty Diana« war, was Jackson zuerst sang, oder »Bad« oder »Wanna Be Startin' Somethin'« oder »Billie Jean«; ich könnte auch nicht sagen, wie oft er sein Kostüm wechselte und ob es Hebebühnen oder sonst was auf der Bühne gab. Diese Details sind alle untergegangen. Eine Sequenz aber sehe ich ganz klar vor mir: das Bild, als der dünne, blasse Michael Jackson zum ersten Mal den Moonwalk macht, und das ganze Stadion ihm mit einer einzigen, aus dreißigtausend Kehlen gebündelten Stimme zujubelt. Selbst der Zwerg schien neben mir zu wachsen, als Jackson zu schweben begann.

»Mein Gott, ist das großartig!«, rief er, der Schüchternste unter uns Schüchternen, und auch Nullmann, sonst eher Skeptiker, starrte mit offenem Mund zur Bühne.

Es war wahr: Michael Jackson konnte fliegen. Er löste sich vom Boden, während er seine Schritte machte; er hob ab. Und mit jeder Bewegung, die wir bejubelten, schien er noch besser, leichter, eleganter zu werden. Nur Großsportler wie Muhammad Ali, John McEnroe oder Maradona haben eine ähnlich unverwechselbare Körpersprache entwickelt.

Michael Jackson, so war es, entstand durch und mit uns. Die Energie, die wir ihm zuführten – vielleicht muss man sie Liebe nennen –, verwandelte seinen zarten, für eine Popstarexistenz eigentlich viel zu zerbrechlichen Körper in etwas Magisches, das über alle physikalischen Grenzen hinaus transzendierte. Jackson war ein verdammter Zauberer, viel größer als Houdini oder der blöde David Copperfield – er gab uns in diesem Moment das Gefühl, dass wir alle auf dem Mond tanzen könnten, wenn wir nur stark genug daran glaubten. Nullmann, der Zwerg, ich: Wir alle vibrierten, zitterten. Meine Hände wurden kalt, alle Wärme sammelte sich in der Brust. Die Erkenntnis dieser Nacht: Das kann nur Pop. Viel mehr geht nicht. Auch in Leben und Religion eigentlich nicht.

Egal wie krank, seltsam, angeschlagen, durch Operationen zerstört, sexuell verwirrt oder irre Michael Jackson in den letzten Jahren seines Lebens gewesen sein mag: Ein Zauberer war er bis zuletzt. Zauberer sind rätselhafte Figuren. Sie erklären sich nicht. Sie stellen mehr Fragen als sie Antworten geben. Dafür lieben wir sie, dafür brauchen wir sie. Und darum ist es natürlich ein großer Verlust, dass Michael Jackson tot ist. Irgendjemand, der es beherrscht, sollte ganz schnell eine Oper über ihn schreiben.

Nullmann, der Zwerg und ich moonwalkten den ganzen Weg zurück nach Hause in dieser Nacht. Zahllose Zeugen sahen uns, aber es war uns nicht peinlich, im Gegenteil. Wir waren stolz, auf uns, auf Michael, auf alles, und wir schwebten auch ein bisschen, und es war ganz und gar wunderbar.

LSD-Wandern im Burgenland

VORHER

Es war in einer Bar. Wir hatten alle viel gearbeitet und lange nichts genommen, nicht mal was getrunken. Dann kam Viclef, Vigger, wie wir ihn nennen. Er ist der Typ mit dem Geld, dem Zeug, den lustigen Ideen. Träfe man ihn zweimal die Woche, würde man das nicht überleben, trifft man ihn aber alle vier, fünf Monate, kann aus einem guten Abend schnell ein noch besserer werden.

»Rauchen nervt so was von, oder nicht? Ich bin ja für's Komplettverbot.«

»Ich auch, Vigger.«

»Seit ich's mir abgewöhnt hab, kann ich das echt nicht mehr ertragen. Nicht mal die Kifferei, wenn ich ehrlich bin.«

»Stimmt.«

»Gehen einem auch die Haare von aus, wusstest du das? Offensichtlich nicht, oder? Hehe.«

»Hihi.«

»Drogen in der Großstadt haben überhaupt was Asoziales, find ich.«

»Ja, da ist irgendwie die Ruhe weg.«

»Das Ritual.«

»Das Entspannte. Macht auch jeder inzwischen. Und links und rechts Kokser. Hab ich so was von satt, die Fressen.«

»Prolldroge Nummer eins, ich sag's dir. Die Ecstasyleichen am Wochenende kann ich auch nicht mehr sehen. Bin ich zu alt für.«

»Moi aussi.«

»Schon mal LSD gehabt, eigentlich?«

»Nee. Ich nehm ja eh nicht so viel, das letzte Mal vorm halben Jahr, auf Michls Party, die zwei Lines oder was das war.«

»Ich doch auch nicht.«

»Ich stell's mir ganz gut vor, LSD.«

»Ich hab neulich wieder 'ne Pappe probiert, in Österreich, auf der Hütte im Burgenland, mit Krause zusammen. Weißt noch: Krause, der Lange?«

»Kenn ich, klar.«

»Das erste Mal Acid seit fünfzehn Jahren, echt. Auf jeden Fall: So muss man das machen. Ganz anderer Schnack.«

»Nämlich wie?«

»Natur halt. Grün! Hügel! Erde! Kein Zeitstress! Erwachsen. Guter alter klassischer Konsum: Du kannst es kommen lassen. Keiner nervt. Und schon geil, wenn man dann nachts noch mal wandern geht, mit Taschenlampe, Stock und so. Viel romantischer als mit Koka-Halbsteifem auf der Jagd nach Mädels in Berlin-Mitte rumzurennen.«

»Ihr wart LSD-wandern, mit Stock?«

»Ja. Die lagen da rum, im Schuppen. Heidegger-Style. Hatten sogar Wandernadeln drauf.«

»Bären gesehen?«

»Nee. Wollten wir uns kurz mal einreden, gab's aber doch nicht. Obwohl: Krause meinte, da wär'n Wolf gewesen. Aber Bäume und Wind und Nacht und Geräusche gab's. Wellness eigentlich, das Ganze, kein Witz.«

»Wie lang hat's angehalten?«

»Aktiv durchglühen war so bis sechs, sieben rum und dann noch 'n bisschen Nachhall am Tag drauf, aber angenehmst. Mussten ja alle wieder arbeiten am Montag.«

»Ich hatte bislang immer ein bisschen Angst davor.«

»Musst du nicht. Alles easy. Ist nur wichtig, mit wem du's nimmst. Und wo. In zwei Wochen fahr ich wieder runter, Ralf kommt auch mit. Easyjet bis Wien, dann weiter im Auto, Waldschratpower. Wenn du Bock hast?«

»LSD is back, oder was?«

»Klaro. Wir bringen das wieder ganz groß raus.«

»Auch noch 'n Wodka-Lemon, Vigger?«

»Nee, Dicker, ich mach grad Diät. Wasser, bitte. Still.«

NACHHER

Tannen sind so toll, echt!

Reise in die Kunst

Er ist groß und schwarz und reich und hat früher mal mit Drogen gedealt; ich bin klein und weiß und arm und habe zwei Punkte in Flensburg. Ein faires Duell sieht anders aus, aber trotzdem muss ich es versuchen, schließlich steht einiges auf dem Spiel, die Kunst und die Liebe nämlich, und zwar

– »Black door with sash«, 2006, gloss paint on aluminium, ein Bild des englischen Malers Gary Hume, und

– Beyoncé, Popsängerin.

Willkommen bei meinem Kampf gegen Jay-Z, Rapper, Unternehmer, Millionär und – seit Neuestem, seit es ohne gar nicht mehr geht – auch Kunstexperte! Willkommen beim Kampf Neue Welt vs. Alte Welt und Neues Geld vs. Gar kein Geld, hochverehrtes Publikum, meine Damen, meine Herren!

Wie es kam, dass Jay und ich uns begegneten und zu Gegnern wurden, die sich in Miami auf dem Stand der britischen Stargalerie White Cube nun um den türgroßen, dickschlierigen Hume prügeln und mit Angeboten zu übertreffen suchen?

Es war vor ein paar Wochen, in Berlin. Mein Freund der Signore (kein Italiener, tut aber immer so) und ich waren essen, und während er sonst eher der Dauerbluestyp ist, hatte er diesmal die prächtigste Laune.

»Was ist denn mit dir los?«, fragte ich. »Sonst immer verheulte Fresse und kurz vorm Suizid, und jetzt?«

»Alles bestens. Ich und die Frauen – das geht wieder!«

»Soso. Und warum?«

»Bin Kunstsammler geworden.« Der Signore erzählte, wie er neulich in einer Galerie sein erstes Bild gekauft hatte, von einem Maler aus L.A., der inzwischen im Kurs gestiegen war, woraufhin der Signore bei den schon erwähnten Damen im Kurs gleich mitgestiegen war, woraufhin er gleich noch in ein paar Kreideskizzen investiert hatte. Kunst zu kaufen, so der Signore, gebe ihm ein Gefühl, das nur mit einem vergleichbar sei, das er zuletzt vor 30 Jahren gespürt habe, mit 15: »Meiner Entjungferung durch Mirabella, ein Bild von einer Frau«. ... »Und weil Mädels Maler mögen, mögen sie auch Männer, die Malern Bilder abkaufen«, fügte der Signore noch hinzu.

Klang überzeugend, und weil ich genau das auch will, die Mädchen und die Malerei, flog ich sofort nach dem Gespräch zur Art Basel Miami Beach – der Kunstmesse, erfunden 2001 von dem Kurator Samuel Keller, die für die Verbindung von Kunst und Party und Sex in den letzten Jahren so viel getan hat wie keine zweite. Die Messe also, die dafür gesorgt hat, dass nach Immobilien, Aktien und 1000-Euro-Jeans jetzt Kunst die geile neue Lifestylesache ist.

Es ist tatsächlich nicht übertrieben: Das Stadtbild von Miami Beach ist so schon aufgesext genug, jetzt aber haben die Damen noch mal richtig aufgedreht: Hochhackig und tief ausgeschnitten trippeln sie zu der Halle, in der die Galerien ihre Stände aufgebaut haben, und dort angekommen, trippeln sie wie die Ameisen gleich weiter zu den Erfolgsgalerien Gagosian, Hauser & Wirth, Zwirner, Contemporary Fine Arts, Deitch, Gmurzynska oder neugerriemschneider, um sich die Damien Hirsts, Peter Doigs, Daniel Richters, Jonathan Meeses, Sergej Jensens und Elizabeth Peytons anzugucken, deren Preise täglich steigen. Dringende Fragen: Gehen die drei Neo Rauchs schneller weg als der Jonathan Meese oder das Robinson-Crusoe-Bild von Peter Doig? Gehen die Deutschen überhaupt noch oder sind jetzt die Bildhauer aus L. A. dran? Gibt's bei Gavin Brown dieses Jahr wirklich nur die leere fliegende Camel-

Packung von Urs Fischer zu sehen und wenn ja, ist sie eher ein Protest gegen den Kunstmarkt oder das Rauchverbot hier? Spätestens seit letztem Jahr reden immer mehr Kritiker von der Blase, die langsam mal platzen müsse, bis jetzt aber wird sie immer nur größer und elastischer, ein rosa Kaugummi, wie die Art-Deco-Hotels in der Collins Avenue, in der alle Gäste untergebracht sind, damit sie auf dem Weg in die Bars keine volltrunkenen Autounfälle bauen. Höchstwahrscheinlich sind die Kritiker nur neidisch, weil sie nicht rechtzeitig in Britart oder Neue Leipziger Schule investiert haben. Für die sieht's auch dieses Jahr wieder ganz gut aus – jedenfalls wirkt Gerd Harry Judy Lybke von Eigen + Art, der Galerie, die für den Aufstieg der Neuen Leipziger Maler verantwortlich ist, entspannt inmitten all des Geflirres um ihn. Während die anderen bangen, erzählt er lieber Frauengeschichten vor seiner Martin-Eder-Leinwand, auf der zwei nackte Mädchen Wassermelone essen. Eder verkooft sich eh, und für morgen hat er noch einen Neo Rauch in Reserve.

Dann, während ich mir bei White Cube gerade den Damien Hirst ansehe (»Between the wars«, 2006, butterflies on household gloss on canvas), steht plötzlich Jay-Z mit seiner Freundin Beyoncé da und sucht was fürs Schlafzimmer. Chefgalerist Jay Jopling, der jeden zweiten britischen Popstar berät, führt die beiden herum, aber gegen Beyoncés Glitter wirken selbst Hirsts Schmetterlinge stumpf wie Sichtbeton. Man will sie sofort anfassen, will sie haben, Beyoncé. Jay-Z dagegen wirkt etwas gelangweilt, wie er da mit den Taschen in den Händen rumsteht.

»Der Hirst ist natürlich ein Hammer«, sagt Jopling und zeigt auf die Schmetterlinge. »Ich halte den hier für einen seiner besten.«

»Wie viel?«, fragt Jay-Z irgendwann.

»Mhmhmnhmpoinnhmdmn«, flüstert Jopling. 1,25 Millionen Britische Pfund, soll ich später herausfinden.

»Elton John hat so einen«, sagt Jopling, der Fuchs, und zeigt auf »Black door with sash, 2006, gloss paint on aluminium«.

Jay-Z wacht ein wenig auf. Elton John, das ist nicht irgendwer, mit dem wäre noch mal eine Kollaboration vorstellbar. Oder eine Cover-Version, falls die Zeiten mal schlechter werden sollten.

»Echt? Wie viel?«

»Mmhmmmmmhdmdhmmssbhs.«

Jay-Z sieht den Hume an, den schlierigen, schwierigen, schönen. Dann sieht er Beyoncé an, die den Hume, sie nickt, Jay flüstert Jopling was zu, der nickt, dann sind die beiden schon wieder weg, verschluckt von Bildernbildernbildern.

So wie sie machen's die meisten der Prominenten hier. Richtig viel Ahnung hat kaum einer, stattdessen suchen sie die Galerien, von denen sie wissen, dass dort vorher auch schon Stars gekauft haben, und nehmen da vielleicht auch was mit. So macht es Keanu Reeves, der ein Richard-Serra-Fan sein soll; so machen es Russell Simmons und Kanye West, die den schwarzen Bling-Bling-Maler Kehinde Wiley unterstützen; so macht es auch Barbara Becker, sehr sexy in engen Jeans und umgeben von ihren allesamt geschiedenen Sportstarexfrauenfreundinnen, die noch nicht genau weiß, was sie will. Die Galerien sind die Gucci-Boutiquen von heute, nur 1252647748 Mal so teuer und eher Haute Couture als Prêt-à-porter.

Und so mache auch ich es, der jetzt vor »Black door with sash« steht, als sexy Sammler, um sich von Joplings White-Cube-Kollegin Daniela beraten zu lassen und Jay-Z irgendwie dazwischenzu-funken.

»Was kostet denn der Hume hier?«

»Er ist toll, nicht wahr?«

»Ja. Schwer, aber trotzdem leicht, I like it.«

»Sie sammeln? Was haben Sie denn schon?«

»Einen, äh, Warhol, einen Richter, einen Hirst. Stehe noch am Anfang.«

»Einen Hirst? Toll, welchen denn?«

»Den, ähm, mit den vielen bunten Punkten.«

Spätestens jetzt muss sie mir glauben: von nix ne Ahnung, aber mehr Geld als rote Blutkörperchen, das kennt sie ja.

»›Capric Anhydide‹?«

»Genau. Ist es richtig, dass der Hume hier schon von Jay-Z gekauft ist?«

»Mehr, als dass er bis morgen reserviert ist, darf ich nicht verraten. Ich sag aber gern Bescheid, wenn sich was ändert.«

»How much is it?«

»95 000 Pfund Sterling.«

»Das geht ja!«

Das Zittern im Körper, das allein die Möglichkeit verschafft, vielleicht etwas kriegen zu können, was es nur einmal gibt und auch Jay-Z und Beyoncé haben wollen, lässt mich wie einen jungen Prinzen durch die Menge defilieren, die etwas später den Pool des Hotel Delano umfließt. Dennis Hopper ist da, Peaches ist da, Steve Martin läuft herum, Künstler überall, Bob Colacello, Chuck Close. Die eigentlichen Kings und Meisterwerke aber sind die Galeristen – schon bekannte wie Dave Zwirner, Judy Lybke, Gavin Brown und Jeffrey Deitch, und auch noch unbekanntere wie André Schlechtriem von Temporary, der von seinen Künstlern Ralf Ziervogel und Erik Schmidt auf der Nebenmesse NADA schon alles verkauft hat und in seiner Zirkusjacke von Dior genau so aussieht wie das, was er werden wird: ein Millionärsdompteur. Die Erregung, in die die Frauen (und Männer) fallen, wenn sie denen gegenüberstehen, die zwischen Gott Kunst und Diener Volk vermitteln, ist fast erniedrigend für die Nichtgaleristen. Auch der Signore, denke ich in diesem Moment, wäre hier nur ein Signore von Tausenden.

Irgendwann aber, als die ersten Zahlenschätzungen reinkommen, die sowieso niemand kontrollieren kann – über eine Milliarde US-Dollar Umsatz nach den ersten zwei Tagen angeblich –, strahlt der Sex der Kunst auch auf alle anderen ab: auf Celia von Bismarck, die in der Karaokebar des Hotel Shelbourne »I'm feeling lonely«

singt; auf Benedikt Taschen, der zu »Walk the line« von Johnny
Cash auf einer saitenlosen Gitarre spielt; und auf mich, den Gary-
Hume-Interessenten, der an der Bar des Raleigh Hotel nun von
einer Frau zum Brandungsknutschen am Strand aufgefordert wird.
Doch weil mir die Dame aus irgendeinem Grund vor allem den
Kopf mit Sand einreiben will, flüchte ich schnell ins Raleigh zurück, wo Judy Lybke trinkt, der schon weiß, was passiert ist, weil er
eben auch am Strand war. »Du musst noch viel lernen«, sagt Lybke,
der schon viel kann, schüttet Wodka in mein Glas und lacht wie der
kluge Kunstkobold, der er ist.

Das ist er, der Kunstmarkt 2006: Schlau geführt von den Galeristen, die so schnell geworden sind, dass die Kritiker hinterherhinken
müssen, und bezahlt und unterstützt vor allem von der jungen
Sammlergeneration, die lieber Bilder als Kinder hat, weil ein Bild
die Schnauze hält, wenn man's nach dem Abendessen vorführt.
Eigentlich alles wie immer also, mit dem Unterschied, dass der
Spaß noch ein wenig größer und das Wissen ein wenig kleiner geworden ist. Aber das sind sowieso zwei Sachen, die sich immer aus-
geschlossen haben. Immer ging's in der Kunst auch um Simulati-
on, und weil die Zeiten dafür heute so gut sind wie nie, ist der
Kunstkaugummi nun da angekommen, wo er vorher noch nie war:
bei uns. Und zwar so nah, dass sogar ich am nächsten Morgen, bevor ich überhaupt einschlafen konnte, einen Anruf bekomme. Daniela ist dran: Jay-Z hat abgesagt, der Hume ist wieder zu haben.

Wann ich denn vorbeikommen könne.

Der Mann, der nicht schwitzte

Er war einer der bemerkenswertesten Männer, den ich jemals traf, doch was das Bemerkenswerte an ihm war, merkte ich erst, als ich ein paar Runden mit ihm boxte.

Es war ein heißer Sommertag vor einigen Jahren. Die Halle, in der wir damals trainierten, war nicht klimatisiert, und an diesem Tag muss die Temperatur darin mindestens vierzig Grad betragen haben.

Es waren nicht die Schläge des Mannes, die mich irritierten: Die waren zwar anständig ausgeführt, wie aus dem Lehrbuch sozusagen, doch kamen sie insgesamt nicht schnell genug, um eine echte Gefahr darzustellen. Seine Deckung hingegen war exzellent.

Jedes Mal, wenn ich ihn mit einer Kombination angreifen wollte, hatte ich das Gefühl, er ahnte diese Kombination, bevor ich sie auch nur geplant hatte, so schnell war er aus meiner Reichweite verschwunden.

Nach sechs für mich sehr erschöpfenden Runden kam mir irgendetwas an ihm seltsam vor, doch was es war, begriff ich erst, als er im Umkleideraum neben mir stand: Während dem Rest von uns die Schweißtropfen von Stirn und Nase liefen und wir Flecken unter den T-Shirt-Ärmeln und auf Brust und Rücken hatten, waren Kleidung und Körper des Mannes vollkommen trocken. Er roch auch nicht und machte keine Anstalten, unter die Dusche zu gehen.

Offensichtlich hatte er sich nicht im Geringsten verausgabt.

»Wie machen Sie das?«, fragte ich ihn.

»Was bitte?«

»Dass Sie nicht schwitzen?«

»Oh, das«, sagte er. »Habe ich mir abgewöhnt.«

Ich sah ihn an.

»Und?«, fragte ich. »Wie ist Ihnen das gelungen?«

»Ich habe einen Rhythmus gefunden, in dem sich ohne zu schwitzen leben lässt.«

»Ah ja«, sagte ich und ging unter die Dusche.

Zu Hause dachte ich nach über das, was der Mann gesagt hatte. Ich hatte Respekt vor ihm, vor seiner Körperleistung und Disziplin, denn auch ich bin kein großer Freund des Schwitzens, wer ist das schon? Trotzdem gingen mir ein paar Dinge nicht aus dem Kopf: Wenn wir schwitzen, tun wir das ja, weil das Leben besondere Anforderungen an uns stellt – ist es zu heiß, regulieren wir unsere Körpertemperatur über den Schweiß, und werden wir aus irgendeinem Grund nervös, aufgeregt oder haben Angst, schwitzen wir ebenfalls. Durch das Schwitzen lassen wir diese Gefühle aus unserem Körper heraus, durch das Schwitzen reinigen wir unseren Körper von diesen Gefühlen. So gesehen, ist Schweiß nichts anderes als ein Ausdruck für das Leben selbst – ist also ein Mann, der sich dem Schweiß verwehrt, vielleicht auch ein Mann, der sich dem Leben verwehrt?

Als ich ihn das nächste Mal beim Boxen traf, lud ich ihn nach dem Training zu einem Drink in die kleine Bar des Klubs ein. Ich fragte ihn, warum er denn eigentlich so tunlichst darauf bedacht sei, nicht zu schwitzen.

Es habe mit seiner Mutter zu tun, sagte er.

»Sie wissen doch von den Bombenangriffen, die die Alliierten im Zweiten Weltkrieg auf die deutschen Städte flogen, nicht wahr? Nun, eine dieser Städte war Dresden, und meine Mutter, die aus

Dresden kommt, verbrachte zu dieser Zeit fast jede Nacht im Luft-schutzkeller.

Ich weiß nicht, ob Sie schon mal in einem Luftschutzkeller wa-ren; sie sind generell nicht besonders groß, dieser Keller aber war noch ein gutes Stück kleiner als die normalen Luftschutzkeller. Er war klein, feucht und stickig, und wenn die Angriffe geflogen wur-den und sich mit den anderen Mietern des Hauses bis zu hundert Leute in den Keller drängten, wurde er noch kleiner, feuchter und stickiger – und unerträglich heiß.

Nun ist es so, dass meine Mutter immer schon eine sehr empfind-liche Nase hatte: so empfindlich, dass sie den Beginn des Frühlings und das Sprießen der ersten Blüten schon im Winter riechen konn-te. Manchmal, wenn sie sehr gut gelaunt war, sagte sie ihren Eltern Ende Februar voraus, wie die Erdbeersaison werden würde. Ge-nauso gut wie sie die schönen Dinge auf große Entfernungen roch, roch sie natürlich auch die schlimmen Dinge. Den Geruch von Hundekot auf der Straße, zum Beispiel, spürte sie noch in der Na-se, wenn sie schon drei Kreuzungen weiter war, und manchmal dauerte es Stunden, bis sie ihn wieder loswurde.

Jedenfalls: Weil es so heiß war in dem Keller und sich so viele Leute darin befanden, die neben der Hitze auch noch die Angst um ihr Leben ertragen mussten, fingen diese Leute naturgemäß schon nach wenigen Minuten das Schwitzen an. Bei der empfind-lichen Nase, die meine Mutter besaß, fällt es Ihnen sicher nicht schwer, sich vorzustellen, wie sie auf das feuchte Gemisch von Salz, Harnstoff, Glucose und den diversen Aminosäuren, das aus den Schweißdrüsen der Kellerinsassen gepresst wurde, reagierte: Meine Mutter wurde fast ohnmächtig vor Abscheu und Ekel und übergab sich. Die Tatsache, dass sich bei jeder Bombe, die in der Nähe des Kellers niederging, einige der Leute in die Hosen mach-ten, trug ebenfalls nicht dazu bei, dass die Nase meiner Mutter sich beruhigte, im Gegenteil.

Natürlich sträubte sie sich schon beim nächsten Luftangriff der

Alliierten mit Händen und Füßen dagegen, wieder in den Keller zu gehen. Sie schrie meine Großeltern an: Lieber wäre sie tot, als noch ein einziges Mal diesen Gestank zu ertragen! Doch weil meine Großeltern nur daran dachten, ihr einziges Kind vor den Bomben zu schützen, zwangen sie sie in den Keller, egal, wie oft sie sich übergeben würde.

Und meine Mutter übergab sich jedes einzelne Mal.

Es war zu dieser Zeit, dass meine Mutter das bekam, was sie später ihren ›Nasenschock‹ nennen sollte – die Unfähigkeit, für den Rest ihres Lebens auch nur die geringste Spur Schweiß zu riechen, ohne dass ihr schlecht wurde.

Für meinen Vater wurde das später zu einem Problem, noch mehr aber für mich, denn mein Vater, an den ich mich nur schwach erinnere, starb schon sehr früh an einem Schlaganfall. So gab es nur noch meinen Schweiß, den meine Mutter kontrollieren musste: Sie tat es, indem sie mich regelmäßig und mehrmals am Tag von allen Ausdünstungen reinigte, die mein Körper ausstieß – unter der Dusche, mit Cremes und Teebaumöl. Sie predigte mir, immer an ihren Nasenschock zu denken und an das Leid, das sie damals als junges Mädchen in dem Keller erdulden musste.

›Du willst doch nicht, dass es deiner Mutter schlecht geht, oder?‹

Natürlich wollte ich das nicht.

Trotzdem kam es im Lauf meiner Jugend öfters vor, dass ich die Schweißphobie meiner Mutter vergaß. Besonders im Sommer, wenn ich an einem warmen Tag mit meinen Freunden Fußball spielte, passierte es manchmal, dass ich mir keine Gedanken darüber machte, ob ich mein Hemd durchschwitzte oder nicht. Spätestens wenn ich nach Hause kam und meine Mutter sich fast über meine Turnschuhe übergab, fiel es mir wieder ein, und meine Mutter bestrafte mich jedes Mal für diesen Fehler, indem sie mich unter die Dusche stellte und abschrubbte, bis ich blutige Striemen an Rücken und Schultern hatte.

Und da ich es irgendwann satthatte, mich von meiner Mutter

gängeln zu lassen, gewöhnte ich mir das Schwitzen ganz ab. Ich mied alles, was mich würde schwitzen lassen:

Ich mied direkte Sonneneinstrahlung und hielt mich nur noch im Schatten auf.

Ich mied extreme Temperaturschwankungen und sorgte für wohltemperierte Räume in Sommer und Winter.

Ich mied fette oder scharf gewürzte Speisen und wählte eher Margarine als Butter.

Ich mied heftige oder unkontrollierte Bewegungen, die meine Körpertemperatur steigen lassen würden.

Und so, schweißfrei und sauber«, schloss er seine Erzählung, »stehe ich nun vor Ihnen.«

»Unglaubliche Geschichte«, sagte ich nach ein paar Minuten des Schweigens.

Der Mann, der nicht schwitzte, sah mich an.

»Was ist mit Sex?«, fragte ich.

»Nur selten, und wenn, dann sehr gemächlich«, sagte der Mann, der nicht schwitzte.

»Und beim Sport? Ich meine, Sie boxen, da ist es doch praktisch unmöglich, nicht auch nur das kleinste bisschen zu schwitz...«

»Körperökonomie«, sagte er.

»Was bitte?«, fragte ich.

»Körperökonomie. Im Laufe der Jahre habe ich es durch Yoga und Entspannungsübungen geschafft, meinen Puls auf 50 Schläge pro Minute runterzubringen, selbst bei körperlicher Anstrengung. Ihnen ist doch bestimmt aufgefallen, dass ich beim Boxen immer nur kurz und kontrolliert angreife und mich zurückziehe, bevor die Anstrengung zu groß werden könnte, nicht wahr?«

»Ist mir aufgefallen«, sagte ich.

Und so, wie du boxt, lebst du auch, dachte ich.

Er hatte recht, es gab keinen Zweifel: Es war ihm wirklich gelungen, die totale Kontrolle über seinen Körper zu erlangen. Er war ganz einfach der Mann, der nicht schwitzte. Der Saubermann.

Ich verlor ihn dann aus den Augen. Ich heiratete und zog in eine andere Stadt, aber ganz vergessen konnte ich den Mann, der nicht schwitzte, nie: Wenn ich im Fernsehen eine Sportsendung sah, bei denen den Spielern Ströme von Schweiß aus den Haaren rannen, musste ich an ihn denken, und auch, wenn ich selber ins Schwitzen gekommen war und meine Frau mir sagte, ich könne mich mal wieder deodorieren. In diesen Momenten bewunderte ich den Mann, der nicht schwitzte. All diese Probleme hatte er nicht. Er ging durchs Leben in seinem eigenen Tempo, seinem eigenen Rhythmus, seiner eigenen, unveränderlichen Temperatur. Er war ein Eisblock, der selbst im Sommer nicht schmolz.

Zwei oder drei Jahre nach unserem ersten Treffen hörte ich wieder von ihm. Ich war inzwischen in einen anderen Boxklub eingetreten, und es war mein neuer Sparringspartner Ben, der mir von ihm erzählte.

»Ich kenne einen, der schwitzt nicht«, sagte Ben, als wir nach einem besonders anstrengenden Training unter der Dusche standen.

»Ich auch«, sagte ich.

Natürlich musste es derselbe sein, so viele Männer, die nicht schwitzten, gab es nicht, also fragte ich Ben, wie es dem Mann denn ginge.

Was Ben erzählte, überraschte mich: Der Mann, der nicht schwitzte, hatte sich verliebt, in eine hübsche, etwas jüngere Frau, wie es hieß. Ich freute mich für ihn, denn vielleicht war es möglich, dass er sich von den Zwängen seiner Vergangenheit befreite. Vielleicht konnte ihn diese Frau davon überzeugen, dass es manchmal auch in Ordnung und eine Befreiung ist, wenn man schwitzt, und dass man sich keinesfalls jedes Mal dabei übergeben muss.

Ein paar Wochen später jedoch erfuhr ich durch Ben, dass der

Mann plötzlich gestorben sei, »aus heiterem Himmel, mit gerade
Mal Anfang vierzig!«. Ein Herzinfarkt, sagten die Ärzte, sagte auch
Ben. Manchmal denke ich, ich bin der Einzige, der weiß, was wirk-
lich mit ihm los war.

Ich bin der Typ

Es gibt zwei Arten von Typen: die, die sie ansprechen, und die, die sie nicht ansprechen. Ich bin der, der sie anspricht. Mit Mut hat es nichts zu tun, eher mit Wahrscheinlichkeitsrechnung. Ist wahrscheinlicher, dass was passiert, wenn ich was tue, als dass was passiert, bis sie was tun. Grundregel Nummer eins des Fachs »Männer und Frauen und wie sie zusammenkommen oder nicht«.

Also.

Ich hatte sie schon öfter gesehen. Jedes Mal wurde mir fast schwarz vor Augen, obwohl sie blond war:

Blond wie der Raps im Sommer, unterwegs zum Strand; blond wie viele andere, zum Beispiel in Finnland. Blond wie das Nazigold, versteckt in der Schweiz; blond wie Mutter, die alles von mir weiß. Blond wie der Mond, wenn er nachts auf mich scheint; blond wie mein Herz, wenn's sich mit dir vereint. Blond wie kanadischer Honig gleich nach der Ernte; blond wie der Reisende, der sich nach Liebe verzehrte. Blond wie die Wüste, wenn das Licht verschwindet; blond wie Siegfried, der sich in Schmerzen windet. Blond wie die Seele, wenn sie lächelt; und blond wie der Terrier, der vor Erschöpfung hechelt.

Ungefähr so blond war sie.

Es war im Grill Royal, diesem neuen Berliner Luxusrestaurant. Sie saß da mit ein paar von diesen Typen, die alles auf einmal machen: Werbung, Filme, Musik, Pornos. Sie trug ein Kleid, in dem sie all diese Dinge hätte verkaufen können. Ich schätze, ihre Mutter war Skandinavierin und der Vater Franzose oder so was.

Ein klein wenig betrunken war ich.

Mein Freund der Signore, mit dem ich am Nebentisch saß und Steak aß, sagte: Tu's nicht.

Mein Freund Til sagte: nee.

Lothar: Nur, wenn du danach kein Problem hast, das Land zu verlassen und nie mehr zurückzukehren.

Eine Stimme in meinem Kopf sagte: I'm with stupid. Aber die Stimme sagte eben auch noch andere Sachen. Sie hat ein Recht darauf, das zu erfahren, dachte ich.

Ich ging also rüber zu ihr und den Werbung-Film-Musik-Porno-Typen. Ich stellte mich vor und sah sie an.

»Das Problem«, sagte ich dann zu ihr, »ist, dass diese Welt so gebaut ist, dass ich Sie anlügen muss. Die Welt will, dass ich Ihnen alle möglichen Komplimente mache, mich beherrsche und den Grund verleugne, warum ich hier vor Ihnen stehe.

Ich habe nun beschlossen, mit den Gesetzen der Welt zu brechen und Ihnen den wahren Grund zu verraten – für Sie, für mich, für die Welt. Der ist, dass ich nur noch daran denken kann, Sie anzufassen, seit ich Sie sah. Es wäre mir das allergrößte Vergnügen! Gehen wir jetzt?«

Stille. Meine Freunde sahen mich an. Die Werbung-Film-Musik-Porno-Typen sahen mich an. Alle im Restaurant sahen mich an. Die Welt mit ihren seltsamen Verabredungen und Regeln und todbringenden Gesetzen sah mich an.

Nur sie nicht. Sie sagte »Danke, aber: nein danke«.

Ich bin der Typ, der sie anspricht. Dass ich auch der Typ bin, bei dem sie Ja sagen, habe ich nie behauptet.

Key Hemingway

Ist es der Mythos, der einen Ort verändert, oder verändert der Ort den Mythos?

Das ist die Frage, die mich um drei Uhr morgens auf der völlig überfüllten Duval Street der Insel Key West bewegt, und die ich nicht mehr aus dem Kopf bekomme. Es ist ebenfalls die Frage, die ich der etwas angetrunkenen, aber sehr charmanten Studentin stelle, die ich gerade im Arm halte.

»Okay, Julie, was meinst du: Worüber würde ein Typ wie Hemingway in Key West heute schreiben, wenn er noch am Leben wäre?«

Julie sieht mich an.

»Lass uns ins Sloppy Joe's gehen. Da hing der Kerl doch die ganze Zeit rum, oder nicht?«

Aber vielleicht sollte ich diese Geschichte von Anfang an erzählen.

Seit vier Tagen befinde ich mich auf Key West, der letzten Insel der berühmten Florida Keys, die sich von Miami aus wie eine zerplatzte Perlenkette gen Süden wenden, in Richtung Kuba. Key West wurde berühmt durch den Großschriftsteller Ernest Hemingway, der sich von 1928–38 hier niederließ und einige seiner bekanntesten Werke schrieb: Romane wie »In einem andern Land« und »Haben und Nichthaben«, Kurzgeschichten wie »Das kurze glückliche Leben des Francis Macomber«. Was hat Hemingway, den Prototyp des Rumtreibers, bewegt, so lange hierzubleiben? Was hat ihn an der Insel fasziniert, was hat er ihr hinterlassen? Das herauszufinden ist der Auftrag. Detektivarbeit.

Auf den ersten Blick ist es der denkbar einfachste Job, denn Hemingway ist auf Key West praktisch nicht zu entkommen. Das Erste, was sie dir mitgeben, wenn du in irgendein Hotel in der Simonton Street eincheckst, ist ein Stadtplan, auf dem der Weg zu dem Haus in der Whitehead Street verzeichnet ist, das Hemingway mit seiner Frau Pauline zehn Jahre lang bewohnte. Auf der Straße kommen dir Leute mit T-Shirts entgegen, auf denen Hemingways Gesicht abgebildet ist. »Key Wests berühmtester Sohn, 1899–1961« steht darunter, obwohl Hem ja aus Oak Park, Illinois stammt. Im Juli halten sie zu Hemingways Geburtstag sogar Lookalike-Wettbewerbe ab. Am Jachthafen liegen Schiffe, die entweder nach Hemingways Fischerboot Pilar benannt sind oder nach seinen anderen Frauen Hadley, Martha oder Mary. Gehst du nachts über die Hauptstraße Duval Street mit ihren Hunderten von Bars, Shops und Restaurants, unter denen mittlerweile auch Starbucks und ein Hard Rock Café zu finden sind, endest du an der Ecke Greene Street vor Sloppy Joe's – der Bar von Hemingways Kumpel Joe »Sloppy« Russell. Der Bar, in der Hemingway jeden Tag trank und wo er sogar die Schecks für seine Romanvorschüsse einlösen konnte, nachdem die Bank nebenan ihn wegen seines Pennerlooks abgewiesen hatte. Der Bar, die heute wie an jedem Tag von Tausenden von Touristen bevölkert wird. Die Bar also, in die Julie, die mit ihren College-Freunden aus Massachusetts gerade zum jährlichen Spring Break hier ist, mich gerade schleppt.

»Was möchtet ihr trinken?«, fragt die Bedienung. Hinter ihrem Rücken sind eine Million Hemingwayfotos zu sehen: Hemingway beim Skifahren, Hemingway beim Fischen, Hemingway beim Boxen, Hemingway mit Pauline, Hemingway mit Sloppy Joe, Hemingway mit seiner sechspfotigen Katze.

Ich bin verwirrt. Wie soll ich unter all diesen Bildern den wahren

Hemingway finden? Kann es sein, dass die Insel immer schon nur aus Hemingway bestand; dass sie eine literarische Erfindung ist? Besteht der Boden unter meinen Füßen aus Stein oder ist er ein Traum?

»Einen Erdbeermargarita, bitte«, sagt Julie.

»Einen Papa Doble«, sage ich. Papa Doble war damals Hemingways Lieblingsgetränk hier; ein Daiquiri aus drei Jahre altem Bacardi, Grapefruitsaft, Grenadine, Klubsoda und Limejuice.

»Prost«, sagt Julie und hebt ihren Hemingwaybecher.

»Prost«, sage ich, schließe die Augen, nehme einen großen Schluck und lasse die Süße des Hemingwaydrinks auf der Zunge zergehen. Und erinnere mich an das, was Joe, der Verkäufer in Hemingways ehemaligem Lieblingsbuchladen »Valladares«, mir am Nachmittag erzählt hat. Im Präsens, wie es sich für eine gute Geschichte gehört.

Als Hemingway und Pauline im April des Jahres 1928 auf Empfehlung des Schriftstellerkollegen John Dos Passos (»Manhattan Transfer«) zum ersten Mal herkommen, wollen sie eigentlich nur ein paar Tage bleiben. Das Paar ist per Schiff über Marseille und Havanna in Key West angekommen, um ein Auto abzuholen, das ihnen Paulines reicher Onkel Gus geschenkt hat. Weil der Wagen noch nicht bereit ist, bringt der Händler die beiden in einem Apartment über seiner Garage unter, worüber der von der Reise erschöpfte Hemingway gar nicht erfreut ist.

Am nächsten Tag ändert sich das. Hemingway beginnt, über die kleine Insel zu wandern. Er genießt das tropische Klima, das ihm einen Grund gibt, in den Anglershorts und Segelschuhen herumzulaufen, die er so liebt; er betrachtet die Königspalmen, die sich sanft im Wind wiegen, und entdeckt, dass es vom Southernmost Point am Atlantik bis zum Mallory-Square am Golf von Mexiko nur eineinviertel Meilen sind, wenn man die Whitehead Street runterläuft. Als er zu dem damals noch sehr kleinen Hafen geht, kommen gerade die Fischer mit ihren Fängen zurück. Sie haben Marlins und Schwertfische gefangen, Thunfische so groß wie Fahrräder und auch ein paar kleine Haie.

»Wann fährst du wieder raus?«, fragt er einen der Fischer. Sein Name ist George Brooks.

»Heute nicht mehr, aber ein Freund von mir vielleicht«, sagt George Brooks und schickt Hemingway zu einem gewissen Charles Thompson, dem auf der Insel einige Boote gehören.

Mit dreißig japanischen Touristen stehe ich am nächsten Tag in dem Wohnzimmer der zweistöckigen Villa, die Hemingway und Pauline 1930 bezogen. Die Einrichtung ist hübsch anzusehen, Pauline, ehemals bei der französischen Vogue als Journalistin angestellt, hatte Geschmack, alle Möbel wirken leichtfüßig, selbst der Esstischleuchter ist nicht zu protzig, die Bibliothek selbstverständlich exquisit zusammengestellt. Der Führer, der die Gruppe durch das zweistöckige Haus leitet, hat weiße Haare, Vollbart und Bauch, aus irgendeinem Grund aber starren die Japaner mich an.

»Sie sehen ein bisschen aus wie Hemingway«, sagt eine der Frauen und deutet auf mein Gesicht und den Tropenhut, den ich zum Schutz vor der Hammersonne draußen auf dem Kopf trage.

»Ich weiß«, sage ich. »Ich bin sein Enkel aus Germany.«

»Ooooh!«, macht die Japanerin.

»Als Hemingway herkam«, erzählt der Führer, der sich von meiner Familiengeschichte ein wenig gestört fühlt, »war er schon ein berühmter Schriftsteller. Er hatte den Roman ›Fiesta‹ und die Kurzgeschichtensammlung ›Männer ohne Frauen‹ veröffentlicht, war im Krieg gewesen und als internationaler Reporter bekannt. Was er an Key West besonders liebte, waren zwei Dinge: Zum einen lebten hier damals nur ein paar Hundert Leute, die vom Festlandgeschehen so wenig mitbekamen, dass sie ihn gar nicht kannten. Hemingway konnte also ungestört schreiben. Zum anderen ging es den Leuten auf der Insel damals wirtschaftlich ziemlich schlecht: Viele waren durch die Depression arbeitslos geworden, nachdem die Zigarren- und Schwammindustrie abgewandert war, und schlugen sich nun mit seltsamen und halblegalen Tagesjobs herum. Nachdem Hemingway in Paris den Reichtum einer Großstadt mitsamt ihrer geistigen Elite kennengelernt hatte, traf er hier, in seinem ›St. Tropez der Armen‹, auf einen gänzlich neuen Menschentyp: den fast unzerstörbaren Überlebenskünstler, der sein zukünftiges Werk dominieren sollte.«

»Aaah«, sagen die Japanerinnen, während sie Hemingways Swimmingpool im Garten fotografieren.

Am Nachmittag gehen Fotograf Zuder und ich fischen. Obwohl ich ein Hemd mit einem aus dem Wasser springenden Marlin trage, fangen wir nichts. Aus irgendeinem Grund freut mich das. Es ist gut, dass Fischen etwas ist, das mit Geld allein nicht zu erreichen ist. Es ist gut zu wissen, dass es etwas ist, das man lernen muss.

Der entspannte, unverkrampfte Charles Thompson wird zum besten Freund, den Hemingway je haben sollte. Er bringt Hem alles bei, was er übers Fischen weiß; er lädt Pauline und ihn zu sich und seiner Frau ins Haus ein und hilft ihnen, sich in Key West niederzulassen; er stellt Hem den alten Sloppy Joe vor, dessen Bar damals noch in einer Nebenstraße der Duval Street liegt; und zusammen mit Sloppy, George und Toby Bruce, Hemingways Handwerker und »Mädchen für alles«, ziehen die Männer nachts durch die Straßen. Sie werden die berüchtigtste Gang der Insel und leben ein Leben, das in der Hauptsache aus Bier, Boxen, Hahnenkämpfen, Fischen, Tauchen besteht, und das Hemingway in »Haben und Nichthaben« und dem unvollendeten »Inseln im Strom« beschreiben wird.

Der »Papa«-Mythos vom 120 Kilo schweren Kumpel Hemingway, der die Männer seines Umfelds glücklich und die Frauen (Pauline) traurig macht, entsteht. Es ist ein Mythos, der um die Welt geht und für den Hemingway fast noch berühmter ist als für die Bücher, die er geschrieben hat.

Ich fahre mit dem Fahrrad durch Key West. Über sechzig Jahre nach Hemingways Aufenthalt erinnert nicht mehr viel an die Zeit der Depression. Wenn Hemingway Key West als »St. Tropez der Armen« bezeichnete, darf man das »der Armen« heute streichen. Es hat wirklich was vom echten St. Tropez. Tagsüber erstrahlen die bunt angemalten Häuser im Licht der Sonne, die hier selten Pause macht. Alleen voller grüner, saftiger Bäume adeln die Straßen, abends wird die Duval Street von Lampions erleuchtet, die die Touristen in die Restaurants locken sollen, in denen man Hummer, Schwertfisch und Tuna à la Hemingway essen kann. Das Potenzial für einen größeren Tourismus wurde schon Mitte der Dreißiger von dem Staatsbeamten Julius Stone erkannt, der die Strände säubern, Häuser renovieren und eine Liste von Sehenswürdigkeiten anfertigen ließ, auf der Hemingway an Platz 18 auch sein eigenes Haus wiederfand, sehr zu seinem Missfallen. Nachdem er im Sloppy Joe's die Reporterin Martha Gellhorn kennenlernte, verzog Hem sich erst nach Europa und dann nach Kuba. Der große Run auf die Insel setzt in den Fünfzigern und Sechzigern ein, bis heute strömen die Springbreaker und die Urlauber der Kreuzfahrtschiffe, die an der Pier halten, scharenweise an die weißen Strände, von denen Key West umgeben ist. Und obwohl die romantische Vorstellung davon, einen Roman am Strand zu schreiben, generell überschätzt wird (Wind, Salzwasser, Sonne, Sand machen die Sache sehr anstrengend), zieht Key West immer noch viele Schriftsteller an: Alison Lurie, Charles Van Doren, Shel Silverstein leben hier, auch der Musiker Jimmy Buffet. Lurie schreibt ihre Romane, Charles Van Doren seine Menschheitsgeschichtenabhandlungen, die anderen meist Novellen und Krimis, die im örtlichen Verlag veröffentlicht werden. Sie treffen sich regelmäßig bei Lesungen im

»Key West Bookstore« oder richten den jährlich stattfindenden Hemingway-Shortstory-Wettbewerb aus.

Warum sie hier sind?

»Grundsätzlich aus den gleichen Gründen, warum auch Hemingway kam«, sagt Joe aus dem Valladares-Buchladen. »Wegen des Klimas und der seltsamen Zwitterlage der Insel zwischen Kuba und den USA.«

Wären sie auch hier, wenn es Hemingway nie gegeben hätte?

Joe schüttelt den Kopf. »Und selbstverständlich sind sie ihm gegenüber alle chancenlos«, sagt er dann noch. »Er ist einfach zu groß. Wie ein riesiger Fisch, den man nie ganz zu fassen bekommt.«

Ein paar Tage nach dem Abend in Sloppy Joe's Bar treffen Fotograf Zuder und ich Julie wieder in der Duval Street, diesmal aber etwas nüchterner.

»Was hast du heute gemacht, Julie?«

Julie erzählt vom Leuchtturm, den sie sich angesehen hat; von einem Bootsausflug, vom Aquarium, von der Sonnenuntergangsfeier, die jeden Abend am Mallory Square stattfindet. Sie erzählt von dem, was heute den Reiz der Insel ausmacht: die Funktionalität der Moderne, die auf dem Fundament des Alten aufgebaut wurde. Und Julie strahlt, als sie davon erzählt. Sie liebt Key West.

Und auf einmal weiß ich, worüber ich schreiben würde, lebte ich heute hier. Ich würde über Leute wie Julie schreiben, über die vielen Bilder von Hemingway und über die Touristen und Einwohner, die – jeder auf seine Art und Weise – nach ihm auf der Suche sind. Ich würde darüber schreiben, wie ein Ort sich verändert, wenn er von einem Mythos besucht wurde und dann selbst zum Mythos wird, über den sich wieder irgendjemand Gedanken machen kann.

Wenn ich's mir recht überlege, würde ich eine Geschichte wie die hier schreiben. Eine Geschichte über einen Ort namens Hemingway.

Die Sache mit Jennifer Lopez

Das ist die Wahrheit: Will ein Mann eine Frau für sich gewinnen, macht er ihr ein Kompliment für ihre Augen, für ihren Mund, für den Job, den sie tut, oder für ihre Art sich anzuziehen. Über diese Art Kompliment, denkt der Mann, freut sich die Frau, weil sie so das Gefühl hat, sie wird für die Poesie ihres Blicks gelobt, für die Sinnlichkeit ihres Mundes, für ihr Talent oder für ihren guten Geschmack in der Mode.

Die meisten dieser Komplimente sind eine Lüge, das ist nichts Neues, denn ein Mann, der einer Frau sagt, er mag ihre Füße, wird schnell behandelt wie ein Wahnsinniger, selbst wenn diese Füße wirklich sehr hübsch sind, weil Füße eben nicht zu den Dingen gehören, die sexuell genehmigt sind – ein Wort über Füße und es ist klar, der Mann ist ein Perverser, eine Gefahr. Ähnlich ergeht es einem Mann, der einer Frau sagt, sie hätte fantastische Brüste oder einen sehr guten Hintern. »Reduziere mich nicht auf das Körperliche!«, sagt die Frau dann, obwohl so ein Kompliment nicht ausschließt, dass die Frau noch andere Qualitäten zu bieten hat.

In diesem Text wird es nicht um die gelogenen Komplimente gehen, sondern nur um die Wahrheit, um nichts als die Wahrheit, und der Gegenstand dieser Wahrheit ist die amerikanische Schauspielerin Jennifer Lopez, 28, die als Kind puertoricanischer Einwanderer in New York geboren wurde. Frau Lopez ist berühmt für ihre Rollen in den Filmen »Out Of Sight« und »U-Turn«, doch noch berühmter ist Frau Lopez für ihren Hintern, und das mit allem

Recht der Welt, denn Lopez' Hintern ist in der Tat ein Wunder, ein Kunstwerk, in Kraft und Ausdruck so erhaben wie die Kriegsbilder des Malers Francisco de Goya und die Sinfonien des Komponisten Gustav Mahler: Er ist groß, sehr groß, und rund, sehr rund, und wenn er in der Mitte nicht geteilt wäre, hätte er die Form einer Ellipse, wie der Planet, auf dem wir leben, die Erde also. In einem Magazin stand mal zu lesen, Lopez' Hintern sehe aus, als habe sie sich einen Medizinball unters Kleid geschoben, diese Beobachtung ist richtig, und da viele Männer eine Faszination für Bälle haben, ist es logisch, dass sie von Lopez und ihrem Erdballhintern begeistert sind, besonders die Männer, die mal etwas mit ihr zu tun hatten, ob im Film oder im Privatleben. George Clooney ist begeistert, Puff Daddy ist begeistert, Wesley Snipes ist begeistert, der Tänzer Joaquín Cortés ist begeistert, Sean Penn ist begeistert, und auch ich bin begeistert, obwohl ich noch nichts mit Lopez zu tun hatte, außer über die Filme, in denen ich sie sah: als Polizistin in enger Lederkleidung in »Out Of Sight« von Steven Soderbergh und als Männermörderin in »U-Turn« von Oliver Stone, in dem sie ein Kleid trug, das kürzer war als die grauen Männerunterhosen von Calvin Klein, sehr kurz also.

Doch das wird sich ändern, denn ich wurde ausgesucht, Frau Lopez ein paar Fragen zu stellen und ihren Hintern zu begutachten, das ist mein Auftrag, und ich bin stolz auf diesen Auftrag, denn ich verspreche mir ein paar Erkenntnisse von meinem Gespräch mit Lopez. Die Geschichte der Welt beweist, dass Frauen mit eindrucksvollen Hintern diejenigen sind, vor denen die Männer aus Politik und Wirtschaft Angst haben, weil diese Frauen wie Amazonen wirken, die mit ihrem Sex umgehen wie mit einer Flugabwehrrakete. Das trifft zu auf Marilyn Monroe, die ein Verhältnis mit Kennedy hatte, auf Madonna, die noch heute die begehrteste Frau der Welt ist, auf die Frauen der Filmgeschichte wie zum Beispiel Jane Russell, und auf Jennifer Lopez. Der große Hintern sorgt für Macht und Ansehen bei den Männern und für Missgunst bei den

Frauen – so machte sich das Model Cindy Crawford einmal über Lopez' Hintern lustig, doch Crawford war nur neidisch, weil sie nicht tragen kann, was Lopez trägt: das Geheimnis der Welt in ihrer Hose.

Aus diesem Grund sitze ich in der Lobby des Hamburger Hyatt Hotels, einen Milchkaffee vor mir und die Fragen für Lopez in meinem Kopf. Ich hoffe, dass Lopez mir erklären kann, wie der Hintern einer Frau beschaffen sein muss, damit er die Weltgeschichte beeinflusst. Auch andere Dinge möchte ich wissen: Wann ist ein Hintern ein perfekter Hintern? Was hält sie von Clintons Hintern, von Schröders Hintern, von meinem Hintern?

Ich bin etwas aufgeregt, denn bei meinen Recherchen über Lopez fand ich heraus, dass sie eine Todesliste angelegt hat mit den Namen aller Menschen, die sie nicht mag. Cindy Crawfords Name erscheint auf dieser Liste, wegen der Hinternbeleidigung, und sollte Lopez jemals auf die Idee kommen, sich zu rächen, wird es gefährlich für Crawford, denn Lopez hat gute Kontakte zur Bronx, in der sie geboren wurde – dort kann sie sich leicht eine Maschinenpistole besorgen, das Schießen hat sie in ihren Filmen gelernt.

Ich darf Lopez also nicht verärgern, denn die Todesliste macht mir Angst, und mir macht auch Angst, dass ich gehört habe, sie hätte sich in einem New Yorker Klub einfach einen deutschen Studenten namens Karl Boehringer geschnappt, in ihre Wohnung entführt und ihn erst nach Tagen wieder herausgelassen. Als Entschädigung für die Freiheitsberaubung, so will es das Gerücht, habe Lopez den Studenten mit fünf Lederanzügen von Calvin Klein entlohnt – Boehringer sei seit diesem Vorfall nicht mehr ganz normal, sagen seine Freunde, er sei zum Trinker geworden und rede nur noch im Zuhälterjargon.

Hätte ich für alle Fälle eine Waffe einstecken sollen?

Dafür ist es jetzt zu spät, denn die Promotionfrau, die ebenfalls vor Lopez zittert, holt mich ab und führt mich durch einen Gang des Hotels zur Suite von Lopez.

Mein Herz schlägt bis zum Anschlag, als wir vor der Tür stehen, doch es gibt kein Zurück, das Tor zur Wahrheit öffnet sich, und da sitzt sie vor mir, die Frau, von der ich mir die Antworten auf meine Fragen erhoffe. Ihre schwarzen Haare fallen glatt über die Schultern, sie trägt ein enges Top mit tiefem Ausschnitt, ihre Brüste sind wach, doch noch wacher ist ihr Hintern, der in einer engen Latexhose steckt, und den ich sehe, als sie aufsteht, um mir die Hand zu reichen.

Manche Dinge sind noch größer, als man sie sich vorgestellt hat, denke ich.

Wir setzen uns, Lopez grinst und wirft mit der linken Hand ein paar Haare zurück. Ich bin sehr nervös, darum frage ich sie, ob ich mir eine Zigarette anzünden darf.

»Nein!«, sagt Frau Lopez erstaunt.

Fehler Nummer eins: Lopez raucht nicht, trinkt nicht, nimmt keine Drogen – das brauche sie alles nicht, um lustig zu sein, hat sie schon oft gesagt.

Ich gehe in die Offensive, das ist meine einzige Chance.

»Frau Lopez, ich würde gern über Ihren Hintern reden«, sage ich und atme tief durch, als die Frage formuliert ist. Weil ich weiß, dass der Satz seltsam klingt, hake ich sofort nach, während ich versuche, eine kleine Colaflasche aufzubekommen.

»Als Trägerin eines Hinterns, der die Welt begeistert, wissen Sie genauso gut wie ich, dass Ihnen dieser Hintern Macht verleiht. Wie benutzen Sie diese Macht, Frau Lopez – zum Guten oder zum Bösen?«

Frau Lopez ist sehr verstört.

»Ich verstehe Sie nicht«, sagt sie.

»Gut, andersrum«, sage ich. »Glauben Sie, dass Marilyn Monroe erfolgreich war, weil sie so eine gute Schauspielerin war, oder wegen ihres Hinterns?«

Jetzt habe ich sie, glaube ich.

»Ich weiß nicht, worauf Sie hinauswollen«, antwortet Frau Lopez.

»Was stört Sie an meinem Hintern oder an dem von Marilyn Monroe?«

»Nichts, im Gegenteil: Ich bewundere diese Hintern, möchte dieses Phänomen aber kritisch hinterfragen.«

»Entschuldigung, aber ich möchte mich nicht über meinen Hintern unterhalten«, sagt Frau Lopez, und es klingt wie ein Todesurteil. »Fragen Sie mich bitte etwas anderes.«

Gutgut, nicht so schlimm, dann muss ich umdenken, kein Problem.

»Frau Lopez, stimmt es, dass Sie den deutschen Studenten Karl Boehringer entführt und mit fünf Lederanzügen von Calvin Klein zum Sex gezwungen haben?«

»Wie bitte? Woher haben Sie diese Information?«

»Aus einer verlässlichen Quelle«, sage ich, und füge etwas ernster hinzu: »Sie selbst haben sich zu diesem Thema mehrfach geäußert.«

»Nichts davon ist wahr«, sagt Lopez. »Wenn ich mir Lederanzüge kaufe, dann kaufe ich sie für mich selbst.«

»Sie geben also nicht zu, den Studenten Karl Boeh...?«

»Nein!«, schreit Lopez mich an.

Ich muss an die Todesliste denken.

»Frau Lopez, erzählen Sie mir bitte von Ihrer Todesliste!«

»Dazu sage ich nichts!«, schüttelt Lopez ihren Kopf.

»Aber Frau Lopez!«, beschwere ich mich.

»Wer sind Sie eigentlich, für wen arbeiten Sie?«, fragt Lopez und sieht mich an.

Jetzt muss ich wirklich sehr aufpassen. Ich muss sie ablenken, sonst komme ich auf die Todesliste, da hilft nur eins: irgendetwas sagen, was sie wirklich verstört.

»Frau Lopez, ist es wahr, dass sie acht Jahre lang als Spionin für den kubanischen Geheimdienst gearbeitet haben?«

Lopez springt auf, ihr Hintern hüpft, ihre Stimme bebt.

»Was wollen Sie eigentlich von mir?«, ruft sie. »Und woher haben Sie diese Information?«

»Aus den, ähm, Akten der ostdeutschen Regierung«, rufe ich, eine Lüge natürlich, aber ich muss mich verteidigen.

»Nichts davon ist wahr. So etwas ist mir noch nie passiert! Sind Sie wahnsinnig?«

Sie setzt sich wieder, das ist gut, aber nicht gut ist, dass ich jetzt nicht mehr weiß, worüber ich mit Lopez reden soll. Über die Platte mit langweiliger Latin-Musik, die sie aufgenommen hat? Über George Clooney, ihren Partner in »Out Of Sight«?

»Frau Lopez, George Clooney hat gesa...«

»Ich rede nicht über George Clooney«, sagt Frau Lopez, trotzig jetzt.

Wir schweigen uns an, in meinem Kopf ist ein Durcheinander aus großen Hintern, kubanischen Agenten, Todeslisten, Lederanzügen, engen Kleidern und Medizinbällen. George Clooney spielt mit einem dieser Medizinbälle, er versucht, den Ball in einen Basketballkorb zu werfen, aber der Ball passt nicht in den Korb, weil er viel zu groß ist.

»Ich kann nicht mehr«, sage ich dann zu Frau Lopez, stehe auf und gehe, doch sie weigert sich, mir in die Augen zu gucken.

Das Letzte, was ich sehe, als ich den Raum verlasse, ist dieser unglaubliche Hintern, der mir keine Antworten geben wollte. Dieser unglaubliche Hintern, der mich einfach auflaufen ließ, weil er die Weisheit, die in ihm steckt, für sich selbst behalten wollte. Wieder ein ungelöstes Rätsel mehr, an dem wir alle scheitern, denke ich, und dass es vielleicht klüger ist, Frau Lopez beim nächsten Mal zu sagen, sie hätte ganz fantastische Augen – tiefe, unergründliche, hervorragende Augen!

Die Sache mit Michael Stipe

Ich will Sie hier nicht mit Branchengeschwätz nerven, aber unter Mietreportern meines Typs kursiert seit Jahren eine Liste mit Prominenten, die sich kaum ein Mensch freiwillig zum Interview aussuchen würde – zu anstrengend, banal, aussichtslos. Von unten nach oben raufgezählt geht die Rangliste so: Platz 4 Hannelore Elsner (sagt nur Quatsch), 3. Gerhard Schröder (will nichts sagen und wird nichts sagen), 2. Erich Honecker (könnte was sagen, ist aber leider schon tot). Auf Platz 1: Michael Stipe, 43, Sänger der amerikanischen Poprockband R.E.M., Weltstar. Ihn zu befragen, behaupten viele Journalisten, bringt nicht viel. Seltsam, denn Stipe ist keineswegs ein uninteressanter Typ, ganz im Gegenteil: Seit über zwanzig Jahren im Geschäft, hat der dünne Mann mit dem rasierten Schädel einen Haufen Hits für seine Band geschrieben, darunter sehr schöne Lieder wie »Losing My Religion«, »The One I Love«, »Man On The Moon«, »Nightswimming«, »Everybody Hurts« und zuletzt »Imitation of Life«. Stipe ist schlau und gebildet, isst kein Fleisch und setzt sich für die Umwelt ein, hat was gegen Krieg und George W. Bush, er fotografiert und produziert nebenbei kleine Underground-Filme, die es sonst nie ins Kino schaffen würden – mit Leuten wie Spike Jonze, Sofia Coppola, Todd Solondz und ein paar Dutzend anderen Talenten. Ansonsten weder Liebesaffären, Drogengeschichten noch sonst ein Dreck. Kein Zweifel, Michael Stipe ist das, was man einen superfeinen, superkorrekten Kerl nennt.

Die Sache ist nur: All das, was Stipe immer hat sagen wollen, hat er schon gesagt, nicht nur mehrfach, sondern mehrmehrfach; und all das, was er nicht sagen will, wird er nicht mehr sagen, niemals, selbst wenn MTV, VIVA, die Bunte, BILD und Gala zusammenlegen, um von Stipe die einzige Frage beantwortet zu bekommen, über die noch Unsicherheit herrscht und über die seit Jahren diskutiert wird, in Intellektuellenkreisen wie im Boulevard:

Sind Sie schwul, Herr Stipe?

Ich habe also ein Problem an diesem Nachmittag, als ich mich zuerst mit der U-Bahn und dann zu Fuß (Taxi zahlt in diesen Tagen keine Sau mehr) in die Berliner Waldbühne aufmache, um Michael Stipe zu treffen. Ich würde ihm gern eine Frage stellen, die neu ist, eine Frage, die ihn interessiert und die mich interessiert, aber mir fällt keine ein. Eine halbe Stunde vor dem Interview mit einem internationalen Superstar ist das etwas, was einen jungen Mann nervös machen kann.

Während ich also Fuß vor Fuß über den feuchten Waldboden setze, auf dem ich mich zu Stipe vorarbeite, kreist in meinem Kopf daher nur die niemals beantwortete Tabufrage, die auch die einzige Frage zu sein scheint, die all die Menschen interessiert, die ich gebeten habe, mit mir über Stipe nachzudenken – meine Freunde, meine Eltern, meinen Steuerberater, meine Putzfrau. Sie alle lieben Stipe und wollen wissen:

Sind Sie schwul, Herr Stipe?

Es ist, ehrlich gesagt, keineswegs eine schlechte Frage: Man könnte sich anhand von ihr ganz vortrefflich darüber unterhalten, wie sehr die sexuelle Ausrichtung eines Menschen seinen Charakter formt/ändert/bestimmt; und würde Stipe sich outen, wäre das bestimmt ein weiterer Schritt vorwärts für die internationale Schwulenbewegung, ein Meilenstein, vergleichbar mit der weltweiten Einführung des Christopher Street Days oder Wowereits »Und das ist auch gut so«. Man könnte die Kindheit durchnehmen und den Ruhm, und stundenlang darüber debattieren, warum das

Schwulsein immer nur dann okay zu sein scheint, wenn es mit Exzentrik und Startum zu tun hat, wenn es sich also über die sogenannte Masse erhebt.

Selbstverständlich wäre die Frage in ihrer Intimität eine Frechheit, aber Journalismus ist per Definition eine Frechheit, eine staatlich garantierte, sogar verlangte Frechheit und in diesen Zeiten angeblich so wichtig wie nie.

Ist es nicht sogar meine Pflicht, zu fragen:

Sind Sie schwul, Herr Stipe?

Darüber denke ich nach, als ich vor dem Catering-Bereich stehe, wo die Leute von R. E. M., Peter Buck, Bill Berry und eben Michael Stipe, vor ihrem Auftritt noch etwas zu essen bekommen, Schnitzel, Tofuburger und rohe Karotten. Kurz bevor ich zu Stipe in den Wohnwagen gerufen werde, beginnt es zu regnen. Ist das ein Zeichen für irgendwas?

Stipe-Schiebermütze auf dem kleinen Kopf, Fred-Perry-Polohemd und eine Art Postsacksakko am Körper, dazu Cordhose an den dünnen Beinen; überhaupt ist alles an ihm sehr dünn, schmal, feingliedrig – ist agil und schnell, als ich den Wagen betrete, zu agil und schnell für mich, denn bevor ich mich setzen kann, ist er in der Toilette verschwunden und wieder aus ihr zurück, und der Hosenschlitz ist noch gar nicht richtig zu, als Stipe schon ein Zigarillo in der Hand hat und nach Feuer fragt, das ich selbstverständlich dabeihabe. Fängt alles nicht schlecht an, finde ich und beschließe, die Frage zu stellen, und wenn es das Letzte ist, was ich tue.

»Gestatten: Michael«, sagt Michael Stipe sehr höflich, sehr freundlich, sehr angenehm. »Lassen Sie uns reden. Wo kommen Sie her, hier aus Berlin? Schöne Stadt, ich erinnere mich an einen Sommer vor vielen Jahren, als wir hier spielten, zusammen mit der damals noch unbekannten Band Radiohead, und weil es so heiß war, setzten der Sänger Thom Yorke und ich uns ins Gras, zogen unsere Hemden aus und redeten stundenlang in der Sonne ...«

Stipe und Yorke halbnackt, Jesus Christus! Er schlägt das Thema praktisch vor!

»Sie und Thom Yorke sollen sich ja sehr gut verstehen«, sage ich, aber Stipe hört nicht richtig zu, in ihm gehen andere Gedankengänge vor.

»Sind Sie ein R.E.M.-Fan?« Er sieht mich an, eindringlich – erahnt er meine Absicht? »Gibt es eine Platte, die Ihnen wirklich gut gefällt? Ein Lied? Lesen Sie Bücher?«

»Ich, ähm, mag das Lied ›Nightswimming‹ sehr«, versuche ich beim Motiv der Nacktheit zu bleiben, denn in dem Lied kommen Kleider nur ausgezogen vor.

»Das lieben viele Deutsche«, sagt Stipe. »Ich frage mich immer, warum eigentlich.«

»Es ist dunkel und romantisch und spielt im Wasser, das gefällt den Deutschen«, versuche ich.

Stipe nickt, ist schon wieder woanders. So schnell und wendig, wie er in einer Toilette verschwinden und wieder aus ihr herausschießen kann, springen seine Gedanken. Er redet von den Filmen, die er produziert, von Hollywood und dem Ruhm, der ihm die Schüchternheit genommen hat, von t.A.T.u., die er für ihren Plastikpop schätzt; er spricht davon, dass er in Bildern denkt und darum beim Songschreiben eher filmisch vorgeht und nicht erzählerisch, weshalb die meisten Hörer ihn immer fragen, wovon zum Teufel er eigentlich singe. Stipe sagt nette, gute, schlaue Sachen, er gibt sich Mühe, aber ich kann mich nicht konzentrieren, weil in meinem Kopf eine Stimme ist, die fortwährend schreit: JAJA, ALLES GANZ INTERESSANT, ABER SAGEN SIE MIR DOCH LIEBER: SIND SIE SCHWUL, HERR STIPE? Stipe sieht mich an, er merkt, dass ich abdrifte.

Ich hole gerade Luft, als Stipe seinen linken Fuß unter dem Tisch hervorzieht, hochhebt und sagt:

»Schauen Sie mal: Wie gefallen Ihnen die?«

»?«

»Die Schuhe! Wie finden Sie sie? Sie sind ganz neu, ich habe sie gerade in dem Berliner Schuhgeschäft Trippy's gekauft, dem besten, das ich auf der Welt kenne.«

Die Schuhe sind cremeweiß und halbhoch, mit einer dicken Gummisohle. Sie sehen ein bisschen lustig aus, diese Schuhe, wie Entenfüße, allerdings eleganter.

Die Schuhe verwirren mich, lenken mich ab. Ich gratuliere Stipe zu seinen Schuhen und erwähne aus irgendeinem Grund den Musiker Paul Weller, weil der auch gern von seiner Schuhsammlung erzählt.

Stipe sagt: »Ich rede nicht über Paul Weller.«

Ich frage: »Was haben Sie gegen Paul Weller? Er trägt sehr schöne Schuhe, sicher auch keine schlechteren als die, die Sie mir gerade gezeigt haben.«

Stipe sagt: »Bitte! Quälen Sie mich nicht.«

Es bringt mich durcheinander, wie Stipe auf Paul Weller reagiert. Ist Paul Weller schwul? Ist Paul Weller nicht schwul und gerade das ist das Problem? Bin vielleicht ich schwul und weiß es nur nicht? Ja, sind wir am Ende alle schwul? Dieses Schwulsein, es macht mich irre. Ich schwitze, schwitze, schwitze. FRAG IHN!, schreit die Stimme, FRAG IHN, DAMIT DER FLUCH VORBEI IST!

Gut, Stimme, denke ich. Jetzt: »Herr Stipe, es mag eine Frechheit sein, Ihnen diese Frage zu stellen, aber die Welt will es wissen, und ich bin nichts weiter als ein Vertreter dieser Welt, also sagen Sie mir bitte: Sind Sie...«

Die Tür geht auf, ein Mann kommt herein, er sagt: »Michael, du musst los, die anderen warten schon.«

Stipe sagt: »Sorry, die Zeit ist um.« Der Mann schiebt mich aus dem Wohnwagen in den Regen und schließt die Tür.

Sind Sie schwul?, frage ich die Tür.

Ja, sagt die Tür, aber sie sagt auch: Wen interessiert schon, was eine Tür zu solchen Dingen sagt?

Im Hotel

Meist beginnt es mit dem Vorhang. In Einzelfällen ist es die Tapete oder ein Aschenbecher, aber normalerweise ist es der Vorhang, der anfängt, dich zu hypnotisieren. Fast immer ist er sehr schwer und dick wie eine Panzerwand. Hinter ihm liegt eine fremde Stadt, ein neuer Ort, irgendwas Aufregendes, Leuchtendes vielleicht, aber das siehst du nicht, denn du bist noch gar nicht richtig angekommen. Du bist gefangen in einer Welt, in der du auf dem Bett liegst und das Muster eines Vorhangs anstarrst, den vor dir schon viele angestarrt haben. Du bist in einer Zwischenwelt, im Hotelzimmer.

Keine Ahnung, wie die Ärzte es nennen oder ob sie den Zustand überhaupt kennen. Ich nenne ihn Hotelroom Madness, Hotelzimmerwahn, und jeder, der schon mal länger auf Reisen war, weiß, was ich meine. Es ist der Dämmerzustand, in den man fällt, wenn man nach einem Langstreckenflug ein Taxi zum Hotel nimmt, dort eincheckt und zum ersten Mal, in einer Mischung aus Zeitlupe und Beschleunigung, aus Jetlag und Echtzeit, komplett orientierungslos die Tür aufschließt zu dem Raum, der für die nächsten Tage, Wochen, Monate, das Zuhause sein soll. Und obwohl du mit aller Wahrscheinlichkeit noch nie da warst, weißt du genau, wie es darin aussehen wird: Du weißt, dass der Sanyo-Fernseher mit einem schwarzen Teleskoparm an der Wand befestigt sein wird; du weißt, dass sich in der Minibar genau ein Snickers, ein Nuts, ein Fläschchen Gin und ein Fläschchen Wodka befinden; du weißt, wie oft du dich in deinem Kingsize-Bett drehen kannst (und wirst), bevor du auf dem Teppich landest. Du kennst das Rauchglas, die unbequemen Stühle und den Geruch des Scheuermittels, mit dem das Zimmermädchen alle Spuren desjenigen beseitigt hat, der vor dir hier war, wie bei einem Mord. Hotelzimmer von heute sind Déjà-vu-Maschinen, standardisierte Erfahrungen, wie ein Fishmäc von McDonald's.

Und trotzdem ist es jedes Mal wieder anders. Zumindest geht es mir so, auch jetzt, während ich das schreibe, in einer Suite des Hotel Rossiya, einem durchgerotteten Plattenbau in Samara, Westsibirien. Es gibt Männer, die damit angeben, sich an den Vor- und Nachnamen jeder Frau zu erinnern, die sie mal geküsst haben; ich erinnere mich an jedes Hotel, in dem ich mal gewohnt habe. Ich weiß noch, wie verloren ich war, als ich in die verfallene Lobby des Hotel Tokyo in Chicago kam; ich erinnere mich an die Briefe, die ich Natalie aus dem Hotel Sevilla in Havanna schrieb; ich sehe vor mir, wie Til und ich uns in Ciudad del Este vor Angst in die Hose machen, weil Waffenschmuggler vor der Tür des Hotel Americana stehen; und wenn ich daran denke, wie glücklich ich mal im Old Sea Pines Inn auf Cape Cod war, verkrampft sich was in meiner Brust. Hotelgeschichten sind immer zuerst Menschengeschichten; Geschichten von Leben im Transit – in welchem Gebäude sie stattfinden, ist zweitrangig.

Denn wenn es auch stimmt, dass nach jedem Gast die Betten abgezogen, die Minibar aufgefüllt und das Raumspray rausgeholt wird, so trifft doch eine Sache nicht zu, die immer von Hotelzimmern behauptet wird: dass sie ›anonym‹ seien. Wie könnten sie, wo so viele Leute durch sie hindurchgegangen sind? Gerade der Versuch, alle Spuren des Vormieters wegzuwischen, erinnert umso mehr an ihn. Auch Räume haben ein Gedächtnis. Was ist passiert, hier in der Suite des Rossiya, wo immer noch schwerer kubanischer Tabak in der Luft hängt? Warum sind da Brandflecken auf dem Sofa, was sind das für Abdrücke auf dem Boden? Wie viele Frauen waren hier, und wie viele Männer, waren sie gut zueinander oder haben sie sich was angetan? Hotelzimmerfragen, die immer lauter werden, je länger du nicht einschlafen kannst, weil du zu Hause nun gerade zu Abend essen würdest.

Noch weniger ist wahr, dass wir im Hotel zu ›jemand anderem‹ werden, wie oft behauptet wird. Das Gegenteil trifft zu: Wie Kinder, deren Eltern nicht dabei sind, werden wir im Hotel zu denen, die wir eigentlich sind: Menschen im Urzustand, ein wenig verloren, ein wenig unsicher und umso bemühter, in jeder Situation souverän zu wirken. Das Hotelzimmer wirft uns auf uns selbst zurück, so hart und unerbittlich, dass ich, wenn ich eines Tages im Sterben liege und mich ein lebendiger Mensch fragt, was es war, das mir in der Welt am meisten beigebracht hat, vielleicht antworten werde: »Hotels, mein Sohn. Es gibt nichts, was dir mehr übers Werden und Vergehen erzählt. Sieh zu, dass es möglichst viele sind. Werde darum Handlungsreisender, Schriftsteller, Tourist.« Denn im Grunde treffen sich nur Geister in Hotelzimmern: Die, die gerade angekommen sind, und die, die schon lange abgereist sind.

Ein paar Sonnenstrahlen wollen jetzt durch den Vorhang, aber sie sind noch sehr schwach. Es sieht kalt aus da draußen, die Luft glitzert scharf und klar wie ein Diamant, aber ich werde trotzdem gleich rausgehen, um mir einen Kaffee zu besorgen, etwas zu essen, vielleicht eine Zeitung, mal sehen, was sie hier haben. Gleich. Aber erst sehe ich noch ein paar Minuten der Welt zu, wie sie versucht, mit ihren bleichen Spinnenfingern durchs Zimmer zu kriechen, zu mir, genauso Geist wie alle anderen.

Marilyn Manson live in Tokyo

Manchmal in der Zeit unseres Zusammenlebens geschah es, dass Yasuko mit Geschichten zu mir kam, von denen ich bis heute nicht weiß, ob sie sich diese Geschichten nicht bloß ausgedacht hat – entweder, weil sie sich mit mir langweilte, oder weil sie das Gefühl hatte, mich unterhalten zu müssen.

Eines Nachts, ich schlief schon fest, rüttelten mich ihre kleinen Hände wach.

»Du wirst nicht glauben, was mir heute passiert ist«, sagte sie.

»Aha?«, sagte ich und rieb mir die Augen.

»Du weißt doch noch, dass ich zu Seibu nach Shibuya wollte, um mir ein Kleid für den Abend bei Kagami-San und seiner Frau zu kaufen, nicht wahr? Also: Als ich dort ankam, mit der Rolltreppe in den dritten Stock zur Damenabteilung fuhr und mir gerade ein wirklich sehr hübsches Comme-des-Garçons-Kleid vom Ständer nahm, das ich in der Umkleidekabine probieren wollte – wer kam mir da entgegen? Meine alte Schulfreundin Hiroko!«

»Wahnsinn«, sagte ich. »Yasuko, meinst du nicht, dass du mir das eventuell morgen erzählen könntest? Ich bin sehr müde und muss ganz früh in der Redaktion erschei...«

Sie hörte gar nicht hin.

»›Hiroko!‹, schrie ich, und ›Yasuko!‹, schrie sie«, sagte Yasuko. »›Was machst du denn hier? Ich dachte du wärst Lehrerin in Kyoto?‹ fragte ich. ›Oh, das ist lange her‹, sagte Hiroko, ›inzwischen habe ich geheiratet, ein Kind bekommen, bin umgezogen, habe noch ein Kind bekommen und das Lehrersein gegen einen exzellent bezahlten Marketingjob in der Abteilung für internationale Musik bei Sony Columbia eingetauscht.‹

›Nein so was!‹, sagte ich«, sagte Yasuko. »Und was genau arbeitest du, um wen kümmerst du dich?‹

›Das wirst du mir nicht glauben‹, sagte Hiroko.

›Sag' schon‹, sagte ich.

›Rate!‹, sagte Hiroko.

›Britney Spears?‹

›Nein‹, sagte Hiroko.

›Die Rolling Stones?‹

›Ach was‹, sagte Hiroko.

›Hilf mir‹, sagte ich.

›Rate weiter‹, sagte Hiroko.

›Michael Jackson?‹

›So ähnlich‹, sagte Hiroko.

›Marilyn Manson?‹

›Genau!‹, sagte Hiroko.

›Unglaublich‹, sagte ich«, sagte Yasuko: »›Marilyn Manson! Der Schockrocker mit dem weiß geschminkten Gesicht und den blind machenden Kontaktlinsen? Der Krawallmacher, der von sich behauptet, er vereine alles Teuflische und alles Himmlische Amerikas in einer Person? Der Antichristchrist?‹

›Genau der‹, sagte Hiroko. ›Und weißt du, was das Tollste ist?‹

›Nein‹, sagte ich.

›Er spielt heute Abend im Stadion von Yokohama. Möchtest du mitkommen und mit mir auf die alten Zeiten anstoßen? Möchtest du die größte Rockshow deines Lebens erleben?‹

›Natürlich!‹, sagte ich«, sagte Yasuko.

Und, wieder zu mir gewandt:

»Ein Konzert von Marilyn Manson – so was hast du noch nicht gesehen! Mickymäuse in Naziuniformen tanzten mit strumpfmaskentragenden Lackfetischistengitarristen, alles war unglaublich laut, und dazwischen, immer wieder: Marilyn Manson, wie er eine Gans rupft, Marilyn Manson, wie er ein Schwein schlitzt, Marilyn Manson, wie er eine Jungfrau entjungfert, und Marilyn Manson, wie er alle Präsidenten der USA mit der Schrotflinte niedermäht. Und überall Blut, Schweiß, Gedärme, Innereien und ungebratene Rindersteaks!«

»Wow!«, sagte ich.

»Das aber«, ließ Yasuko mich nicht im Geringsten zu Wort kommen, »war noch nicht alles.

Danach hat Hiroko mich nämlich in den Backstagebereich eingeladen. Backstage, du verstehst? Dahin, wo sich nach dem Konzert nur die Firmenchefs, Manager, Groupies, Fans und Cateringleute aufhalten dürfen. Und weißt du, was da passiert ist?«

»Nein«, sagte ich, schrie ich fast.

»Marilyn Manson hat mich, deine kleine Yasuko, die noch nicht wirklich erfolgreiche, aber immerhin aufstrebende Nachwuchsgaleristin aus Ebisu, gefragt, wie mir das Konzert gefallen hat! Wie MIR sein Konzert gefallen hat!«

»Und? Was hast du geantwortet?«

»Die Wahrheit natürlich! Dass ich es eklig fand – widerwärtig, abstoßend, übelkeitserregend, menschenfeindlich und über alle Maßen unangenehm. Und weißt du, was er darauf gesagt hat?«

Ich zuckte mit den Schultern.

»Danke!«, sagte Yasuko. »Marilyn Manson hat gelächelt und sich bei mir bedankt. Ist das nicht toll, ist das nicht einfach wunderbar?«

Die Sache mit den Rolling Stones

Warum es die Rolling Stones nach 46 Jahren noch gibt?

Weil sie gegeneinander flirten.

Mick macht's mit den Augen.

Charlie macht's mit dem Mund.

Keith macht Witze über seine morschen Knochen.

Und Ron bietet dir seine Zigarette an.

Das sind ihre Tricks. Jeder will der Beste sein. So einfach ist das.

Aber der Reihe nach.

Sie waren am Vortag angekommen. Berlinale-Chef Kosslick hatte sie eingeladen, auf der Festival-Eröffnung ihren Konzertfilm »Shine a Light« zu präsentieren. Aber um den Film ging es eigentlich nur am Rande, auch wenn Martin Scorsese ihn gedreht hat. Im Wesentlichen ging's darum, dass sie da waren. Weil auch der Rest der Welt kommt, wenn die Rolling Stones kommen. Weil auch der Rest der Welt hinsieht, wenn sie hier sind. Weil links und rechts vom roten Teppich Fans stehen, die 400 Euro für ein Schwarzmarktticket bezahlen, das es ihnen ermöglicht, mit Mick, Keith, Ron und Charlie in einem Saal zu sitzen und sich einen Film anzusehen, in dem Mick, Keith, Ron und Charlie Musik machen. Weil es nach wie vor so ist, dass die Nachricht »Die Stones lösen sich auf« weltpolitisch nur von den Schlagzeilen »Hitler lebt!« oder »Nordkorea beginnt den Dritten Weltkrieg« verdrängt würde.

Sie sahen gut aus, als sie die Bühne des Berlinale-Palasts betraten. Sie haben Gesichter wie Rhesus-Affen, aber sie sind die dünnste

Band der Welt. Man hatte ja viel gehört vorher. Bei Charlie Watts war vor ein paar Jahren Lungenkrebs diagnostiziert worden. Keith Richards war von einem Gummibaum gefallen und hatte sich fast das Hirn zertrümmert. Er fällt andauernd irgendwohin oder runter. Bei Ron Wood war sich keiner sicher, ob er wieder trinkt. Bloß um Mick machte sich niemand Sorgen. Um ihn macht sich eigentlich nie einer Sorgen. Weil ihm sein Aussehen immer wichtiger war als der Rausch. Weil ihm das Geld immer wichtiger war. Weil ihm die Frauen immer wichtiger waren – im Augenblick L'Wren Scott, Ex-model. Oder? So genau weiß man es nie.

Scorsese fuchtelte wild auf der Bühne herum, bevor es losging. Er ist völlig verrückt. In der Sprache seiner Generation sagte Koss-lick »Let's rock!«.

Es war komisch, diesen Film zu sehen. Obwohl er zwei Konzer-te aus dem Jahr 2006 zeigt, wirkt er schon jetzt wie ein Relikt aus längst vergangener Zeit. Es beginnt beim Belle-Epoque-artigen Bühnenaufbau im Beacon Theatre, New York, und endet bei den Kostümen noch lange nicht. Jagger trägt ein Glitzer-T-Shirt, Richards hat Tücher auf dem Kopf, Woods hat eine Rod-Stewart-Frisur und Watts sieht aus wie eine Comicfigur. Sind wir in den Siebzigern, den Achtzigern, den Neunzigern? Die Musik, die sie machen, würde sich heute keine andere Band mehr ausdenken: eine Mischung aus Blues und Rock und Gospel. Bill und Hillary Clinton, die in »Shine a Light« dabei sind, scheint's zu gefallen. Wird es Hillarys Präsidentschaftskandidatur helfen, wenn der Film Anfang April anläuft?

Die Rolling Stones sind die dünnste und älteste und seltsamste Band der Welt. Sie haben 38 Platten rausgebracht, sind insgesamt 254 Jahre alt, jeder von ihnen hat im Schnitt 3,75 Kinder – doch sollte es Scorseses Ziel gewesen sein, sie uns näherzubringen, ist das misslungen. Viel eher zeigt er, wie fern sie uns sind. Wie analog. Nicht umsonst hat sich Johnny Depp seinen Freund Keith Richards als Vorbild für einen Disney-Themenpark-Piraten aus dem Jahr

1589 genommen. Nicht umsonst verglich Richards Jagger schon oft mit dem Fantasy-Helden Peter Pan. Die Stones sind ein sterbendes Tier, wie die Riesenschildkröte Lonesome George auf den Galapagosinseln, das letzte Exemplar ihrer Art. Die Stones sterben seit 46 Jahren und lassen uns dabei sein. Sie sind die »Truman Show« des Rock. Das macht sie so einzigartig und gibt ihnen die Macht, eine Berlinale zu eröffnen oder sich von Martin Scorsese filmen zu lassen. Auch wenn Jagger sich Mühe gibt, so zu tun, als sei es nicht seine, sondern Scorseses Idee gewesen.

Später streiten die Premierengäste darüber, wie's war. Wer über 45 ist, fand's gut und redet vom »wahren Geist des Rock 'n' Roll«, den er gesehen habe. Wer unter 45 ist, findet »Shine a Light« zu lang, zu undokumentarisch und banal geschnitten. Unwahrscheinlich, dass der Film länger als zwei Wochen im Kino läuft, aber als DVD wird er sich gut verkaufen.

Tags darauf sitzen zehn Journalisten aus Japan, Österreich, England, Spanien in einer Suite des Hyatt Regency Hotels am Gendarmenmarkt. Eine hübsche blonde Frau ist auch dabei. Alle haben Sicherheitschecks durchlaufen und werden angehalten. Das letzte große Tier des Rock muss sanft behandelt werden, sonst zerbricht es wie schon viele große Tiere vor ihm (Prince, Michael Jackson, Beatles).

Niemandem sonst, nicht mal ihren hundert Millionen Fans, müssen die Rolling Stones so dankbar sein wie den Journalisten, die ihnen seit 46 Jahren die ewig gleiche Frage stellen: Wann ist endlich Schluss mit eurer Truppe, ihr Rentner? Es ist allein diese Frage, die es ihnen ermöglicht, mit jedem Album und jeder Tour wiederaufzuerstehen und loszurennen wie der Duracell-Hase. Und je näher sie jetzt – alle Mitte sechzig – dem Zeitpunkt ihres wirklichen körperlichen Endes rücken, umso größer und legendenhafter scheinen sie. Richards hat sein letzter Sturz mehr geschadet, als er zugibt, heißt es. Sein Arzt soll ihm so ziemlich alles verboten haben, was früher Spaß gemacht hat.

Gefragt, warum er sich in »Shine a Light« nicht mit der Band unterhält, antwortete Martin Scorsese: »Es gibt nichts mehr zu fragen. Es sind die Stones! Sie wurden schon alles gefragt!« Stimmt nicht! Fragen an die Rolling Stones gibt's immer, auch 2008 noch. Und zwar genau drei:

1. Mick, warum werden Sie nicht dick?

2. Keith, wie verhält sich die Asche Ihres toten Vaters (angeblich hat er sie 2006 geschnupft) im Vergleich zu allem, was Sie sonst durch die Nase gezogen haben?

3. Mick, wie gefährlich ist die Männerfresserin Carla Bruni für den Weltfrieden? Immerhin hat Frankreich die Bombe. (Jagger war Anfang der Neunziger mal mit ihr zusammen und könnte Sarkozy sicher gut beraten, falls es Probleme gibt.)

Sorry, Ron. Sorry, Charlie.

Natürlich ist es toll, wenn die Band dann vor dir sitzt: Keith, der irgendwo im Haar eine Klapperschlange versteckt hat. Watts, der so gut angezogen ist. Jagger, der so brav wirkt in seinem hellen Hemd. Wood, der so nett lächelt. Das letzte große Tier des Rock ist höflich und bestens gelaunt, und die Journalisten befragen es wie einen Zeugen, der an Orten war, die die Journalisten nur vom Hörensagen kennen. Orte, an denen Heroinspritzen kreisen (Richards) und Whiskeyflaschen rumgereicht werden (Wood), Orte der Ruhe (Watts) und der vielen Frauen (Jagger). In 46 Jahren kommt viel zusammen. Die Journalisten begegnen den Stones wie Göttern. Als interviewten sie Pan. Die Stones flirten dabei mit der hübschen Blonden.

Ron fängt an. Er steckt ihr seine Zigarette zwischen die Lippen.

Mick schaut sie mit großen Augen an.

Keith knarzt mit den Zähnen wie ein Schiff im Sturm und sagt »Baby, Baby, Baby«.

Charlie lächelt nett.

Es ist ein Spiel, aber es ist auch Ernst. Es ist toll. Es ist einstudiert und spontan zugleich. Wie alles, was sie machen.

Mick, warum werden Sie nicht dick?

Jagger: »Es überrascht mich selbst. Es liegt wohl an der Ernährung in meiner Kindheit. Wir hatten nicht viel zu essen.«

Aber Sie sind doch ein Lehrerkind. Geld für Essen gab's doch genug!

Jagger: »Aber fast nie Fleisch.«

Ron Wood: »Ich sah mein erstes Steak mit vierzehn!«

Keith, es herrschte etwas Unklarheit darüber, ob Sie die Asche Ihres Vaters nun geschnupft haben oder nicht. Wie fühlt es sich an, wenn man ...

BESTEN DANK, NÄCHSTE FRAGE!!!, brüllt ein Bodyguard. Er springt plötzlich hinter einem Türrahmen hervor. Niemand wusste, dass er überhaupt da war. Die Frage nach der Gefährlichkeit von Carla Bruni können wir daher erst zur nächsten Tour stellen. 2014 oder 2037 wahrscheinlich.

Mein schneller Freund

Als ich dreizehn Jahre alt war, hatte ich mal einen Freund, der davon überzeugt war, der schnellste Junge der Welt zu sein.

Wenn ich sage »schnell«, dann heißt das nicht nur, dass er ein guter Läufer war (war er, aber am Sport hatte er irgendwann das Interesse verloren) – es heißt, dass er eine zwanghafte Obsession mit Geschwindigkeit überhaupt hatte; mit Geschwindigkeiten aller Arten: im Kopf, im Körper, im Handeln. Schnelligkeit, war er überzeugt, ist das höchste Gut des Menschen, die höchste Qualität, der einzige Gradmesser für den Fortschritt.

»Geschwindigkeit ist Effektivität«, sagte er immer, »Geschwindigkeit ist Erfahrung.«

Das Zimmer im Haus seiner Eltern war voller Insignien der Schnelligkeit. Er hatte Bilder von Geparden und Haifischen an den Wänden, Flugzeugmodelle und Raketen baumelten von der Decke, auf Tischen und Regalen standen Miniatur-Automodelle von Porsche, Lamborghini, Ferrari und Jaguar. Und obwohl er mit vierzehn noch keinen Motorrad Führerschein machen durfte, hatte er sich schon einen Helm besorgt: einen roten, mit aufgemalten Brandspuren an den Seiten und verdunkeltem Klappvisor. Den setzte er manchmal auf, wenn wir in seinem Zimmer Atari-Autorennen spielten.

Wie gesagt: All dies war lange vor dem ganzen Schumacher-Wahnsinn.

Er war mein bester Freund damals, ein paar Jahre lang Mitte der

Achtziger, und ich glaube, es lag daran, dass ich eben nicht so schnell war wie er: Während er schon wieder draußen auf der Straße war, um fahrende Autos mit Wasserbomben zu bewerfen, saß ich noch beim Mittagessen. Während er sich in der Stadt die neuesten, besten Platten kaufte, musste ich noch auf meine kleine Schwester aufpassen. Und während er abends im Kino saß und sich Horrorfilme ab 18 ansah, machte ich meine Schularbeiten.

Auch was die Mädchen betraf, war er schneller als ich.

Zu einer Zeit, als kurze Haare nicht gerade modern waren, rasierte er sich wegen des »geringeren Luftwiderstands« den Kopf mit dem Bartschneider – die Mädchen liebten es, ihm über die kleinen Stoppeln zu streichen. Zudem war er schlank wie ein Büßermönch, denn schlank war schnell und schnell war sexy für die Mädchen.

Auch mit Worten konnte mein Freund beeindrucken; und vieles drückte er in Maßeinheiten aus: »Das Licht der Sonne braucht auf seinem Weg zur Erde siebeneinhalb Minuten«, erklärte er mir. »Immer noch sehr langsam, wenn man sich's überlegt«, fügte er hinzu, so als habe er schon ein Konzept im Kopf, mit dem man die Lichtgeschwindigkeit verdoppeln könnte.

So war er.

Ich beneidete ihn sehr; so sehr, dass ich mich irgendwann von ihm zurückzog, weil ich in seiner Gegenwart noch langsamer wirkte, als ich ohnehin schon war.

Ein Jahr später, an einem Freitagabend, stand er vor meiner Tür. Ich trug schon einen Schlafanzug, weil ich mich auf einen Abend mit dem »Alten«, der damals noch von Siegfried Lowitz gespielt wurde, gefreut hatte.

»Hallo«, begrüßte er mich. Unterm Arm trug er den Motorradhelm, auf dem Gehweg stand ein altes Mofa. Er fragte, ob er mal kurz reinkommen könne, um sich zu verabschieden.

»Um dich zu verabschieden?«

Auf dem Plüschsofa meiner Eltern erklärte er mir bei einem Glas Wodka aus der Hausbar, dass er ein Mädchen namens Klara aus der

Oberstufe geschwängert habe; die Schule würden sie morgen verlassen. Er wollte sich einen Job am Hafen besorgen, sie irgendwo eine Ausbildung zur Sekretärin machen; eine gemeinsame Wohnung suchten sie schon, und wenn er alt genug sei, werde geheiratet, so er.

Geschwindigkeit ist Effektivität, Geschwindigkeit ist Erfahrung.

Irgendwas an seinen Augen irritierte mich.

Zwei Monate später war Klara wieder auf der Schule, aber nur kurz, weil sie immer wieder rückfällig wurde und das Heroin und die Schwangerschaft ihren Körper so sehr belasteten, dass sie in der Mathestunde vom Stuhl rutschte und bewusstlos am Boden liegen blieb.

Das Kind kam im Juli zur Welt, ein paar Wochen vor dem festgelegten Termin.

Von meinem Freund habe ich nie wieder etwas gehört.

So schnell war er.

Spazierengehen mit T. C. Boyle

Es ist sein Haus, so viel ist sicher. Es ist das sehr schöne 1909 von Frank Lloyd Wright aus rostrotem Redwood-Holz erbaute George-C.-Stewart-Haus in Montecito, Kalifornien, das nun von dem Schriftsteller T. C. Boyle bewohnt wird, mit dem ich verabredet bin.

Aber es hat keine Tür.

Jedenfalls keine, die man vom Zaun aus sehen kann.

Und ohne Tür kommt man nirgends rein, n'est-ce pas?

Ich hasse es, jetzt schon so anzufangen, aber es ist ein bisschen, als hätte er sich das ausgedacht. Ein Haus ohne Tür, das soll mir was sagen, das will was bedeuten im Freud-Jahr, das will ein ES-Haus sein oder ein ÜBER-Haus, das will, dass mir jetzt schon klar ist, dass es einen wirklichen Zugang zu seiner Schriftstellerseele im Gespräch niemals geben kann, das will das ganze Treffen hier mystisch aufladen und mir beweisen, wie clever und kreativ und irre er, der ...

»Mr. Fischer, nehme ich an?«

»Oh. Mr. Boyle, nehme ich an?«

Ich weiß nicht, wo er herkommt, aber er steht vor mir, und zwar GENAU so, wie ich ihn mir vorgestellt habe, genau so, wie er seit dreißig Jahren immer abgebildet ist, und das ist viel seltsamer, als wenn er anders ausgesehen hätte. Er, lang und dünn, trägt eine schwarze Hose zu schwarzem Langarm-Hemd zu schwarzem umgedrehten Barett auf dem Kopf zu schwarzen Zirbelbrauen und rotschwarzem Feuerbart, der was von einer dieser prähistorischen Pfeilspitzen hat, die im Museum manchmal in Glaskästen herumliegen und man sich nie anguckt. Der Schriftsteller T. C. Boyle, den wir anlässlich seines neuen Buchs »Talk Talk« bei sich zu Hause besuchen, ist zu gleichen Teilen

– Darth Vader
– leptosomer 58-jähriger Skatepunk
– Hippie mit Farbenallergie

und spricht sehr leise und angenehm.

»Entschuldigung, aber – woher kommen Sie bitte, Herr Boyle?«

»Ich wohne hier. Sehen Sie – das ist mein Briefkasten.«

»Ich meine nur, weil keine Tür zu sehen ist.«

»Ja, ist das nicht ein Wunder? Lloyd Wright war schon lange tot, als ich hier einzog, aber irgendwie scheint er gewusst zu haben, dass mir meine Privatsphäre sehr wichtig ist. Darum ist das Haus so angelegt, dass man von außen keine Türen sieht. Aber kommen Sie herein, bitte.« Das Tor knarzt beim Öffnen, ein leichter Hauch umweht uns, es riecht nach Eukalyptus. Von irgendwoher ein Schmetterling, so ein kleiner feiner Flattermann.

Irgendwie nicht überraschend, dass es so beginnt. Boyle ist nicht irgendein amerikanischer Schriftsteller. Auf eine gewisse Art und Weise ist er DER amerikanische Schriftsteller. Er ist so, wie man sich in Europa einen amerikanischen Schriftsteller vorstellt: komisches Leben, komische Bücher, komische Klamotten. Verschroben, individualistisch, linksliberal. Er durchlief, das wurde schon oft beschrieben, die klassische Schriftsteller-Lehre: Ex-Alkoholiker, Ex-Junkie, Ex-Musiker, Ex-Highschool-Lehrer. Bevor er nur noch fixen und trinken würde, schrieb er sich in den Siebzigern lieber bei John Cheever und Raymond Carver ein, den zwei Großmeistern der Kurzgeschichte. Seitdem ist er schreibsüchtig, heißt es, habe die Nadel gegen den Stift getauscht. Anfang der Achtziger erschien mit »Wassermusik« sein erster Roman, Welterfolg, seitdem bringt er fast jedes Jahr ein Buch heraus, gern auch ein dickes. Er ist sehr fleißig, steht um sieben auf und schreibt durch bis drei, täglich. Angeblich sollen sich auf dem Gelände hier auch noch seine Frau Karen und die Kinder Kerrie, Milo, Spencer befinden, aber von denen ist nichts zu sehen. Fremde, seltsame Welt.

»Der wohnt auch hier«, sagt Boyle und zeigt in die Luft.
   »Wer bitte?«
   »Der Schmetterling, sehen Sie doch hin! Es ist ein Monarch. Es ist sein Land, die Gegend hier in Montecito heißt Butterfly Lane. Die Schmetterlinge überwintern hier. Sie lieben den Eukalyptus, obwohl er erst seit knapp hundert Jahren in Kalifornien ansässig ist. Man importierte ihn aus Australien.«
   »Mögen Sie Kalifornien?«
   »Ich liebe es, und es liebt mich. Es hat das beste Klima. Das Meer ist nah. Man schwitzt nicht. Ursprünglich komme ich ja von der Ostküste, aus Peekskill.«
   »Reisen Sie viel?«
   »Nicht so wie man vermuten könnte. Ich muss nicht. Die Welt ist bei mir zu Haus.«
   »Ist aber Montecito, Kalifornien, nicht eine Welt, die mit dem Rest da draußen nicht viel zu tun hat? Ihre Nachbarn sind Oprah Winfrey, John Cleese, Steve Martin und geschätzte weitere 7453 Schauspieler oder Talkshow-Moderatoren mit einem Mindest-Jahreseinkommen ab 200000 Dollar. Kriegt man hier überhaupt mit, dass draußen Kriege, Terror, Armut herrschen? Hier, wo selbst Penner dreimal am Tag zu Starbucks gehen?«

Ein langer Blick aus dunklen Boyle-Augen.

Sein Erfolg ist schon irre. Seine Auflagen gehen in die Millionen. Irgendwie liest immer gerade irgendwo jemand ein Buch von T. C. Boyle, selbst die Leute, die sonst nichts lesen. Er ist so eine Art

Kultautor für alle. Während seine Kurzgeschichten oft was Absurdes haben, einer seiner frühen Helden ist der Surrealist Jorge Luis Borges, erzählen seine Romane vor allem groß angelegte, sauber gebaute Geschichten: In »Grün ist die Hoffnung« geht es um ein paar Kiffer, die mit einer Marihuanaplantage das Geschäft ihres Lebens machen wollen; in »Willkommen in Wellville« geht es um den amerikanischen Gesundheitswahn; in »Dr. Sex« um den irren Dr. Kinsey. Boyle hat immer ein Thema, über das man gut reden kann, das ist Teil seines Erfolgs. »Talk Talk«, sein elfter Roman, handelt von der gehörlosen Dana, die nach einer Routine-Verkehrskontrolle festgenommen wird, weil man sie in mehreren Staaten als Betrügerin sucht. Irgendein Typ finanziert sich seit Jahren ein Leben unter ihrem Namen, ihrer Sozialversicherungsnummer, ihren Kreditkarten. »Identitätsdiebstahl« ist seit Kurzem der Begriff dafür. Zusammen mit ihrem Freund Bridger macht sich Dana auf, den Jungen zu suchen.

»Folgen Sie mir«, sagt Boyle. »Ich zeige Ihnen den Garten.«
   Irre ich mich, oder trug er die Wanderschuhe eben auch schon? Ich könnte schwören, er hätte gerade noch rotschwarze Nike-Basketballschuhe angehabt. Fremde, seltsame Welt.

Auf den ersten Blick sah es gar nicht so aus, aber der Garten ist ein Dschungel. Sobald wir ihn betreten, verschluckt er uns. Eukalyptus, Olivenhaine, Bougainvilleen, Palmen und irgendwelches Gestrüpp, das auch er nicht näher spezifizieren kann. Plötzlich Zwielicht, obwohl es erst vier Uhr nachmittags ist. Vietnamgefühle. Ein Ast schlägt mir ins Gesicht.
   »Offensichtlich bevorzugen Sie Wildwuchs, Mr. Boyle?«
   »Unbedingt. Domestizierte Gärten sind die Pest. Wir sollten die Welt nicht zu sehr domestizieren. Tut weder uns noch der Welt gut.«
   »Freicamper, der Herr?«

»Sehr. Manchmal schlaf ich auch auf dem Balkon neben meinem Arbeitszimmer. Da bin ich dem Frank Lloyd Wright sehr dankbar, dass er praktisch schon achtzig Jahre im Voraus an mich gedacht hat.«

»Grüner Daumen?«

»Meine Frau meint, ich hätte ein gewisses Talent, ja. Aber wissen Sie, wie ich's mache? Ich kaufe im Pflanzenladen ein paar Samen und streue sie irgendwo hier aus.«

Inzwischen ist das Licht völlig verschwunden. Gefällt mir, ehrlich gesagt, nicht. Wird es gleich Blut regnen wie in seiner Geschichte »Bloodfall«?

»Mr. Boyle?«

Keine Antwort.

»MR. BOYLE?!?!«

Eine Stimme von irgendwoher: »Wo sind Sie denn, verdammt?«

»Zwischen der Palme und dem, äh, Busch!«

Das Gestrüpp teilt sich. Ein Boyle erscheint, er packt mich am Arm, zieht mich ins Dunkel. Ich denke gerade an die Welt aus »Grün ist die Hoffnung«, da wird mein Fuß nass und von irgendeiner Kraft nach unten gezogen.

»Ich glaube, ich versinke, Mr. Boyle.«

»Oh, dann stehen Sie wohl im Teich. Den habe ich selbst angebaut. Sind sogar Fische drin.«

Rascheln im Gebüsch, obwohl sich keiner von uns bewegt hat.

»Was war das, Mr. Boyle?«

»Bär oder Waschbär, weiß nicht so genau. Vielleicht sollten Sie vorsichtshalber stillhalten.«

»BÄR? HIER? IN MONTECITO, DEM REICHSTEN DORF AMERIKAS? BEI OPRAH IN DER NACHBARSCHAFT?«

»Wir sind in Kalifornien, Junge. Manchmal kommen ein paar von ihnen aus den Bergen zu uns runter. Sie lieben das Klima. Und die Mülltonnen, die wir ab und zu vergessen zuzumachen, natürlich. Erst vor ein paar Tagen, es war noch früh ...«

»Können wir den Garten verlassen, bitte? Jetzt?«

»Angst?«

»Ja.«

Zwei Schritte nach rechts, Licht, Licht, Licht, und wir stehen vor einer Hütte.

»Voilà, das Gästehaus! Nehmen Sie auf der Veranda Platz, ich hole so lange den Wein. Ein 2003er Sanford Chardonnay ist genehm?«

»Durchaus.«

Sosehr ich mich auch drehe und wende, vom Haupthaus, von der Frank-Lloyd-Wright-Villa, ist nichts zu sehen. Verschluckt? Das Gästehaus hingegen könnte genauso an der Baumgrenze der Rocky Mountains herumstehen. Zeitgefühl: Frühes 20. Jahrhundert, die Zeit von »Riven Rock«. Langsam verstehe ich, was Boyle mir zeigen, beweisen will.

Der Wein ist sehr gut. Ich werde morgen zehn Flaschen davon kaufen. Überhaupt ist es sehr gut in Kalifornien, das nur am Rande.

»Sie haben wirklich ein großes Grundstück, Mr. Boyle.«

»Es wirkt viel größer, als es ist. Ich habe Sie ein bisschen im Kreis rumgeführt. Die Größe aber ist nicht entscheidend.«

»Sondern?«

»Es kommt nicht darauf an, wo man wie ist und wie groß oder klein etwas ist. Es kommt nur darauf an, wie man etwas macht.

Es ist wie in der Literatur. Wollen Sie eine 20-Seiten-Geschichte oder eine, die 450 Seiten lang ist? Man muss die Tricks und Wege kennen, etwas so wirken zu lassen, wie man will, dass es wirkt. Jeder Text muss hinüberführen in eine andere Welt.«

»Erzählen Sie das auch Ihren Studenten?« Er ist Dozent für Creative Writing an der University of Southern California.

»Ich sage: Gebt mir einen ersten Satz, und ich sage euch, ob ich den zweiten auch noch lesen will.«

»Einen schönen ersten Satz, bitte!«

»‹Bill und Arlene Miller waren ein glückliches Paar.«

»Cheever? Chaucer? Hemingway?«

»Wollen Sie mich verarschen? Der große Ray Carver!«

»Noch einen, bitte.«

»›Es war jetzt Essenszeit, und sie saßen alle unter dem doppelten grünen Sonnendach des Speisezeltes und taten, als sei nichts passiert.‹«

»Jetzt aber – Hemingway! ›Das kurze glückliche Leben des Francis Macomber‹?«

»Habe ich für Sie getan.«

»Warum hassen Sie Hemingway so sehr?«

»Bitte?«

»Ab und zu machen Sie sich über ihn lustig, besonders in Ihren Kurzgeschichten.«

»Das stimmt, aber ich hasse ihn nicht. Ich schätze ihn sogar dafür, dass er die Literatur so vom Stuck befreit hat, wie es der Punk mit dem Siebziger-Rock gemacht hat. Ich glaube nur, dass sein Schriftsteller-Prinzip ›Bereise die Welt und töte alles, was dir vor die Flinte kommt‹ heute, wo so viele Lebewesen bedroht sind, etwas modifiziert werden muss.«

»Was ist das Schriftsteller-Prinzip von heute?«

»Bereise die Welt und umarme einen Baum.«

Dass er grüner ist als Claudia Roth, zeigte er auch in dem Buch »Ein Freund der Erde«. Würden wir Claudia Roth befragen, würde sie sagen, sie sei ein ›sehr großer Fan‹, jede Wette.

»Wie kamen Sie auf die Idee mit dem Identitätsdiebstahl?«

»Es ist überall, man muss nur die Augen aufmachen: In den Zeitungen, im Fernsehen. Freunde redeten darüber, denen es passiert ist.«

Stimmt tatsächlich. Ist sogar mir mal passiert, dass irgendein Vogel meine Kreditkarte klaute und für 12 000 Euro auf Sylt Juwelen
shoppen ging. Und als ich vorhin herfuhr, kam sogar im Autoradio
was drüber, in einer dieser Talksendungen:

Gast: »Was kann man tun, damit kein Mensch auf meine Rech-
nung lebt, ohne dass ich was davon mitkriege?«
Moderator: »Sammeln Sie Ihre Belege und Ausdrucke. Vernichten Sie sie, wenn Sie sie wegwerfen, damit sich keiner die Nummern abschreiben kann. Kontrollieren Sie sie immer.«
Gast: »Sonst kann ich nichts machen?«
Moderator: »Doch. Kündigen Sie Ihr Konto, leben wie im Jahr
1874 und fangen wieder damit an, Ihre Rechnungen in bar zu zahlen. Das wäre das Ende der Banken, insofern eigentlich gar nicht
so uninteressant.«

»Warum musste es eine Gehörlose als Protagonistin sein?«
»Ein Freund von mir, Zahnarzt und Single, und ich gingen während meiner Recherchen was trinken, da erzählte er mir von dieser
wunderschönen Frau, die zu ihm in die Praxis kam. Er war sofort
verliebt, doch als er sie fragen wollte, ob sie mal mit ihm ausgehe,
kam keine Antwort. Stattdessen gebärdete sie etwas, was er nicht
verstand.«
»Wahre Geschichte?«
»Aber ja. Ich hatte eine Protagonistin für meinen Roman und
machte mich an die Arbeit, besuchte ein Taubstummen-College
etc.«
»Wo ist die Frau heute?«
»Was weiß denn ich?«

Das Surreale fußt im Realen und umgekehrt, sagte Borges mal, der
kluge Fuchs.

»Warum sehen Sie so aus, wie Sie aussehen, Mr. Boyle?«

»Es ist der tief empfundene Ausdruck meiner Individualität.«

»Sind Sie eher Punk oder Hippie?« Solche Fragen hasst er, das ist klar.

»Ich bin ich.« Solche Antworten hasse ich, das ist klar.

»Was ist das Schlimmste an den USA?«

»George W. Bush und Menschen, die während des Autofahrens telefonieren.«

»Darf ich jetzt das Haus sehen? Das Haus, das keine Türen hat?«

»Jeder will das Haus sehen. Warum eigentlich?«

»Man verspricht sich Antworten auf die Fragen, die man hat. Man hofft, dass die Gegenstände zu einem sprechen. Außerdem ist es eine Designerhütte.«

Wieder ein langer Blick aus dunklen Boyleaugen. Und ein kleines Lächeln. Sind Ironie und Sarkasmus dasselbe?

Zwei Minuten später befinden wir uns unter einer Freeway-Unterführung. Etwa 123446448 Autos fahren pro Sekunde über uns hinweg und klingen wie 43538339 startende Flugzeuge. Von irgendwoher meine ich, die Brücke zu kennen, nur woher fällt mir grad nicht ein.

»UND DAS IST WIRKLICH DER WEG ZURÜCK ZU IHREM HAUS?«, brülle ich. »ICH ERINNERE MICH GAR NICHT, DASS WIR DIESEN WEG GEKOMMEN SIND.«

»DOCH, DOCH!«, brüllt Boyle zurück. »SICHER, KUMPEL!«

Auf einmal ist da ein Strand.

»Butterfly Beach«, sagt Boyle. »Sie erinnern sich an den Monarchen von vorhin. Sein Strand.«

Es ist wirklich ein sehr schöner Strand. ›Drop City‹, denke ich, den kennst du aus ›Drop City‹. Oder doch aus ›Riven Rock‹? Oder einer Kurzgeschichte aus ›Schluss mit cool‹?

»Das Traurigste an Amerika ist, dass keiner mehr liest«, sagt Boyle mit Blick zum Horizont. »Der Niedergang unserer Kultur ist unaufhaltsam. Gestern hörte ich im Radio einen zukünftigen Bewerber ums Gouverneursamt sprechen. Er hatte zehn Minuten Zeit. Zehn Minuten sind eine Menge. In zehn Minuten können Sie ein Leben erzählen. Wissen Sie, worüber er sprach?«

»Nö.«

»Über Jesus. NUR über Jesus, die Bibel und die Zehn Gebote. Diesen Religiositätswahn haben wir Bush zu verdanken. In zehn Jahren, ich schwöre es, sind die USA ein Gottesstaat. In zehn Jahren sieht es hier aus wie in dem Film »Mad Max Beyond Thunderdome«.

»Wo Tina Turner mitgespielt hat?«

»Ganz genau.«

»Entschuldigung, Mr. Boyle, aber das ist ein Strand hier. Man soll sich hier gut fühlen. Sehen Sie – da sind Menschen in Bikinis und Badeanzügen. Sie schwimmen im Meer wie Robbenbabys. Sie lachen. Warum schwimmen Sie nicht auch?«

»Der Niedergang ist unaufhaltsam«, sagt er nur und knetet seinen Totenkopfring am Finger. Ein niedergeschlagener Darth-Vader-Skatepunk-Hippie. Gäb's ihn als Comic, bräuchte man bloß einen schwarzen Filzer.

Dann, aber mehr zu sich selbst: »Ich muss dafür sorgen, dass man mich ins Arabische übersetzt. Das Problem ist nur, dass das auch alles Gottesstaaten sind.«

Und ein Boylelächeln.

Eine der Geschichten, die es über ihn gibt, ist die, dass er 1973, mit 25, auf einmal entschied, nie wieder fernzusehen, weil er überzeugt war, dass es seine Synapsen auf ewig verändern würde, ähn-

lich wie Nikotin die Rezeptoren im Hirn. Wie ernst er es meint,
wird klar, wenn er vom 11. September erzählt. Er steckte gerade an
der Arbeit zu »Drop City«. Auf einmal stand seine Frau im Arbeitszimmer: »Es ist etwas passiert, Tom.« Sie klopfte tatsächlich an,
bevor sie reinkam. Er ging zum Fernseher, schaute sich zehn Minuten lang die zusammenfallenden Türme an und kehrte zum Buch
zurück, das er vier Wochen später beendete, ohne auch nur noch
ein einziges Mal Nachrichten gesehen zu haben. Nicht unwahrscheinlich, dass er der einzige Amerikaner ist, der es so gemacht
hat. Aber wenn er sich einmal für etwas entscheidet, bleibt er
dabei. Darum hat er seit dreißig Jahren denselben Schmuck,
denselben Bart, dieselbe Frisur, denselben Agenten. Und dieselbe Frau, auch wenn sie bislang verschwunden bleibt. Sie, die
ihn »menschlich macht«, wie er sagt. In der Tat können das nur
Frauen.

»Würden Sie sich erschießen wie Hunter S. Thompson, wenn Sie
nicht mehr schreiben könnten?«

»Ehrensache.«

Er kann das so sagen, weil er so, wie er arbeitet, auch dann noch
Romane schreiben wird, wenn aus den USA nach dem Mad-Max-
Stadium wieder eine Demokratie oder ein Königreich oder eine
iranische Kolonie geworden ist. Unvorstellbar, dass ihm eines Tages
nichts mehr einfällt. Etwas Unzerstörbares ist an ihm, wie an so
vielen Amerikanern, so dick, dünn, lang sie auch sein mögen.

»Und der Tod ist ein Idiot.«

Dann, endlich, sind wir vor seinem Haus, der Lloyd-Wright-Villa.
Der Weg zurück kam mir viel kürzer vor als der hin, aber es war ja
auch ein Weg, der weniger mit den Füßen als im Kopf zurückgelegt
wurde, durch Boyle-Land, das Wunderland, den Wald der Zeichen.
Und dies ist nun sein Zentrum.

Es ist ein komisches Haus. Das erste, das Lloyd Wright in Kalifornien gebaut hat, das erste seines Prärie-Stils, der sich eher horizontal zum Boden in die Landschaft duckt, als über sie hinauszuragen. Das Haus, fast komplett aus Holz, ist kreuzförmig angelegt, sodass es in jeder Himmelsrichtung über einen autarken Bereich verfügt. Dazu überrascht es: An einigen Stellen ist die Decke keine zwei Meter hoch, sodass der Riesenboyle fast mit seiner Vogelnestfrisur anstößt, dann wieder gibt es den Blick fünf, sechs Meter hoch bis zum Dach frei. Es engt ein und befreit gleichzeitig, wie ein Bild mit Rahmen, wie Seiten in einem Buch. Es ist dem Garten, der es umgibt, nicht unähnlich. Es ist der Boyle-Welt, die es umgibt, nicht unähnlich. Und Türen gibt's auch. Bloß waren sie von der Straße aus nicht zu sehen.

Boyle will zurück zu dem neuen Buch, an dem er gerade arbeitet. Wieder was über eine Figur der amerikanischen Kulturgeschichte, so wie bei Kinsey, aber mehr will er noch nicht sagen.

»Wo wir vorhin kurz vom Tod redeten – wer ist eigentlich der bestaussehende tote alte Mann aller Zeiten?«, fragt er an der Tür, die es dann doch gibt.

»Samuel Beckett vielleicht?«

»Stimmt. Er hatte diese unglaublichen weißen Haare bis zum Schluss.«

»Ja. Und er war so unglaublich schlank.«

»Alle Alten sind schlank. Die Dicken sterben vorher. Wer richtig alt wird, wird richtig dünn, ist es nicht so?« Zum ersten Mal heute sieht er so jung aus wie seine Protagonisten, die fast immer Mitte dreißig sind. So wie alle in Kalifornien.

Hundebellen und eine Frauenstimme dringen zu mir herüber, als ich zum Wagen gehe. Boyles andere Welt öffnet sich, die reale aus dem Nord- oder Südflügel des Hauses, die ihm die Existenz der vielen fiktiven erst möglich macht. Der Schmetterling von vorhin setzt sich auf meine Schulter, er sagt: »Schreib über mich, ich bin doch hübsch.« Ich will nicht, dass er mich wieder verlässt, darum gehorche ich.

Baden mit einem Yakuza

Ich lernte Kitazawa-San vor einer Woche im Schlamm kennen.

Es war ein langer Tag gewesen: Die Hälfte davon hatte ich im Schnellzug Shinkansen verbracht, das war noch angenehm, weil mir alle zwanzig Minuten frischer Tee serviert wurde und die Bedienung mich anlächelte, als sei mein Vorname Joschka, nicht Marc – doch als ich in den Lokalzug nach Beppu stieg, kamen die Schmerzen wieder, die ich gerade in den heißen Quellen von Fukuyama kuriert zu haben glaubte. Es begann mit einer Art Kribbeln im Rücken, das langsam die Wirbelsäule heraufkroch und mit jedem Zentimeter mehr zu einem Stechen wurde, das sich bald so anfühlte, als steckte ein Samuraischwert in meinem Rücken. Die Tatsache, dass ich außerdem noch Liebeskummer und eine Sommergrippe hatte, machte die Dinge nicht einfacher – und weil auch alle Schmerzmittel aus waren, nahm ich in Beppu sofort den Zug zu den Thermalquellen von Yufuin, um mich ein wenig auszuruhen. Dort, im Schlammbad, traf ich Kitazawa San.

Es gab eigentlich keinen Grund zu reden, geschweige denn, sich anzufreunden, doch weil Kitazawa-San und ich die einzigen Irren waren, die bei 30 Grad im Schatten in einem 45 Grad heißen Schlammbad zu Füßen des Mount Yufuin saßen, während die Schweißtropfen noch vor dem Herabfallen auf unseren Gesichtern verdampften, muss sich so etwas wie eine Art Verbundenheit eingestellt haben.

Jedenfalls kam er zu mir herüber, um sich vorzustellen. Als er sich erhob und der heiße Schlamm von seinen Armen rutschte, bekam ich den ersten Schreck; und der zweite folgte, als er mir die rechte Hand reichte, um zu zeigen, dass er weiß, wie man einen Europäer begrüßt: Kitazawa-San ist nicht nur fast am gesamten Oberkörper mit einem Gewirr aus Blumen und Drachen tätowiert – ihm fehlen auch drei Fingerglieder.

Kitazawa-San ist ein Yakuza.

Ich weiß nicht, wie vertraut Sie mit der Unterwelt Japans sind, doch bestimmt haben Sie schon mal von der Yakuza gehört, der Mafia, die in den Großstädten des Landes die Rotlichtgeschäfte kontrolliert und sich um viele Bankgeschäfte kümmert, um Grundstücksmakeleien und – nun ja – Schutzmaßnahmen für Einzelhandelsunternehmen. Wer immer schön bezahlt, merkt nichts von den Yakuza, erklärte mir mal ein japanischer Freund – und wer nicht immer so schön bezahlt, bekommt irgendwann Besuch von einem Typen wie Kitazawa-San: dem kräftigen Kerl mit den Tattoos, der nun neben mir in der Brühe saß.

Das Erste, was ich dachte, war: Ich bin nicht nach Japan gekommen, um mich mit einem Mafioso zu unterhalten, dem von seinem Boss die Finger abgehackt wurden, weil er irgendeinen Mist gebaut hat. Ich kam her, um die heilende Kraft des Onsen zu spüren, des Badens in den heißen Thermalquellen, von denen auf den japanischen Inseln Tausende aus dem Vulkangestein sprudeln. Ich wollte herausfinden, warum die Japaner die gesündesten Menschen der Welt sind und so alt werden wie niemand sonst – und Onsen, hatte ich gehört, sei einer der Hauptgründe dafür.

Denn so wie es in Deutschland und Amerika für jede Beschwerde eine Pille gibt, gibt es in Japan für jede Krankheit ein Bad. Es gibt Thermalquellen, Schlamm- und Sandbäder gegen Erkältungen und Ekzeme, Arthritis und Rheuma, Verdauungsprobleme und Blutarmut. Es gibt Quellen gegen Bandwürmer, Syphilis, nervöse Zuckungen, schlechte Augen, Krebs und Potenzprobleme, und –

behaupten jedenfalls die Japaner – es gibt sogar Quellen für Schönheit und ewige Jugend.

Einige dieser Orte hatte ich schon gesehen auf meiner Reise: In Tokyo erkundete ich die alten Badehäuser von Aoyama, in denen sich spätnachts nach der Arbeit die Angestellten der Werbefirma Dentsu treffen, um bei einem Glas Sake den Kampf gegen die amerikanischen Marketing-Konzerne zu vergessen. Auf der Halbinsel Izu, südwestlich von Tokyo, verstand ich zum ersten Mal den Feriencharakter des Badens: Charterbusse mit Familien stürmen dort jedes Wochenende die Hotels der Orte Atami, Ito und Shimoda, bloß um zu schlafen, zu essen und in den Thermalquellen zu schwitzen – und, so gestärkt, am Sonntagabend wieder in ihre 40-qm-Wohnungen in Yokohama zurückzukehren und die Klimaanlage hochzudrehen. In Ito war es auch, wo ich mich in Yasuko verliebte, eine junge Perückendesignerin aus Sapporo, die ich beim Ausdampfen im wunderschönen Ziergarten des Yonewaka-So Hotels kennenlernte. Doch weil Yasuko bald einen ihrer Kunden heiraten wird, blieb uns nicht mehr als gemeinsames Teetrinken. Auch darum wurden meine Beschwerden immer schlimmer – bis ich Kitazawa-San kennenlernte, denn er war ebenfalls auf der Suche nach Heilung.

»Nach seelischer Heilung«, wie er sagte.

Kurz war ich versucht, ihn zu fragen, was er Schlimmes getan habe in seinem Leben, doch als ich ihn genauer ansah, entschied ich mich dagegen. Es ist vielleicht ganz gut, nicht genau zu wissen, was die Tätowierungen bedeuten und wo all die Narben herkommen, dachte ich, und über die Fingerkuppen möchte ich erst recht nichts herausfinden.

Eine gute Entscheidung, denn schnell stellte sich heraus, dass Kitazawa ein Badeprofi war, und zwar der beste, den ich bislang kennenlernte: Seit vier Monaten war er schon auf der Reise durchs Land, von Hokkaido aus hat er sich heruntergearbeitet über die Quellen von Nikko und die Schlammbäder von Renge, und, so

Kitazawa, was seinen Heilungsprozess betrifft, macht er gute Fort-
schritte – sogar sein Bandwurm sei geschrumpft.

Es stellte sich ebenfalls heraus, dass ich mit meiner Baderei bislang ziemlich viel falsch gemacht hatte.

Und so verriet Kitazawa mir am nächsten Tag in den dampfenden
Quellen zwischen Beppu und Oita das Geheimnis des Badens.

Es war die Sonnengöttin Amaterasu, die vor Millionen von Jahren
die heißen Quellen geschaffen hatte, um Menschen und Tiere zu
heilen, so Kitazawa, während wir mit seinem Wagen durch eine
Hügellandschaft aus tiefstem Grün fuhren. Darum sei es wichtig,
jedes Bad mit großer Ruhe zu beginnen, und immer zuerst mit einer Waschung, um die Götter nicht mit Körperdreck zu beleidigen.
Die meisten Europäer stürzen sich einfach so in eine Fünfzig-
Grad-Brühe und wundern sich darüber, dass ihr Schnupfen nicht
weggeht und das Rheuma sogar noch schlimmer wird – für Kitazawa ein Wahnsinn, denn wie jeder Mensch ist auch jede Quelle eine
Persönlichkeit für sich, und was bei einer gesund ist, kann bei einer
anderen schon schädlich sein.

Wer gut baden will, muss also nicht nur über die Art der Quelle
nachdenken, sondern auch über ihre Temperatur, die Härte oder
Weichheit des Wassers und seine chemische Zusammensetzung:
Viel Eisengehalt ist gut fürs Blut, Schwefel hilft den Bronchien,
Alkaline machen die Haut weich – und bevor man bei 45 Grad ba-
det, sollte man zuerst eine Viertelstunde lang mit 25 Grad trainiert
haben, um keinen Herzkasper zu kriegen.

»Es ist eine Wissenschaft«, sagte Kitazawa, »ich nenne sie die Wissenschaft des Schwitzens – man verbringt ein Leben damit, sie zu
erforschen.«

So machten wir es an diesem Tag, Kitazawa-San und ich: Wir
fuhren von Quelle zu Quelle, ließen uns von Frauen mit Sonnen-
hüten auf dem Kopf in heißen Schwefelsand einbuddeln, aus dem
wir so erhitzt entstiegen, als hätten wir eine Woche in einer türkischen Sauna verbracht. Wir wühlten uns mit alten Männern durch

Schlamm in allen möglichen Grautönungen und spürten, wie er unsere Knochen kräftiger und unsere Haut zarter machte. Und zwischendurch entspannten wir immer wieder auf Tatami-Matten in den Ruheräumen, die zu jedem Onsen-Bad gehören, und aßen plattenweise Sushi und Sashimi und tranken kaltes Kirin-Bier dazu, das unsere Körper erfrischte, wie es nur Bier fertigbringt.

Besonders nach dem Baden, das merkte ich an diesem Tag, zeigt sich, dass Onsen auch Orte der Kommunikation und des Friedens sind, denn so, wie die Quellen den Kreislauf anregen, regen sie auch die Gemüter der Menschen an, besonders die der Stadtmenschen, die sonst nicht mehr oft in die Natur kommen. Kitazawa-San und ich lachten mit vielen Japanern an diesem Tag, und weil Kitazawa so charmant war, hatte kaum einer Angst vor seinen Tätowierungen.

Gegen Abend merkte ich, wie ich begann, mich besser zu fühlen: Mein Rücken war elastisch wie einer dieser Eisenfedern-Expander, für die sie im Fernsehen nachts Werbung machen, und mit jedem Atemzug vertrieb ich mehr Grippeviren aus meinen Bronchien. Ja, fast hatte ich sogar das Gefühl, meine Kurzsichtigkeit würde sich verbessern und meine Dioptrienschwäche geringer werden – und auch die Perückendesignerin war auf einmal vergessen.

»Kitazawa-San«, sagte ich, während wir in einer leicht rot gefärbten Eisenquelle mit Blick auf einen japanischen Schwarzpinienwald saßen, »ich habe das Gefühl, alles viel klarer zu sehen.«

»Das ist die Kraft des Onsen«, sagte Kitazawa und lächelte.

»Sie lässt deine Seele strahlen.«

Dieser Satz ist der Grund dafür, dass ich Kitazawa-San fragte, ob er mich nicht mitnehmen könne auf seine Reise in die Seelenreinigung, die genauso eine Reise in die Seele Japans ist – denn die Seele dieses Landes, so Kitazawa, ist nicht an der Oberfläche zu erkennen. Die Seele Japans steckt nicht zwischen den Hochhäusern von Tokyo, sie steckt nicht in den Platinen und Chips der

Computer, Handys und Walkmen – sondern unter der Erde, bro-delnd, wohltuend und immer in Bewegung.

»Aus den Quellen kommen wir, und in die Quellen werden wir zurückkehren«, sagt Kitazawa.

Seit ein paar Tagen sind wir nun unterwegs und werden immer sauberer und gesünder, jetzt gerade im Arita Kanko Hotel, einem Onsen, der in hundertzwanzig Meter Höhe auf einer Gebirgsklip-pe liegt, von der aus man den Pazifik überblicken kann.

Der Blick ist berauschend, so wie das Fünfzig-Grad-Bad mit an-schließender Massage, das ich gerade hinter mir habe, darum wer-de ich übermütig.

»Was passiert eigentlich, wenn man ganz gereinigt ist?«, frage ich Kitazawa, meinen Badephilosophen. »Ich meine: Wenn sämtlicher Schmutz aus deinem Körper verschwunden ist und alle Sünden getilgt sind – was machst du dann?«

Kitazawa sieht mich überrascht an, als hätte ich eine sehr dumme Frage gestellt.

»Vom Buddhismus hast du schon mal gehört, oder?«

»Ja.«

»Und vom Prinzip der ewigen Wiederkehr auch?«

Ich verstehe erst, als Kitazawa seine Hand vor mein Gesicht hält, die Hand mit den fehlenden Fingergliedern.

»Auch ein gereinigter Yakuza bleibt ein Yakuza«, sagt er und lacht, so laut, wie ich noch nie jemanden habe lachen hören.

Es ist ein guter Witz, ein sehr guter sogar, aber irgendwas daran, wie Kitazawa es sagt, lässt mich aufspringen vom Tisch mit dem dringenden Bedürfnis, ganz schnell noch ein Bad zu nehmen – ein besonders heißes diesmal, und, zum ersten Mal seit langer Zeit, eins, das ich sehr gern allein genießen würde.

Warum ich nie Terrorist werden wollte

Neulich hatte ich einen sehr angenehmen Sonntag geplant. Nachdem ich meine Wohnung geputzt hatte (mach' ich noch selbst), legte ich mich auf die Couch, um etwas zu tun, was ich schon lange vorhatte: die letzten hundert Seiten des Buchs »Moby Dick« von Herman Melville lesen.

Es ist eine komische Geschichte mit mir und diesem Buch, denn selbst gelesen habe ich es eigentlich noch nie. Mein Vater las es mir jeden Abend vor, als ich sieben war, wir begannen im Juli 1977 und kamen gut voran mit der Geschichte bis zu der Stelle, als der Harpunier Queequeg sich seinen Sarg zimmern lässt. Dann, am 5. September, war auf einmal Schluss. Es war der Tag, an dem Hanns Martin Schleyer von der RAF entführt wurde.

Das hätte die Abendgestaltung in den meisten Familien nicht weiter gestört, doch bei mir war es anders, denn mein Vater war damals Polizist bei der Hamburger Kriminalpolizei und kam in den nächsten Monaten nie vor ein Uhr morgens nach Hause, zu spät, um mir zu berichten, wie es mit Queequeg, dem Erzähler Ismael, Käpt'n Ahab und dem Wal weitergeht. Stattdessen suchte mein Vater mit entsicherter Pistole nach konspirativen Wohnungen, lief da herum, wo einige Jahre vorher der Polizist Norbert Schmid erschossen worden war, und wurde nachts von neuen Anordnungen des BKA-Chefs Herold geweckt. Als auch noch die Nummer mit der »Landshut« dazukam und die Selbstmorde in Stammheim, war die Hysterie gar nicht mehr zu stoppen.

Die RAF und der heiße Herbst, den sie veranstaltete, dachte ich also auf der Couch, sind schuld daran, dass ich das Ende von »Moby Dick« nie erfahren habe. Es ist eine komische Geschichte mit mir und der RAF. Erst neulich erzählte mir der Autor Uwe Kopf, er wäre in den Siebzigern liebend gern in den Untergrund gegangen, hätte er nur gewusst, wo sich der befand. Als ich Uwe erklärte, er hätte damals nur in irgendeinem linksradikalen Studentenblatt eine Anzeige »Mitbewohner gesucht« schalten müssen, damit ein paar Stunden später Baader, Ensslin, Meinhof, die Prolls und Boock vor der Tür stehen, schwieg Uwe – vielleicht deshalb, weil er sich gerade überlegte, wie er die Terroristen in seiner 60-qm-Wohnung untergebracht hätte. Und dazu noch die ganzen Waffen! Und das Geputze hinterher! (Uwes Wohnung ist sehr viel größer als meine.)

Ich dagegen wollte nie bei den Terroristen mitmachen, auch später nicht, als sie alle schon so lange tot waren, dass sie zu Legenden wurden.

Meine Abneigung gegen die RAF hat nicht bloß damit zu tun, dass mein Vater den Worten von Ulrike Meinhof nach ein Schwein war, das es umzubringen galt, und mir die Gesichter auf den Fahndungsplakaten so vorkamen, als sei jedes einzelne von ihnen bloß darauf aus, unseren Opel Kadett zu sprengen. Es liegt auch nicht daran, dass ich generell gegen bewaffneten Widerstand bin: Den Kampf, den Menachem Begin und die Irgun in Israel gegen die Briten veranstalteten, um den Judenstaat zu erzwingen, verstehe ich genauso wie den Aufstand der kubanischen Revolutionäre gegen das Batista-Regime. Den Terror der PLO konnte ich ebenfalls nachvollziehen – würde mich jemand aus meinem Land werfen wollen, könnte auch ich zum Krieger werden.

Nein, dass ich die RAF nicht mochte, hat vor allem mit meinem Sinn für Stil und Anstand zu tun, und der fehlte der RAF leider völlig.

Sexy, lässig, gut gekleidet und glamourös wie Popstars – so sehen viele meiner Bekannten Baader und Ensslin noch heute. Sie sagen, dass Baader ein cooler Hund war, weil er Autos klaute, eine Sonnenbrille trug und Frauen, auch die Ensslin, gern »Fotzen« nannte. Sie verehren Baader, weil er eine Jeans anhatte, die so eng war wie die von Jim Morrison, sehr eng also, und weil Baader die Betten seiner Künstlerfreunde, in deren Wohnungen er sich versteckte, enteignete mit den Worten »Alles für die Revolution!«, um sich selbst reinzulegen.

Entschuldigung, aber: Seine Geliebte eine Fotze zu nennen, finde ich auch unter Terroristen sehr unhöflich, und ich bezweifle stark, dass Clyde Barrow, mit dem Baader oft verglichen wurde, seine Kumpanin Bonnie jemals so angeredet hat. Warum Jim Morrison Glamour verkörpern soll, verstehe ich bis heute nicht: Morrison sah aus, als würde er schlecht riechen, dazu schrieb er Gedichte, die noch schlechter rochen. Und nennt mich einen Spießer, aber wenn mich irgendjemand, selbst ein Terrorist mit einer Heckler & Koch im Anschlag, aus meinem Bett vertreiben wollte, würde ich ihn, ohne noch mal nachzudenken, mit der Nachttischlampe meiner Freundin erschlagen.

Was nach all diesen schlechten Umgangsformen ästhetisch von den Terroristen übrig bleibt, sind Sonnenbrillen und geklaute Autos. Gegen die Brillen hab' ich nichts, aber jemanden zum Idol zu machen, bloß weil er eine Sonnenbrille trägt, ist in etwa so, wie sich in jemanden zu verlieben, nur weil er Pizza mag oder gern mal ein Bier trinkt oder ähnlich superindividualistische Dinge tut. Und seit ich mein eigenes Auto mal geknackt habe, weil ich den Schlüssel verloren hatte, weiß ich, dass es wirklich so leicht ist, wie sie es in den Filmen immer zeigen. Man muss nur die Kabel rauswühlen.

Anstelle von Baader war mein Vorbild aus den Siebzigern eher der Schauspieler James Garner, der in der Serie »The Rockford Files« den Privatdetektiv Jim Rockford verkörperte. Garner war so, wie Männer sein müssen: entschlossen, smart und anständig, ohne sich anzubiedern – kein Proll wie Baader, sondern ein Gentleman, der nur zuschlug, wenn es wirklich nicht anders ging.

Klar gab es auch an der RAF ein paar Dinge, die mir gefielen, besonders zu Anfang. Das Heimkind Boock, von RAF-Sympathisanten als Verräterschwein verschrien, war mir in seiner Verlorenheit immer sympathisch, genauso Meinhofs Analysewahn, der auch Reich-Ranicki beeindruckte – und beim Stammheim-Prozess den US-Präsidenten Nixon in den Zeugenstand zu rufen, um zum Vietnamkrieg auszusagen, ist nicht nur eine sehr lustige, sondern auch eine sehr gute Idee, gerade heute. Die Triebfeder der RAF aber, und das macht den Unterschied zu Irgun, PLO und Castros Rebellen, war nie eine direkte Unterdrückung, sondern das Leiden an der eigenen Herkunft, an Hitlerdeutschland. Anstatt aus dieser völlig richtigen Empfindung aber mit friedlichen Mitteln Altnazis und Mittäter aufzuspüren und die Auseinandersetzung mit ihnen zu erzwingen, meinte die RAF, den nicht existenten bewaffneten Aufstand der Deutschen gegen die Nazis mit einem existenten Aufstand gegen die BRD nachholen zu müssen. In dieser Mischung aus heroischer Underground-Inszenierung und Selbstjustiz fiel die RAF in die Hölle, und genau dieser Egoismus und die Selbstgerechtigkeit waren unerträglich. Und, ich sag's noch mal: stillos, bis zum Ende. Mord sieht einfach scheiße aus.

Trotzdem gibt es eine einzige tiefe Gemeinsamkeit zwischen Baader, Ensslin und mir, die nicht wegzuleugnen ist: »Moby Dick«. Der Roman, das ist in Stefan Austs »Baader-Meinhof-Komplex« sehr schön nachzulesen, war auch das Lieblingsbuch von Baader und Ensslin. Mein Vater, der Polizist, hatte also denselben Buchgeschmack wie seine Feinde, die Terroristen.

Ensslin hatte ihren Kollegen Namen aus dem Roman gegeben: Baader war natürlich der irre Käpt'n Ahab, Holger Meins der Steuermann Starbuck, Raspe war Zimmermann, Gerhard Müller der Harpunier Queequeg, und Ensslin selbst war Smutje, der Koch. Finde ich niedlich, dass Ensslin sich nur zum Koch machte, allerdings fand Ulrike Meinhof es wohl nicht so niedlich, denn sie bekam kein Pseudonym, weil sie das Buch nicht gelesen hatte. Aber Meinhof wurde von den anderen ja öfter mit Missachtung gestraft.

Vielleicht, denke ich manchmal, ging es der RAF nur um den weißen Wal; vielleicht war Deutschland das mythische Tier, das es zu erlegen galt, das Tier, das irgendwann nur noch als Projektionsfläche für den Hass und eine düstere Romantik herhalten musste, und vielleicht hat die Jagd nach diesem Tier Baader und Ensslin genauso wahnsinnig gemacht wie Käpt'n Ahab.

Über all das hätte ich gern mal mit den beiden geredet, am liebsten als Rollenspiel: Andreas als Ahab, Gudrun als Smutje und ich als Ismael. Und wenn ich damals, vor 30 Jahren, das Ende der Geschichte erfahren hätte, würden sie heute alle noch leben.

O.K., Karaoke!

Es ist die alte Geschichte von Versuchung und Strafe: Eva hätte sich damals im Paradies den Apfel verkneifen sollen, um uns allen einen Haufen Ärger zu ersparen; George W. Bush hätte Saddam Hussein einen guten Mann sein lassen können; und Samuel und ich hätten in der japanischen Stadt Kobe nicht unbedingt in den Partykeller des Karaokeklubs U-BOU gehen müssen. Aber was willst du machen, wenn von dort die irrste Version von »YMCA« durch die Tür dringt, die du je gehört hast?

Ein vielstimmiges Inferno ergießt sich aus dem Raum, ein atonaler Kanon, ein Free Jazz des Harmoniegesangs, und als die Tür aufgeht und uns einer der Jungs hereinlässt, ist es schon zu spät: Irgendjemand drückt mir ein Mikrofon in die Hand, schiebt mich auf die Bühne, macht an einer Fernbedienung herum. Vierzig Geschäftsmänner, berauscht, begeistert, betrunken allesamt, grölen:

»SING! SING! SING!«

»SING WAS?«, brülle ich zurück.

»SING AEROSMITH, GAIJIN-SAN! I DON'T WANNA MISS A THING!«

Ein Gaijin-San, das muss erklärt werden, ist ein Typ wie ich: weiß, Europäer, maximal vier Wörter Japanisch, im Zweifelsfall Aerosmith-Fan. Ein Fremder wie aus einem Buch von Camus.

Aber warum beschwer' ich mich? Auf genau diese Situation hatte die ganze Sache hinauslaufen müssen, diese Suche nach dem Geheimnis des Karaoke, auf die Samuel und ich uns gemacht hatten.

Es begann in Tokyo. Mit ein paar Freunden saßen wir in einer Bar herum, tranken, redeten, und als es nicht mehr viel zu reden, aber immer noch viel zu trinken gab, schlug einer vor, es war der liebe Aono Toshimitsu, nun Karaoke singen zu gehen.

»Och nö«, sagte ich.

»Warum nicht?«, fragte Aono.

»Weil Karaoke das Ende ist. Ich versteh' wirklich nicht, was das Tolle daran sein soll, und warum Millionen Japaner sich nichts Besseres vorstellen können. Ein geschlossener Raum, ein paar betrunkene Jungs, die zu Oasis und Elvis Presley schlecht Playback singen. Geht's weniger sexy? Geht's trauriger, deprimierender?«

»Wer so redet, weiß weder was vom Karaoke noch von Japan«, sagte Aono.

»Dann zeig's mir doch, Experte!«

»Gut«, sagte Aono. »Aber nicht hier. Ihr werdet nach Kobe fahren, wo Karaoke vor über dreißig Jahren geboren wurde und von wo aus es einen Siegeszug durch die Welt nahm, der nur mit Jogging, Pizza oder dem iPhone zu vergleichen ist.«

Gleich am nächsten Tag nahmen der gute alte Samuel, den ich von nun an nur noch Sam Gamdschie nennen werde (weil er mein treuer Gefährte ist, wie Frodos Begleiter in »Der Herr der Ringe«), den Shinkansen-Schnellzug und ließen uns mit 275 km/h durch Raum und Zeit nach Kobe schießen. Aono selbst, vielbeschäftigter als Papst und Franz Müntefering zusammen, kam nicht mit. »Trotzdem werde ich irgendwie dabei sein«, orakelte er in der ihm eigenen Orakelart.

Sofort, nachdem wir im Viertel San Nomiya ausstiegen, war klar: Während in Tokyo Lärm und Stress auf dich einballern, liegt in Kobe Jazz in der Luft. Von dem Erdbeben, das hier Ende der Neunzigerjahre viel zerstört hat, sind kaum Spuren zu bemerken. Dafür riecht's überall nach den besten Steaks der Welt (vom Kobe-Rind), und nach Nudelsuppen (die Tüten-Version kommt auch von hier). Musik von Miles Davis schwebt durch die Straßen, sodass die betrunkenen Geschäftsleute, die abends durch die Stadt laufen, nicht wie Taumelnde wirken, sondern wie Tänzer. Wo sie herkommen, verraten muezzinartige Gestalten, die an jeder Ecke stehen und Handzettel verteilen. Es sind die Anreißer der größten drei Karaoke-Ketten, sie rufen:

»JANKARAA, SUPER JANKARAA!«

»BIG ECHO, SUPERBIG KARAOKE ECHO!«

»U-BOU! GOGO-KARAOKE-U-BOUUUUUUU!«

Das wären dann wohl unsere Ziele. Ein bisschen graute mir vor ihnen.

Wir tranken in der Hotel-Lobby Kaffee, als plötzlich zwei hübsche junge Frauen das Foyer betraten.

»Nicht schlecht, die beiden«, sagte ich.

»Nicht nur nicht schlecht, sogar top optimal«, sagte Old Sam Gamdschie. »Toptimal, sozusagen.«

Und was sonst nur bei »Verbotene Liebe«, Haruki Murakami oder im Internet passiert, passierte nun mitten in Kobe: Die Toptimalen kamen rüber.

»Konnichiwa. Seid ihr die zwei Deutschen? Aono hat uns Bescheid gesagt. Ich bin Miki, das hier ist meine Freundin Matsumi. Wir sollen euch Karaoke zeigen. Wisst ihr zum Beispiel, dass es übersetzt ›Leeres Orchester‹ heißt?«

»Nein, obwohl ich das poetischer finde als alles von Günter Grass. Und warum du so gut Englisch sprichst, ist mir ebenfalls ein Rätsel.«

»Bin seit drei Wochen von meinem Aupairjahr in Seattle zurück – Kurt Cobain, Baby!«

Sagte ich schon, dass kein Tourguide dieser großen, weiten, immer komplizierter werdenden Welt die absolut unglaublichen Tourguide-Qualitäten des absolut unglaublichen Aono Toshimitsu übertrifft? Nein? Dann sag ich's jetzt.

Zehn Minuten später standen wir an der Kassentheke von SUPER JANKARA. Die Angestellten hier tragen Uniformen wie bei

McDonald's. 52 Räume hat die Filiale in der Ikita-Street. Hier und in der gegenüberliegenden Higashimon-Street entstanden nach dem Krieg und während der amerikanischen Besatzung viele Bars und Musikklubs, die von den Matrosen besucht wurden, deren Schiffe in Kobes großem Hafen vor Anker lagen. Eine Jazz-Boheme mit vielen Bands entstand; mit japanischen Musikern, die trommeln wollten wie Art Blakey oder Max Roach und Saxofon spielen wie Sonny Rollins. Um sich ein paar Trinkgelder dazuzuverdienen, setzten sich einige der Musiker mit Keyboard oder E-Piano in Hostess-Bars, wo sie die angetrunkenen Gäste einluden, zu Liedern wie »Come Fly With Me«, »Unforgettable« oder »Twist & Shout« mitzusingen und ein bisschen auf Star des Abends zu machen. Bis 1971 ein Mann die Idee hatte, die Musiker durch eine Maschine zu ersetzen, die dasselbe tat.

Miki, Matsumi, Gamdschie und ich bekamen den Schlüssel für Raum Nr. 24, dazu zwei Mikrofone und eine Art Fernsteuerung, alles in einem Plastikkorb. Gemietet wird pro Stunde, Drinks are free, es sei denn, man will Cocktails oder Champagner. Wollten wir jetzt, um fünf Uhr nachmittags, noch nicht. Stattdessen Gemütlichkeit, Eiskaffee, Coke Zero.

Miki drückte an der Fernsteuerung des Cyber Dam herum. Übers Internet hat diese Maschine Zugriff auf die Instrumentalversionen von über 120 000 Songs.

»Was suchst du, Miki?«

»Mein Lieblingslied von Kobukuro.« Kobukuro ist eine J-Pop-Band aus Osaka. Sie wurde berühmt durch Hits wie 轍, 風 oder 宝島. J-Pop-Bands machen Popmusik, die so sanft ist, dass alles von den Backstreetboys dagegen wie Grungerock wirkt – Kurt Cobain, Baby!

»Welches Lied?«

»君という名の翼. Übersetzt heißt es in etwa so viel wie ›Flügel, die deinen Namen tragen‹.«

»Wow. Ist es sehr traurig, Miki?«

»Sehr.«

»Singst du bevorzugt traurige Lieder?«

»Ja.«

»Warum?«

Da guckte sie nur. Nicht schlimm, so blieb mir kurz Zeit, ein paar gewonnene Erkenntnisse zu notieren.

1. Japaner ziehen sich sehr gut an, wenn sie Karaoke singen gehen. Wie für einen Klub oder eine Party.

2. Gehen Männer mit Männern Karaoke singen, ist es ein Besäufnis.

3. Gehen Frauen mit Frauen Karaoke singen, ist es ein Kaffeekränzchen.

4. Gehen Männer mit Frauen Karaoke singen, ist es ein Date, bei dem die Männer mehr singen und die Frauen mehr zuhören.

5. Singen Männer sehr schlecht, kann es die Dauer des Dates drastisch verkürzen (jedenfalls was Miki betrifft).

6. Japaner mögen es überhaupt nicht, wenn man durch die verdunkelten Fenster in die Kabinen sieht. Karaoke ist ein sehr privater Akt.

7. So privat, dass sie darin küssen, fummeln oder noch mehr.

8. So privat, dass die Belegschaft des Karaokeklubs den Sicherheitsdienst ruft, wenn man zu lange in den Gängen herumsteht.

Aber zum Glück hatten wir eine Kabine gemietet, und in der trugen Miki und Matsumi nun ihr Lied vor. Sie sangen schüchtern, zart und ernst. Karaoke ist selten ironisch, weil es schwer ist, ironisch zu singen. Man hat ja meist nur eine Stimme. Der Text lief über den Bildschirm, im Hintergrund galoppierte ein weißes Pferd am Strand entlang, die Gischt spritzte, wie es ihre Art ist.

Es war angenehm mit den beiden, auch die Abgeschlossenheit in der Kabine empfand ich nicht als schlimm, aber es ist nicht ganz unwahrscheinlich, dass es mehr mit Miki und Matsumi zu tun hatte als mit der Magie des Karaoke. Lag es daran, dass ich selbst noch nicht gesungen hatte? So ganz klar war mir immer noch nicht, wie daraus eine Industrie werden konnte, mit der in Asien jährlich knapp 20 Milliarden Euro verdient werden.

Es kam daher nicht ungelegen, dass in diesem Moment unser Freund Aono aus Tokyo anrief.

»Und? Wie ist's?«

»Nett, aber viel mehr nun auch wieder nicht.«

»Ihr braucht noch Nachhilfe. Morgen bekommt ihr sie. Von Daisuke Inoue.«

»Wer soll das sein?«

»Der Mann, der die erste Karaoke-Maschine erfunden hat.«

»Oh. Ist er sehr reich? Lebt er in einem Schloss, auf einer Jacht, in einem Flugzeug, das stets um die Erde kreist?«

»Im Gegenteil. Er hat damals vergessen, ein Patent anzumelden. Über ein kleines Geldgeschenk würde er sich sicher sehr freuen.«

»Oh.«

Pünktlich um neun standen Gamdschie und ich am nächsten Morgen vor Inoues Büro. Es befindet sich in einem zweistöckigen Wohnhaus im Niemandsland zwischen Osaka und Kobe. Nichts weist darauf hin, dass hier der Erfinder einer Milliardenindustrie lebt. Am wenigsten der Erfinder selbst.

Er, 69, trägt meist Jeans, Jackett, Turnschuhe, Bärtchen und die grauen Haare zum kleinsten Pferdeschwanz der Welt gebunden. Die Frage war nun, wie man den Erfinder möglichst respektvoll danach fragen würde, warum er die Patentierung versemmelt hat. Am besten direkt. Also – warum, Herr Inoue?

Inoue lächelte. Wohl nur die Frage »Wie geht's?« wurde ihm im Leben öfter gestellt.

»Nun, es liegt im Wesentlichen daran, dass ich kein professioneller Erfinder war und meine sogenannte ›Erfindung‹ auch nicht für eine hielt. Oder würden Sie etwas patentieren lassen, das Sie für gar nichts Besonderes hielten?« So geht die Formel, mit der Inoue sich den Verlust unfassbaren Reichtums einigermaßen erträglich redet. Dass es nicht leicht ist, sie selber zu glauben, hört man aus jeder Zeile.

Inoue erzählte von der Zeit damals, als er Drummer in einer von Kobes Jazzbands war, und wie ihn ein Zuhörer, Chef eines Stahlwerks, darauf brachte, dass es keine ganze Band brauchte, um einen Möchtegern-Sänger zu begleiten, sondern bloß eine Maschine. Diese ließ Inoue dann aus einem Gitarrenverstärker, einem Autoradio-Kassettendeck und einem Mikrofon zusammenbauen. Er entwickelte noch eine Technik, mit der man einzelne Stücke anwählen konnte, und fertig war die erste Karaoke-Maschine: der kleine rote Kasten, der vor ihm auf dem Tisch stand, und der für eine 100-Yen-Münze Sinatras Backing-Band überflüssig gemacht hatte. Erst in den Nachtklubs von Kobe, die Inoue mit seiner Maschine belieferte, später in der ganzen Welt, dann aber von anderen – Super Jankara und Big Echo, Firmen wie Pioneer, MegaStar, Panasonic und deren Ingenieuren.

Inoue selber verdiente später noch ein paar Yen mit einer Kakerlakenvernichtungsmaschine, die er sich ausdenken musste, weil die Kakerlaken immer seine Karaoke-Kassetten anfraßen; heute vertreibt er eine allergenfreie Seife und kümmert sich um Hundewaisen. Es gibt ein Buch und einen Film über ihn, ab und zu wird er zu Vorträgen eingeladen, ansonsten führt er das Leben eines Pensionärs.

Doch so gering er sein Werk auch redet, seine Leistung will Inoue sich völlig zu Recht nicht nehmen lassen. Er hat den eigentlich schüchternen Japanern ein neues Gefühl geschenkt, das Status, Stand und Hierarchien, die das Land sonst bestimmen, einen Moment lang aushebelt: den Rausch.

Es ist genau dieser Rausch, dem Gamdschie und ich uns jetzt im Keller des U-BOU-Karaokeklubs entgegensehen: der Punkrock der vierzig grölenden Geschäftsmänner der Kopierer-Abteilung des Elektronikkonzerns Ricoh, die heute Abend den Beginn eines neuen Projekts feiern. Die Jungen tanzen mit den Alten, der Chef trinkt mit dem Lehrling, und wenn der Chef einen auf Sinatra macht, darf der Lehrling lachen, ohne dass er riskiert, am nächsten Tag kein Lehrling mehr zu sein. Karaoke ist gesungene Transzendenz, Freiheit und Anarchie für ein paar Dreiminutensongs. Das ist seine Magie. Und weil sie so unfassbar ansteckend ist, bleibt mir gar keine Wahl, als das Mikrofon zu nehmen und Aerosmiths Meisterwerk »I don't wanna miss a thing« zu singen:

»I COULD STAY AWAKE
JUST TO HEAR YOU BREATHING
WATCH YOU SMILE
WHILE YOU ARE SLEEPING ...«

Als zum Refrain dann der ganze Saal brüllt, so laut, dass sie's draußen auf der Straße hören müssen, denkt keiner daran, wie es klingt. Solche Fragen stellen sie auf der Erde. Wir aber fliegen ja alle.

Die Sache mit Kate Moss

»Der kommt hier nicht rein«, sagt der Manager der Hotelbar im Pariser »Ritz« und schüttelt den Kopf, während er auf mich zeigt. »Wie bitte?«, sagt die junge Frau mit dem Zebramantel und verzieht das Gesicht. »Mein Freund Johnny ist alle paar Wochen in diesem Hotel zu Gast, und er läuft genauso in Lederjacke und Jeans herum wie der junge Mann hier.« – »Das ist vollkommen egal, Mademoiselle«, sagt der feiste Manager, »es gibt in diesem Hotel eine Kleiderordnung, und die muss befolgt werden.« – »Ich wohne in diesem verdammten Hotel«, faucht Kate Moss ihn an, »und ich bezahle einen Haufen Geld dafür. Soll das heißen, dass ich meine Freunde in den Stundenhotels der Rue St. Denis treffen soll?« – »Sie können tun und lassen, was Sie wollen«, beendet der Mann im blauen Anzug seine Rede, »Hauptsache, Sie verlassen jetzt diese Hotelbar.« – »Gut«, sagt Kate, »das tun wir, aber glauben Sie nicht, dass das keine Konsequenzen für Sie haben wird!« Sie dreht sich um, schnappt den Ärmel meiner Jacke und zieht mich mit in den Aufzug. »Dann gehen wir eben in mein Zimmer und lassen uns von dem Trottel persönlich einen Cappuccino bringen«, schnaubt sie. Wir fahren hoch ins oberste Stockwerk, und ich beginne, mich besser zu fühlen, weil Kate sich so gut um mich kümmert.

Sie wohnt in Suite 607, einem Zimmer, das aussieht wie aus einem Roman von Jane Austen. Auf dem Bett liegt eine bestickte Blumendecke, darüber hängt ein Kronleuchter, an der Wand befindet sich ein riesiges Ölgemälde von einem Gartenfest am Ende des letzten Jahrhunderts, und überall im Raum sind barocke Verzierungen und goldgerahmte Spiegel angebracht. »Nett hier, nicht?«, sagt Kate. »Eigentlich wollte ich viel lieber ins ›L'Hôtel‹, das andere große Hotel in Paris. Es gibt dort dieses Zimmer, in dem Oscar Wilde gestorben ist, und die Tapete soll noch dieselbe sein wie damals. Ich würde zu gern einmal eine Nacht dort verbringen.« Nachdem sie mit der Hotelbar telefoniert und zwei Cappuccinos bestellt hat, zieht sie ihre Jacke aus und stellt den Fernseher auf MTV. Auf dem kleinen Beistelltisch steht eine Schüssel mit in Wasser aufgelöstem Minzöl. »Der Arzt war gerade da«, sagt Kate, »seit ich aus Mailand zurück bin, laufe ich mit so einer dämlichen Erkältung herum. Zum Glück kennt er sich mit Homöopathie aus, denn ich glaube nicht an Antibiotika und diesen ganzen Kram.« Sie schluckt ein halbes Röhrchen der bunten Pillen, die wie lustige Drogen aussehen, und zündet sich eine Zigarette an.

Wir gehen raus auf den kleinen Balkon der Suite und blicken über die gesamte Westseite von Paris. Während ich Kate zusehe, wie sie an ihrer Zigarette zieht und auf einen Mann zeigt, der am Ende des Häuserhorizonts über die Dächer spaziert, erinnere ich mich daran, wie ich mir auf der Zugfahrt von Hamburg nach Paris diesen Bildband von ihr von Schirmer/Mosel angesehen habe. Am besten gefiel mir das recht unspektakuläre Foto eines unbekannten Fotografen, das vor zwei Jahren in einer englischen Tageszeitung abgedruckt wurde: Kate sitzt in der Küche eines Freundes und raucht. Sie trägt ein ärmelloses weißes T-Shirt, und ihre Augen sind geschlossen, während sie die Zigarette zum Mund führt. Das Tolle an diesem Foto ist, dass Kate auf dem Bild so eine Gelöstheit im Gesicht hat, die jeder Mensch kennt, wenn er einen Augenblick innehält und sich hinter den geschlossenen Augenlidern nur auf das wohlige Kribbeln im Nacken konzentriert. Es ist so ein Bild, das ein Junge im Kopf hat, wenn ihm klar wird, dass er sich in das Mädchen, das ihm gegenübersitzt, verliebt hat. Es ist ein Moment der Klarheit.

»Ich kann immer noch nicht glauben, was für ein Arschloch das eben war, da unten in der Bar«, unterbricht Kate meine Gedanken, »wir müssen uns dringend an ihm rächen.« – »Gute Idee«, sage ich und zünde mir auch eine Zigarette an, »aber was tun wir? Eine Rockerbande vorbeischicken, die ihn ordentlich vermöbelt?« – »Wenn wir Kirschen hätten«, sagt Kate, während sie sich über das Geländer beugt und vorsichtig zum Garten der Bar hinunterschaut, »könnten wir die Kerne auf seinen Kopf spucken. Wir haben aber keine Kirschen. Nur Zigaretten.« – »Dann aschen wir ihm eben auf den Kopf«, sage ich und schnippe an der Zigarette. Kate lacht. Sie setzt sich auf den Boden des Balkons, öffnet ein weiteres Röhrchen ihrer Vitaminpillen und zündet sich noch eine Marlboro Light an.

Zigaretten und Medizin, das sei nicht gut zusammen, erkläre ich ihr. Sie wisse das, sagt sie, aber sie habe bereits als Zehnjährige mit dem Rauchen begonnen. »Erst hat mich meine Mutter dafür gehasst, doch als sie angefangen hat, mich selbst um Zigaretten anzuschnorren, und mir am Ende dann zwölf Packungen schuldete, war sie ruhig.« Es klopft an der Tür, und ein Kellner kommt herein. »Wir wollten eigentlich, dass Ihr Chef hier antanzt«, sagt Kate, enttäuscht darüber, dass es nicht der Mann aus der Hotelbar ist. Wir stellen die Cappuccino-Tassen vor uns auf den Boden und sagen einen Moment lang nichts, weil die Sonne so gut auf unser Gesicht scheint. Kate setzt sich ihre neue Sonnenbrille auf und beginnt, von ihrer letzten Reise mit Johnny Depp durch den Norden Arizonas zu erzählen. »Es war wie in ›Unterwegs‹«, sagt sie, »wir sind nämlich immer auf der Suche nach den magischen Punkten dieser Erde, das sind Orte, an denen eine besonders starke Erdstrahlung herrscht.«

»Es ist gut, wenn Mädchen ein bisschen was von Magie verstehen.« Kate erzählt davon, wie Johnny und sie mit dem Auto nach Sedona gefahren sind, einem Ort in der Nähe von Flagstaff, über den sich die Navajo-Indianer wundersame Legenden von ewigem

Leben erzählen. Man dürfe dort aber nicht zu lange bleiben, sagt Kate, weil einen die Strahlung sonst verrückt mache: »Das Herz schlägt schneller, und alle Sinneswahrnehmungen sind überaktiviert, als hätte man ein starkes Halluzinogen genommen.« So habe sie seltsame Träume gehabt in der Nacht – in einem trafen sich alle Menschen, die sie jemals in ihrem Leben kennengelernt hat, in einer kalifornischen Taco-Bar; in einem anderen wurde sie von einem Arzt verfolgt, der ein wenig wie Allen Ginsberg aussah und sie nach jedem Einschlafen wieder aufweckte, damit sie ihm ihren Traum erzählte. »Es war total komisch«, sagt sie, »zum Glück war Johnny immer dabei.«

Das Telefon klingelt, und einen Moment lang habe ich ein wenig Angst, dass jetzt wirklich Johnny Depp hier auftaucht. Kate hat mir erzählt, er komme noch irgendwann heute Abend in Paris an. Ich habe nichts gegen ihn, er ist ein ganz guter Typ, glaube ich, aber wie Kate da so am Telefon herumzappelt, wird mir klar: Der Balkon, auf dem wir sitzen, ist viel zu klein für drei Leute – Johnny Depp würde diese wunderbare Ruhe zerstören, die ich hier mit der Kaffeetasse und der Zigarette in der Hand gerade empfinde.

Ich denke daran, wie ich vorhin noch im Foyer des »Ritz« saß, unter den Blicken der Portiers, und auf einmal etwas nervös wurde und aufgeregt, weil ich vergessen hatte, wie Kate Moss genau aussieht. Ich sprach dann zwei Frauen darauf an, ob sie nicht vielleicht Kate seien, was sie natürlich verneinten. Ich glaube, das tat ich deshalb, weil Kate gar nicht auf eine besondere Art gut aussieht. Das ist auch ihr Geheimnis – dass sie aussieht, wie ein gutes Mädchen aussehen muss, und dass viele gute Mädchen ein bisschen so aussehen wie sie. Aber Kate sieht eben noch ein kleines bisschen besser aus.

»Möchtest du auch einen Gin Tonic trinken?«, ruft sie zu mir herüber, den Telefonhörer in der Hand. Gin Tonic, das ist ihr Lieblingsgetränk, habe ich gehört, deshalb sage ich Ja, obwohl ich mir sonst nicht so viel aus Gin Tonic mache. Aber ich darf jetzt auf gar keinen Fall etwas tun, das die Stimmung stören könnte. Kurz nachdem Kate vom Telefon zurückgekommen ist, klopft es wieder an der Tür, und der Kellner von vorhin bringt zwei Gin Tonic und zwei neue Cappuccinos. Weil ich eh nicht genau weiß, warum ich jetzt mitten am Nachmittag ein Glas Gin Tonic trinke, nehme ich einen ordentlichen Schluck. »Früher habe ich sehr viel von diesem Zeug getrunken«, sagt Kate, während sie an dem Drink nippt, »aber seit ich Johnny kenne, gehe ich nicht mehr so viel aus. Wir sitzen oft zu Hause und sehen uns alte Hollywood-Filme mit Lauren Bacall und Humphrey Bogart an.« Und weil Kate und ich immer noch keine Lust haben, über ihr Model-Leben und die Rücknahme der Calvin-Klein-Kampagne zu reden, erzählt sie noch einen Haufen anderer Geschichten – wie Johnny und sie bei dem Musiker Neil Young zu Hause waren und Young Besuch von einem Fan bekam, der ihn mit den Worten begrüßte: »Hallo, Neil, ich bin Jesus, und du bist Gott, wir müssen dringend miteinander reden!« Sie redet davon, dass ihr ein alter Wahrsager in Hongkong geraten hat, sie solle sich jetzt alles aufschreiben, was sie erlebe, weil sie eines Tages sehr vergesslich werden würde. Kate sagt, sie könne an Frankreich bis auf Chardonnay und Camembert überhaupt nichts mehr ausstehen, seit Chirac seine Atomversuche in Mururoa veranstaltet. Sie werde demnächst mit einigen anderen Models und Fotografen eine »No Nukes In The Pacific Sea«-Aktion starten.

Während Kate vor sich hin erzählt, merke ich langsam, wie der Gin Tonic in meinem leeren Magen zu wirken beginnt und sich ein warmes Gefühl in meinem Körper ausbreitet. Ich schließe einen Moment lang die Augen, um das Sonnenlicht auf den Lidern zu spüren, dann stehe ich auf vom Boden des Balkons und blicke am Hoteldach entlang in den Himmel. Alles dreht sich ein bisschen vor meinen Augen, und ich frage Kate, was ich sie schon lange fragen wollte. »Sag mal, Kate«, fange ich an, »wäre es nicht das Beste von der Welt, wenn wir jetzt über das kleine Geländer hier auf das Dach des blöden ›Ritz‹ klettern würden und dann für den

Rest des Tages dort oben blieben? Ich meine mit der Sonne, Paris und alldem?«

Kate runzelt die Stirn ein wenig und blickt mich an. »Alles klar mit dir?«, fragt sie und fasst mich am Arm. »Es ist ein ganz schön langer Weg nach dort oben. Glaubst du denn, dass du die Versicherungssumme bezahlen kannst, wenn ich herunterfalle?« Ich wanke ein bisschen, als ich ihr ins Gesicht sehe, weil mir auf einmal klar wird, wer Kate Moss in Wirklichkeit ist: Sie ist die Holly Golightly, die Truman Capote im Kopf hatte, als er seinen Roman »Frühstück bei Tiffany« schrieb. Sie ist das Mädchen, das einen namenlosen Kater zu Hause hat, vergreiste Rauschgiftdealer im Knast besucht und sich irgendwann nach Brasilien absetzt – sie ist das Mädchen, das der Held der Geschichte nicht bekommt. Und während ich das denke und ansetze, ihr diesen eigentlich ja vollkommen bescheuerten Satz: »Du bist Holly Golightly, Kate«, zu sagen und was für ein Riesenkompliment das überhaupt sei, klingelt irgendwo hinten im Zimmer das Telefon. »Warte einen Moment«, sagt sie und geht zu dem kleinen Tisch, auf dem der Apparat steht, und nimmt den Hörer ab. Gleich nach den ersten Worten ist klar, dass nun wirklich Johnny Depp dran ist: »Hallo Herzchen«, sagt Kate, »schön, dass du endlich da bist. Wann kommst du? Treffen wir uns am Flughafen?« Kate strahlt, nachdem das Gespräch beendet ist, aber ich bin mir auf einmal nicht mehr so sicher, ob Johnny Depp wirklich so ein guter Typ ist, weil er seine in Arizona gelernten magischen Kräfte gerade jetzt gegen mich ausspielen muss. »Johnny kommt gleich«, sagt sie. »Ich habe ihm von der Geschichte in der Hotelbar erzählt. Er sagt, dass er nachher auch alte Jeans und eine dreckige Lederjacke tragen wird.« Zehn Minuten später muss Kate los. Ohne zu wissen warum, greife ich nach einem der leeren Tablettenröhrchen und stecke es ein.

Bevor wir das »Ritz« verlassen, bleibt Kate an der Rezeption des Hotels stehen. »Ich möchte bitte den Hotelmanager sprechen«, sagt sie. Kurz darauf erscheint ein Herr mittleren Alters mit Sorgenfalten auf der Stirn. »Ich will mich darüber beschweren, dass die Gäste in Ihrem Hotel wie Kleinkinder behandelt werden«, sagt Kate und erzählt dem Mann von dem Vorfall an der Bar. Er wiegt bedächtig den Kopf und erinnert an die Kleiderordnung des Hotels. Darauf antwortet Kate mit dem besten Satz, den ich in diesem Jahr gehört habe: »Was nützt eine Kleiderordnung, wenn das Personal kein Benehmen hat?«, faucht sie den Mann an, dreht sich um und zieht mich – wieder am Ärmel – mit sich aus dem Hotel heraus. Ich möchte gern noch irgendeinen schlauen Satz sagen, bevor wir uns verabschieden, aber mir fällt nichts Gutes ein. So geben wir uns die Hand, und ich sehe ihr nach, wie sie mit dem knielangen Zebramantel und der kleinen schwarzen Handtasche über die Place Vendôme spaziert. Einmal dreht sie sich noch um und winkt ganz kurz, dann verschwindet sie zwischen den anderen Menschen, die auf dem Platz herumlaufen.

Einen Moment lang ist mir nicht klar, wer oder was ich eigentlich bin, dann weiß ich es: Ich bin nicht mehr der Typ, der wegen schlechter Kleidung aus der Bar des »Ritz« geworfen wurde. Ich bin der Typ, dem Johnny Depp das Mädchen ausgespannt hat.

Wovon wir reden, wenn wir vom Rauchen reden

Von 2005 bis 2009 habe ich nicht geraucht. Es war insgesamt gesehen nicht die schlechteste Zeit. Krisen kamen und gingen, Industrien wuchsen und fielen wieder in sich zusammen, ein Schwarzer wurde Präsident der USA. Ich erlebte all das mit mehr Luft, mehr Geld und weniger Gift in den Lungen, sodass ich mir manchmal überlegte: Zehnkampf, Marathon, Apnoe-Tauchen – warum nicht?

Es war die Zeit, in der man das so machte. Vorher nicht. Vorher rauchte ich die erste Zigarette vor dem Kaffee, die zweite danach, die dritte vor dem zweiten Kaffee usw. Alle, die ich kannte, machten das so. Accessoire der Jugend, vielleicht, aber seit Jahrtausenden hatten die Menschen es nicht anders gemacht, wieso auch? Drei Rituale hat der Mensch, die ihn vom Tier unterscheiden: Tanzen, Sex mit Liebe, Rauchen.

Anfang des Jahrtausends aber änderte sich das. Die ganze Welt sah sich einem Reinigungsprozess unterworfen: Radikale Muslime forderten Gottesstaaten überall; radikale Amerikaner forderten Demokratien überall; radikale Klimaschützer forderten CO_2-Verbote überall; radikale Ernährungswissenschaftler forderten Bio-Produkte überall. Der Neustart in die neue Zeit sollte hygienisch und rein beginnen. Das Internet macht keinen Dreck, von den ausgelöschten Büchern und CDs bleiben ja auch bloß Daten. Dazu gehörten auch die Körper: Schlank, sauber, rauchfrei hatte der neue Mensch zu sein, um mit ihm die Zukunft zu bauen. Und selbst wenn noch nicht ganz klar war, wann die Kolonisation des Weltraums beginnen würde: Rauchen würde man dort eher nicht. Schon wegen der schwerelos rumfliegenden Aschenbecher.

Auch ich wollte ein neuer Mensch sein zu dieser Zeit, ein moderner Mensch, und wer modern war, rauchte nicht. Jahr für Jahr war es immer absurder geworden. Zuerst verboten sie es in den Flugzeugen, dann in öffentlichen Gebäuden, dann an Bahnhöfen, in Büros, Klubs und Restaurants. Der Marlboro-Mann und das Camel-Kamel wurden aus Kino, Fernsehen, Zeitschriften geworfen. In Filmen rauchten nur noch charakterlich fragwürdige Personen. »Loser« hieß ein Nichtraucherspot der Bundesgesundheitszentrale im deutschen Fernsehen. Bis zum Aufstand der Eckkneipen, der das Gesetz mit Unterstützung des Bundesgerichtshofs wieder einschränkte, durftest du dir praktisch nur noch in Gefängnissen eine anzünden.

Amerika hatte angefangen damit, die Zigarette aus der Gegenwart zu tilgen, Kalifornien. Europa war gefolgt, denn Kalifornien war immer das Vorbild gewesen für das, was die Welt sein könnte, wenn sie gelungen war: blauer Himmel, Meer, Palmen, leichtes Essen mit viel Fisch, überall Licht. Und Frauen und Männer mit geölten Körpern wie aus Pornofilmen.

So gewöhnte ich mir das Rauchen ab. Von einem Tag zum anderen entschied ich, dass zwanzig Zigaretten am Tag nicht zu mir passten. Nikotinsucht und Lungenkrebs passten nicht. Beim Treppensteigen keuchen passte nicht. Mief in den Kleidern passte nicht. Schlechte Haut passte nicht. Wie eine dumme James-Dean-Kopie an Häuserecken rumhängen passte nicht. Die ewige Suche nach einem Platz, wo man ungestört rauchen konnte, passte nicht. Ich wurde, wie die Gesellschaft es empfahl und verordnete, gesund.

Es gelang recht schnell. Ich musste keins dieser Abgewöhnbücher lesen, wurde nicht wesentlich dicker. Ich kaufte nur einfach keine blauen Gauloises mehr, stattdessen einen neuen iPod. Er hat, genau wie jedes Mobiltelefon, ziemlich genau die Größe einer Schachtel Zigaretten, ein Zufall ist das nicht.

Ein paar Wochen, nachdem ich mein Leben als rauchloser Mensch begonnen hatte, war ich bei einem Freund zum Essen. Es gab Saltimbocca, hervorragend. Als ich mir nach dem letzten Bissen keine anzündete, war der Freund sehr überrascht.

»Du rauchst nicht mehr?«

»Nein.«

»Du ohne Zigarette, das sagt mir was«, sagte der Freund. »Das sagt mir was über die Zeit, in der wir leben. Das sagt mir, dass etwas zu Ende gegangen ist.«

»Was ist zu Ende gegangen, mon ami?«

»Die Zeiten des Exzesses, des Ausschweifens, der Nichteffektivität. Die scheinbar nutzlosen Zeiten, die uns doch die nützlichsten sind!« Ja, so können Freunde reden, wenn sie gut drauf sind – wehmütig das Vergangene betrauern wie Flaubert in »Die Erziehung des Herzens«.

Natürlich ist und war das Rauchen immer eine Schnapsidee und unter den vielen Schnapsideen des Menschen wohl eine der schädlichsten. Rauchen war Zeitverschwendung, Geldverschwendung, Lebensverschwendung – und nie wieder wurde das so klar erkannt, formuliert und verstanden wie in den letzten Jahren. Das Ding ist aber eben auch, dass es bei all den Sachen, die der Mensch so anstellt, vor allem seine Schnapsideen sind, die ihn sympathisch machen. Was das sind, Schnapsideen? Schnapsideen sind Ideen, die nicht sofort in Verwertungszusammenhängen denken; die nicht planen, rechnen, kalkulieren; die nicht an die Zukunft denken, sondern aus dem Moment für den Moment entstehen. Lustvolle Handlungen ohne erkennbaren Sinn. Und das perfekte Symbol für derartige Ideen des Menschengeschlechts war bislang die Zigarette, mit Filter 8,3 cm lang, 7 mm breit, im Schnitt 0,9 Gramm schwer.

Der unvernünftig rauchende Mensch, der Schnapsideenmensch

also, ist der Mensch, der sich in einer konstant vor sich hin rollenden Welt mal kurz an den Straßenrand stellt, sich den Verkehr anschaut, eine anzündet und sagt: »Aha, so läuft die Sache also, amüsant.« Der unvernünftig rauchende Mensch ist der, der vor die Tür geht, während drinnen alle feiern, um mal kurz still in den Himmel zu gucken und zu denken: »Ach ja, die Sterne gibt's auch noch, schön, schön.« Je nach Veranlagung denken sich Menschen in diesem Zustand Romane, Lieder, Schlachtpläne aus. Der unvernünftig rauchende Mensch ist, um's hier mal für die zeitungslesenden Existenzialisten zu sagen, in einer Welt der vernünftig nichtrauchenden Menschen so ein bisschen der Camus'sche Mensch in der Revolte. Old World, nicht New World. So wie die querulante romantische Wissenschaftlerin, die Sigourney Weaver in »Avatar« spielt. Sie stellt sich gegen das Fortfressen der Industrie bis in die letzten Winkel der Welt und stirbt natürlich, klar.

Es war letzten Sommer in New York, als mir auffiel, dass wir dieses Symbol der Schnapsidee inzwischen ein bisschen verloren haben.

Es ging mir nicht gut damals, es war zu heiß, die Stadt war zu voll, die Leute, die ich treffen sollte, versetzten mich andauernd. Ich konnte nicht viel mehr tun als in Cafés herumsitzen und in die Gegend starren. Irgendwas war anders, aber was? Es dauerte etwas, bis ich's bemerkte. Dann war's klar:

1. Obwohl der Laden voll war, war's sehr still. Kaum einer redete mit einem anderen.

2. Die Menschen tranken Bio-Limonade und Bio-Kaffee und aßen Bio-Bagels.

3. Alle trugen enge Hosen und sahen sehr gut aus. Wie Kalifornier halt.

4. Die schönen Frauen interessierten sich nicht für die schönen Männer, und die schönen Männer interessierten sich nicht für die schönen Frauen.

Stattdessen beschäftigten sie sich mit ihren iPhones oder Blackberrys. Sie hatten Kopfhörer auf, sie stippten und tippten über die Displays, sie flippten und kippten sie und lachten sie an, als seien es alte Schulfreunde oder sehr folgsame Haustiere. Sie sahen sich Fotos an oder Videos, sie bestellten etwas und lasen Artikel über die Lage in Afghanistan. Sie waren Sende- und Empfangsstationen zugleich und so beschäftigt, dass eine Bombe vor dem Café hätte explodieren können oder eine Boeing notlanden, sie hätten es nicht gemerkt.

Die Menschheit, dachte ich, ist sehr vernünftig. Sie hat die Zigarette gegen die Technik getauscht. Sie reduziert und optimiert. Sie informiert sich ständig und wird mit jedem Tag effizienter. So wird es weitergehen. Aber wohin, verdammt noch mal? Und was werden dann unsere Rituale sein, wir brauchen doch welche, um nicht komplett durchzudrehen?

Die Frage machte mir Angst. Ich fühlte mich nicht modern genug. Vielleicht lag's auch nur daran, dass ich allein war. Ich hätte gern mit jemandem darüber geredet. Die anderen sahen mich aber nicht, nur sich selbst in den Displayspiegelungen.

Auf der gegenüberliegenden Straßenseite, vor einer Bar, standen ein paar Typen herum. Es waren rauchende Freaks, sie sahen ungesund aus und verlebt, sie hatten etwas von Obdachlosen an sich. Aber sie hatten auch etwas, was sie miteinander verband. Darum entschied ich mich für die Schnapsidee und ging rüber zu ihnen.

»Do you have a cigarette for me?«

»Sure, man.«

Es war gar nicht die Zigarette, die mich wieder das Rauchen anfangen ließ. Es war das »Sure, man«.

Reise in die Schwerelosigkeit

Es gibt viele Arten, Urlaub zu machen: Es gibt den, wo du am Strand rumliegst, ab und zu ins Wasser springst und abends Fisch isst. Es gibt den, wo du dich in acht Lagen Daunen wickelst und einen Berg hinunterstürzt. Es gibt den, wo dir eine viel zu heiße Zwölf-Millionen-Stadt mit ihrem Mix aus Irrsinn und Verbrechen ins Gesicht springt. Und es gibt den, wo du mit einem Laserschwert in der Hand im Zimmer eines Flughafenhotels sitzt und Wein trinkst, weil du keine Ahnung hast, was dich am nächsten Tag erwartet.

Aber immer langsam.

Es war vor ein paar Wochen, in einer neuen Bar in Berlin. Die Leute tanzten, tranken, redeten. Die Krise merkte man kurz mal nicht so.

»Und du?«, fragte einer.

»Top, komm grad aus Kambodscha zurück. Sechs Wochen.«

»Geil. Ich fahr nächste Woche nach Teheran.«

»Shit, da würd ich gern mitkommen. Bin da aber wohl in Kabul. Grüß Farhad von mir!«

Eventuell ist das Problem dieser Generation nicht die Tatsache, dass sie mit iPhones, iPads und Facebook überschüttet wird, dachte ich in diesem Moment. Eventuell ist ihr Problem, dass sie mit Mitte dreißig schon alles gesehen und erlebt hat. Jede Droge probiert, jeden Sex gehabt, jeden versteckten Strand gefunden. Been there, done that. Nur im All waren wir noch nicht. Schwerelos war bislang kaum einer.

Schwerelos.

Große Sehnsucht kam plötzlich über mich. Das Wort schwebte über mir, ich stieß es mit den Fingern an wie Charlie Chaplin die Weltkugel in »Der große Diktator«. Wäre es nicht das Tollste, Passendste, jetzt mal kurz schwerelos zu sein, während die Welt kopfüber in den Abgrund fiel wegen Griechenland und den Prügel- und Missbrauchskatholiken, während sie ein Wahn aus Schuld & Sünde war? Wäre es nicht ein Erlebnis, das uns über alles Irdische erheben würde?

So kam ich her, nach Bordeaux, wo die Firma Novespace das möglich macht. Hier veranstalten sie die sogenannten Parabelflüge, mit denen du Schwerelosigkeit zwar nicht gleich im All, aber zumindest auf der Erde erleben kannst – mit einem über dreißig Jahre alten A-300-Airbus, der acht Kilometer über dem Atlantik durch kontrollierte Steig- und Sturzmanöver eine Abfolge von Parabelkurven fliegt. Während dieser Parabeln ist die auf der Erde herrschende Schwerkraft im Inneren des Flugzeugs kurzzeitig aufgehoben. Magie der Physik: Dinge, Menschen, Tiere verlieren ihr Gewicht. Auf der Erde ist es der einzige Weg, diesen Zustand zu erreichen. Es ist so, als ob du wie Juri Gagarin in einer Kapsel im All sitzt oder als einer der Astronauten in der International Space Station arbeitest. Es ist wie in »Space Oddity« von David Bowie.

Es war um die Mittagszeit, als ich mit einem Haufen Wissenschaftler zur Lagebesprechung in dem kleinen Novespace-Lagerhangar am Flughafen Bordeaux-Mérignac kam. Auch wegen Richard Bransons geplanter Kurzreisen ins All will die Firma demnächst »Zero Gravity«-Touristenflüge anbieten, wie sie's in Amerika und Russland schon gibt (würden dann wohl um die 3000 Euro pro Person kosten) – aber im Augenblick sind es vor allem Forscher, die in die Schwerelosigkeit geschickt werden. Zweimal im Jahr ermöglicht es das Deutsche Zentrum für Luft- und Raumfahrt (DLR), Experimente machen zu lassen, die auf der Erde nicht möglich wären.

Von überall aus Deutschland sind sie gekommen, von der Uni Freiburg, vom Fraunhofer-Institut, von der Luftwaffe, um ihre Geräte in dem leer geräumten Bauch des Airbus zu verzurren: Medizinstudenten, die Knochenaufbau und Wahrnehmungsveränderungen in der Schwerelosigkeit untersuchen; Physiker, die mit Wassereis-Molekül-Versuchen herausfinden wollen, warum die Saturn-Ringe so beschaffen sind, wie sie beschaffen sind (sehr breit, aber auch sehr dünn); Techniker, die unter Weltraum-Bedingungen eine vier Meter lange Helix-Satelliten-Antenne ausklappen wollen, die später verlorene und von Piraten gekaperte Schiffe aufspüren soll.

Sie alle stellten den Leuten vom DLR ihre Experimente vor; und damit ich nicht ganz so rüberkam wie der Schwerelosigkeits-Tourist, der ich bin, hatte ich mich auch ein bisschen vorbereitet. In einem Spielzeugladen stieß ich auf ein sehr schönes Lichtschwert aus dem Film »Krieg der Sterne«, das blaue von Obi Wan Kenobi. Das präsentierte ich der versammelten Menge nun als »Jedi-Experiment«. Etwas erstaunte Gesichter zuerst, doch als ich erklärte, dass es darum ginge, herauszufinden, wie sich eine der Ikonen der Science-Fiction unter Weltall-Bedingungen verhält, ihrem geistigen Entstehungsraum sozusagen, waren alle einverstanden.

Jean François Clervoy, Chef von Novespace und ehemaliger Spaceshuttle-Astronaut (»Wie war's da oben, Monsieur?« – »Magnifique!«), erklärte uns, was am nächsten Tag geschehen würde. Wir würden starten wie ein normales Flugzeug und dann, über dem Ozean, in einen kurzen 47-Grad-Vollgas-Steigflug übergehen, bei dem wir mit doppelter Erdbeschleunigung in die Sitze gepresst würden. Dann würden die Piloten den Schub wegnehmen, sodass wir uns praktisch im freien Fall 22 Sekunden lang auf einer Parabelkurve bewegen würden. Während dieser 22 Sekunden würden wir schwerelos sein, also: fliegen. Vor dem Sturzflug der Maschine und dem Wiedereinsetzen des Schubs sollten wir besser irgendeinen Platz gefunden haben, um nicht von der Decke auf den Boden zu knallen. All das würden wir, mit kleinen Pausen nach jeweils fünf Parabeln, genau dreißig Mal machen. Up and down.

Große Augen im Publikum.

Frage No.1: »Ist das sicher?«

Frage No.2: »Ist schon mal eine Maschine abgestürzt?«

Frage No.3: »Wird mir da nicht schlecht?«

Clervoys Antworten:

1. »Ja. Unser Pilot, lang Testpilot des französischen Militärs, könnte das Ding auch landen, wenn alle Triebwerke ausfallen.«

2. »Non. Jamais!«

3. »Aller Wahrscheinlichkeit nach: Ja, ein bisschen, weil Ihr Gleichgewichtssinn im Innenohr etwas durchdrehen wird. Schließen Sie beim Anstieg die Augen und drehen Sie Ihren Kopf nicht, um das Hirn nicht noch mehr zu verwirren. Sie können sich auch ein Beruhigungsmedikament spritzen lassen. Außerdem haben wir Kotztüten satt, und Ärzte sind auch an Bord.«

Mit diesen Informationen und meinem Lichtschwert in der Hand sitze ich nun im Hotelzimmer, höre David Bowie und trinke gegen den Rat des Arztes drei Gläser Bordeaux. Was soll ich machen – ich war noch nie schwerelos, spürte immer das volle Gewicht meiner 75 Kilo, bin aufgeregt.

Die Schwerelosigkeit sei ein Trip, eine absolut irre Erfahrung, erzählte DLR-Mann Hans Ulrich Hoffmann, der über 840 Parabeln geflogen ist, insgesamt 308 Minuten also, und damit länger in der Schwerelosigkeit war als Gagarin (eine Umlaufbahn, bloß 106 Minuten). Schwerelos zu sein sei ein bisschen wie Sterben, sagte ein Fotograf, der schon oft dabei war. Interessant, denn tot war ich auch noch nicht.

Rotlila Schlieren hängen in der Luft, als der Arzt uns früh am Morgen Scopolaminspritzen gegen die Übelkeit setzt. Die Crew verteilt Blaumänner und Kaugummis; alle losen Teile werden verzurrt, damit sie später nicht in der Maschine rumfliegen. Ein lustig schwebender Wassertropfen, der die Elektrik trifft, würde einen

Kurzschluss verursachen, da hätte dann wohl auch unser Topgun-Pilot Probleme. Aus ähnlichen sowie ästhetischen Gründen haben sie die Toiletten ausgebaut.

Wir setzen uns, schnallen uns an; ich weite den Gurt auf Reiner-Calmund-Umfang, damit ich später nicht am Sitz klebe.

»Gewöhn dich erst mal dran«, sagt mein Nachbar, »flieg nicht gleich rum wie Superman.«

Wir starten in Richtung freier Luftraum und Atlantik. Etwa eine Stunde später zählt der Pilot den ersten Steigflug an: »Pull-up!« Ich fixiere meinen Kopf und schließe die Augen. Der Druck der doppelten Erdkraft presst mich in den Sitz. Ich vergesse zu atmen. Es fühlt sich an, als würde jemand, der genauso schwer ist wie du selbst, in deinen Körper schlüpfen und ihn gleichzeitig festhalten.

Dann, von einer Millisekunde zur nächsten, passiert genau das Gegenteil. Doppeltes Gewicht wird null Gewicht. Magen rutscht Richtung Kehle, kurzes Gefühl der Übelkeit. Es ist, als würde eine Hand in dich hineingreifen und entleeren, von allem.

Ich schwebe.

Es ist ein unmöglich einzuordnendes Gefühl. Eins des Staunens und der Angst, von Befreiung und Hilflosigkeit zugleich. Was macht mein linker Arm da in der Luft? Wo zur Hölle bin ich, und wie orientiere ich mich? Schwimmbewegungen nützen nichts. Die Schwerelosigkeit ist ein Raum ohne Widerstand, ich muss mich erst daran gewöhnen.

Aber dann, in der zweiten, dritten, vierten Parabel, beginne ich damit zu spielen. Ich fliege von einer Sitzreihe zur nächsten; ich hänge an der Decke wie Spiderman; ich mache Kampfbewegungen mit dem ganz und gar für diesen Raum geschaffenen Lichtschwert, dessen Flugeigenschaften meisterlich sind.

So leicht war ich noch nie.

Und Berlin ist weit weg.

Und Griechenland ist weit weg.

Und die Katholiken sind weit weg.

Die Schwerelosigkeit ist ein Raum ohne Widerstand. Die Schwerelosigkeit ist ein Raum, in dem wir eigentlich nichts sind. Sie ist metaphysischer als alles von Immanuel Kant.

Ich glaub, da fahr' ich jetzt öfter hin.

Reise ins Herz der Flasche

Was ist das, die Erinnerung? Wo kommt sie her, was ruft sie hervor, warum überfällt sie uns plötzlich und unerwartet wie ein Ninja-Krieger, der einem ins Genick springt?

Einige sagen, die Erinnerung sei ein Gefühl. Andere meinen, sie sei ein Geruch. Die Wissenschaft behauptet, sie sei ein chemischer Prozess im Hirn. Sie alle irren, nur ich allein kenne die Wahrheit: Die Erinnerung ist ein Geschmack nach Limonensaft, Salz und Benzin. Erinnerung, dein Name ist Tequila – und wo könnte sie stärker über mich kommen als früh am Abend in einer kleinen Bar in Tequila, Mexiko, dem Geburtsort dieses Teufelsgetränks?

»Trink!«, sagt Don Javier, der 86-jährige Patron der Bar »La Capilla« in der Altstadt des Orts.

»Trink!«, sagt Aron, sein Enkel.

»Trink!«, sagt ein Fremder mit Cowboyhut, Schnauzbart und einer Haut, die glänzt wie poliertes Leder.

Also trinke ich. Ich lecke das Salz, ich stürze das Glas, ich beiße die Limone. 40 Prozent Alkohol, drei verschiedene Geschmäcker in drei Sekunden; ein Kehlbrand, gespeist von drei Lunten. Und alles, alles erscheint wieder vor mir: Warum ich hier bin. Warum ich weg war. Warum ich ich bin.

Es war vor über zwanzig Jahren. Wir waren zu viert damals, Brad, Liz, Marisa und ich. Ich war Austauschschüler in Amerika und hatte es gut getroffen: California Dreaming, in einem Ort unweit von San Francisco. Brad war mein bester Freund, Liz sein Mädchen und die schöne Marisa sollte meins werden. Die Sympathie war groß, nur zwei Dinge standen zwischen uns:

– Marisa war sehr katholisch (amerikanisch-italienisch)

– Marisa war sehr nüchtern (Anhängerin der Skaterreligion Straight Edge)

»Was soll ich tun, Brad?«

»Bring sie nach Tijuana. Dort wird sie Gott und ihr Skateboard vergessen.«

Für diejenigen, die Tijuana erst aus der »Weltspiegel«-Berichterstattung der letzten fünf Jahre kennen: Der Ort an der mexikanisch-amerikanischen Grenze war nicht immer nur für seine Frauenmorde, Hinrichtungen und Drogengangs bekannt. Früher beschränkte sich die Sünde aufs Feiern, Tanzen, Trinken. Darum fuhren jedes Wochenende Tausende amerikanische Highschool-schüler dorthin.

So auch wir.

Es war kurz nach Mittag, als wir die erste Cantina betraten.

»Was trinken wir?«

»Tequila!«

Sie brachten uns ein, zwei, drei, vier Shots mit Salz & Zitrone, die wir hintereinander wegtranken. Sie schmeckten widerlich, aber wirkten natürlich.

Es war kurz nach eins, als wir die zweite Cantina betraten.

»Was trinken wir?«

»Tequila!«

Sic brachtcn uns die fünften, sechsten, siebten, achten Shots, die wir alle hintereinander wegtranken. Sie schmeckten noch widerlicher, aber wirkten natürlich.

Es war kurz nach zwei, als mein Kopf zu schwanken und meine Augen zu rollen begannen. Es war Viertel nach zwei, als ich anfing, Brad zu beschimpfen, und Marisas Namen vergessen hatte. Es war zwanzig nach, als ich das Gefühl hatte, fünf Meter NATO-Draht in der Kehle zu haben, und Marisa eine Mischung aus Alkohol, Limonensaft und Salz auf den Schoß kotzte. Danach fiel ich von der Bank und schlug mir den Kopf blutig. Marisa redete nie wieder ein Wort mit mir. Ich trank nie wieder Tequila.

Tequila hatte meine Liebe zerstört.

Tequila hatte meine Würde genommen.

Tequila hatte mir ein Trauma verschafft. Um mich ihm zu stellen wie ein Boxer, der einen verlorenen Kampf nicht vergessen kann, bin ich hergekommen. Ich muss ganz tief rein ins Herz der Flasche, um zu verstehen, was geschehen ist.

Ich machte es wie die hunderttausend anderen, die im Jahr nach Tequila reisen. Ich flog in den Westen Mexikos, nach Guadalajara. Von dort nahm ich den »Tequila Express«, einen Touristenzug, der durch die Anbaugebiete der Blauen Agave fährt. Nur die Blaue Agave, die hier, im Staat Jalisco, besonders gut wächst, ist die Tequila-Agave. Aus allen anderen wird Mescal gewonnen; minderwertiger Brennschnaps, der den Schriftsteller Malcolm Lowry (»Unter dem Vulkan«) in den Wahnsinn trieb.

Den ersten Drink (Bah!) gab's um 10.45 Uhr, etwa eine halbe Stunde später begannen die Mitreisenden, zu Mariachi-Musik zu tanzen. Der Führer zeigte uns die Brennerei Herradura, die, wie so viele andere auch, seit es Mitte der Neunzigerjahre zum großen Tequila-Boom kam (besonders US-College-Studenten soffen ihn wie die Russen ihren Wodka), mittlerweile von einem amerikanischen Alkoholika-Großkonzern gekauft wurde. Der Führer erzählte von der Aztekengöttin Mayahuel, die zuerst den klebrigen Saft aus der Agave gewonnen haben soll, der nach dem Brennen dann zum Indio-Schnaps gemacht wurde, der heute Tequila heißt, nach der Gegend hier und einem Vulkan, der seit 50 000 Jahren schweigt. Bei Herradura zeigten sie uns, wie Berge von Agavenherzen in Dampföfen weich gekocht werden. Mühlen pressen den Saft heraus, eine Art Honigwasser, das in Fässern mit Hefe angereichert und zweimal destilliert wird – zu den Tequilatropfen, die das Tequilameer ergeben, das die Mexikaner dann austrinken.

Es roch klebrig und süß in der Destillerie, wir bekamen Tequila-Alcopop-Softdrinks angeboten (»Vampiro« hieß einer); aber um zu verstehen, was die Seele des Tequila ausmacht, die auch ein bisschen die Seele Mexikos ist, musste ich weg von den Touristen und rein in den Ort.

Was ich erwartete, war klar. Ein 50 000-Seelen-Kaff, in dem dir an jeder Ecke ein Borracho (Schnapsdrossel) in den Schoß fällt; ich erwartete 24-stündige Spring-Break-Partys zum Sound des Hits »Tequila« (nicht hier entstanden, sondern Mitte der Fünfzigerjahre von der Band »The Champs« in Kalifornien); ich erwartete Schweiß, Sex, zersplitterte Flaschen. Ich fand das komplette Gegenteil.

Träge und still lag die Plaza der Altstadt in der Mittagshitze; wann immer die Kirchenglocke erklang, ließen die paar Enchiladaverkäufer ihre Teigtaschen fallen und sahen gen Himmel. Ab und zu fuhren Jungs in teuren europäischen Autos vor, aber sie waren keine Drogendealer, sondern einfach nette Jungs, deren höchstmöglicher Rausch ein Tequila-Eis zu sein schien, das sie ab und zu mit ihren Mädchen schleckten. Offensichtlich wollte hier niemand nach Amerika flüchten, so sauber, sicher und voller Arbeitsplätze war es. Andauernd fegte jemand die Plaza Principal. Natürlich gab's einen Schnaps-Laden nach dem anderen mit Tequila in allen möglichen Formen und Größen – aber nur wenig Bars und kaum einen Betrunkenen! Lag's vielleicht an den Strommast-Halterungsseilen, die überall auf der Straße gespannt sind und über die man auch nüchtern andauernd stolpert?

Im Tequila-Museum erzählte mir die Archivarin von der irrsinnig hohen Alkoholismusrate im Rest Mexikos (60 Prozent betrinken sich täglich), die hier deutlich drunterläge. Warum zur Hölle war ich eigentlich gekommen?

Die Frage machte mich so irre, dass ich in der nächsten Bar, zu der ich viel länger laufen musste als gedacht, sofort den Hausdrink bestellte: den sogenannten »Don Kiko Cantarita«, eine Art ungeeister Margarita. Da ich den Tequila kaum schmeckte, kam relativ schnell gute Laune auf. Vom Schaufenster gegenüber lachte mich ein pinkfarbener Sombrero an. Ich hielt das für die bisher beste Idee und lief rüber.

»Wie viel, Senorita?«

»168 Pesos, Hombre.«

»Nehm' ich!«

Sofort setzte ich den Hut auf. Er passte perfekt, auch die Menschen nahmen mich besser wahr jetzt, ich merkte es sofort. Nicht unmöglich übrigens, dass es sich um den einzigen rosa Sombrero in ganz Mexiko handelte.

Eine Mariachi-Band kam vorbei, sie wirkte ausgelaugt und müde.

»Hey Amigos, wie gefällt euch mein Hut?«

»Bisschen schwul vielleicht, aber sonst ganz gut.«

»Trinken wir was?«

»Och nö. Aber für hundert Pesos spiel ich dir drei traurige Liebeslieder.«

»Och nö. Sag mir lieber, was mit diesem Ort los ist. Warum trinkt hier keiner? Ihr sitzt doch nicht nur a n, sondern praktisch i n der Quelle!«

»Geh zu Don Javier«, sagte die Band und ging schlafen.

Dort, bei Don Javier, dem Tequila-Paten, bin ich jetzt, im La Capilla, der ältesten Bar des Dorfs. Und nachdem Don Javier erst ein paar Minuten brauchte, um meinen Hut zu verdauen, schenkt er mir jetzt endlich fein was ein. Zuerst einen Tequila Blanco (ungelagert, pur), dann einen Reposado (etwas älter, zimtig) und einen Añejo (Eichenfass-gereift, rauchig). Allesamt ohne Salz und Limone diesmal, so wie's der wahre Tequila-Mann seiner Meinung nach tut.

»Und, Amigo?«

»Grässlich. Tut mir leid, echt. Brennstoff, Äther, Rasenmäherfusel. Warum trinkt ihr so was?«

»Die Frage ist eher, warum du so was trinkst, wenn's dir nicht schmeckt.«

»Ich habe mal ein Mädchen an Tequila verloren.«

Schwindel. Hitze. Schmerzen.

»Oh. Hat sie sich totgetrunken?«

»Nein. Aber ich fast.«

Mitleidiges Augenrollen von Don Javier an mir vorbei durch den ganzen Raum.

»He, Javier, kannst du dem rosa Sombrero helfen? Kennst du nicht jemanden, der auf den Feldern arbeitet?«

Zum ersten Mal an diesem Abend bewegt sich der Schnauzbärtige.

»Hrmmmrmpff«. Dann holt er sein Handy raus und ruft seinen Freund Antonio an.

Antonio arbeite auf den Agavenfeldern von Jose Cuervo, sagt Don Javier. Jose Cuervo ist der letzte große Tequila-Konzern, der noch Mexikanern gehört. Und der weltweit mächtigste. Kaufst du irgendwo in Deutschland eine Flasche Tequila, die nicht die mit dem Sombrero drauf ist (»Sierra Tequila«, wird aus Hamburg vertrieben), ist es mit ziemlicher Sicherheit Jose Cuervo. Seit über 200 Jahren macht die Firma Mexiko betrunken. Im Zentrum Tequilas besitzt der heutige Besitzer, ein schlau eingeheirateter Deutscher, Juan Domingo Beckmann, eine Hacienda, um die ihn jeder kolumbianische Drogenlord beneiden würde. Das Volk nennt ihn »Don Juan«.

Früh am nächsten Morgen, um kurz nach halb sechs, lässt mich Antonio von einem Kollegen vom Hotel abholen.

Wir fahren etwa eine halbe Stunde lang, bis wir die Agavenfelder erreichen, die sich endlos zwischen dem erloschenen Vulkan und der gegenüberliegenden Gebirgskette erstrecken. Alles ist übersät mit den blaugrünen Dornenblättern der Tequila-Agave; übrigens eine Spargelart, kein Kaktus. Es ist kurz vor Sonnenaufgang, als wir Antonio und seine Männer entdecken. Sie tragen schwere Stiefel, Holzfällerhemden und Sombreros; in den Händen halten sie

Rundspaten, die so scharf sind, dass du damit einen Tiger rasieren könntest.

»Gibt's hier gefährliche Tiere, Antonio?«

»Nur Klapperschlangen, Skorpione und Tausendfüßler. Die sind aber alle nachtaktiv.«

»Es ist doch praktisch noch Nacht!«

»Darum pass auf, Amigo.«

Schon nach fünf Minuten ist klar, dass ihre Arbeit die denkbar schwerste ist. Zuerst hacken die Männer die Stachelblätter von der Pflanze weg, bis nur noch ihr ananasförmiges Herz übrig ist. Darin befindet sich das Fruchtfleisch, aus dem später der Agavensaft gewonnen wird. Zehn Jahre braucht die Agave zur Erntereife; sie wiegt zwischen vierzig und fünfzig Kilo und wird tonnenweise von Antonio und den anderen auf den Laster geschleppt. Fünfzig US-Dollar machen sie an einem guten Tag, der mittags vorbei ist, weil dann die Sonne alles und jeden verbrennt.

»Was hat die Agave für dich getan, Antonio?«

»Sie gibt mir, meiner Frau und den Kindern zu essen und ein Dach überm Kopf.«

»Ein gutes Dach?«

»Ein gutes Dach.«

»Trinkst du?«

»Zuletzt vor fünfzehn Jahren. Der Tequila ist wie die Agave, aus der er stammt.«

»Wie meinst du das?«

»Schau sie dir doch an. Sie ist schön, aber stachlig. Nicht unbedingt ein Genuss, aber doch von unglaublicher Wirkung. Dem, der damit umzugehen weiß, kann der Tequila unglaubliche Kraft verleihen. Den, der das nicht kann, kann er verschlingen. Ich war mal in Gefahr, verschlungen zu werden.«

Er geht zurück ins Feld und verschwindet darin.

Jedes Volk hat seinen Drink, denke ich, als wir zurück in den Ort fahren. Die Russen haben ihren Wodka, der sie laut und hart macht wie Kokain. Die Kubaner haben ihren Rum, der sie scharf und tanzend macht. Die Franzosen haben ihren Wein, der sie ab und zu auf gute Gedanken bringt. Die Deutschen haben ihr Bier, das sie schwer macht und erdet wie die Wurzeln eines sehr alten Baumes. Alle diese Drinks kann man genießen, jeden auf seine Art.

Die Mexikaner haben ihren Tequila, der mit Genuss nichts zu tun hat. Vielleicht liegt es am Land, an der Geschichte: Die Ur-Bevölkerung von den spanischen Conquistadores ausgerottet und zwangsmissioniert; später dann, hatte die Archivarin erzählt, war der Tequila der Treibstoff, der den mexikanischen Revolutionären die Angst vorm Kampf nahm. Schönheit und Schmerz, wie Antonio gesagt hatte. Eine zutiefst südamerikanische Angelegenheit also.

Bloß, was bedeutet all das für mich, der ein Trauma zu überwinden hat? Dass ich keine Revolutionärsleber habe? Dass ich keine fünf Tage allein in Mexiko überleben würde? Dass ich Mädchen statt Macho bin? Oder im Herzen Conquistador? Guter Gott, ich brauche dringend was zu trinken!

Es ist kurz nach Mittag, als ich verschwitzt und müde La Capilla betrete.

»Na, rosa Sombrero – wie war's?«, fragt Don Javier, als er sich gerade einen Blanco eingießt, aus hundertprozentiger Blauer Jalisco-Agave.

»Einen morgens, einen mittags, einen abends – nicht mehr und nicht weniger, das ist das Geheimnis von Alter, Glück und Gesundheit«, sagt er, als er meinen Blick bemerkt. »Frag den Pfarrer, frag den Arzt, frag den Alten auf der Parkbank. Sie alle werden mir zustimmen.«

Und ja, vielleicht ist es das wirklich: Der Tequila hat dem Ort Frieden und Wohlstand gebracht und seinen Bewohnern den Grundsatz eingebläut, den auch jeder ernst zu nehmende Drogendealer befolgt: Don't get too high on your own supply. Wer im Herz der Sünde sitzt, weiß meist am besten mit ihr umzugehen. Frag den Arzt, frag den Pfarrer, frag den Alten auf der Parkbank.

»Ich habe Durst, Don Javier.«

»Ich mix dir was, Hutmann«, sagt Don Javier. Er schüttet etwas Tequila Blanco, Coca Cola und Limonensaft zusammen, lässt ein paar Eiswürfel ins Glas fallen, rührt alles zusammen, befeuchtet den Rand mit Salz und reicht es mir.

»Hier, ein Batanga nach Art des Hauses für dich. Gibt ein paar Leute in Tequila, die behaupten, ich hätte ihn erfunden. Ob du's glaubst oder nicht, überlass ich dir.«

Er schmeckt frisch und klar und lebendig, nach Meer, Sex und Mexiko. Ein bisschen wie Cuba Libre vielleicht, aber es ist auf jeden Fall der beste Tequila-Drink, den ich je hatte.

»Exzellent!«, sage ich und schaue Don Javier überrascht an.

»Vielleicht hattest du damals in Tijuana auch gar nicht den falschen Alkohol«, sagt er. »Sondern einfach nur den falschen Drink.«

Seltsame Frau in der Südsee

Als Yasuko mir sagte, wir seien eingeladen, dachte ich, wir gingen wieder auf eine von diesen Künstlerpartys in Harajuku, auf denen die Leute schwarze Tüllschleier über den Ohren tragen und Blumengebinde statt Schuhen und darüber reden, dass alle zeitgenössische Kunst eigentlich gesprengt gehöre oder zumindest für das Neunfache bei Sotheby's versteigert, damit es überhaupt irgendeinen Grund gebe, sie an die Wand zu hängen, stellen, legen. Ich hätte nicht erwartet, dass wir zweieinhalb Stunden fliegen müssten, bloß um auf der Geburtstagsparty irgendeines alten Freundes zu erscheinen, dessen Namen sie in den zwei Jahren unseres Zusammenseins kein einziges Mal erwähnt hatte.

Aber so war das mit Yasuko damals: So recht wusste man nie, was man zu erwarten hatte, wenn sie irgendwas plante – ich hätte lernen müssen aus dem Abend, an dem sie vorschlug, nur mal kurz eine Suppe essen zu gehen, und ich mich auf einem Happening namens »Origami-MIG« wiederfand, auf dem Yoko Ono und der Architekt Tange Kenzo russische Kampfjets aus Papierservietten bastelten. Sehr schöne Kampfjets, im Übrigen.

Und jetzt fand ich mich eben auf dem Flughafen von Myazaki wieder, einer mittelgroßen Stadt auf der Insel Kyushu im Süden Japans.

Ich wollte gerade unsere Koffer vom Laufband holen, als Yasuko mir in den Arm griff.

»Wir gehen gleich zum Ausgang«, sagte sie.

»Und das Gepäck?«

»Tokugahara kümmert sich.«

»Ah ja.«

»Taxi!«, rief ich draußen vor dem Flughafen.

Yasuko zog meinen Arm herunter.

»Tokugahara kümmert sich.«

Dann waren sie auch schon da: zwei Männer in hellen Anzügen. In den Händen des einen: unsere Koffer. In den Händen des anderen: Schilder mit unseren Namen darauf. Neben ihnen: eine Limousine, die im Schritttempo auf uns zukam.

»Sayonara.«

»Sayonara.«

Im Inneren der Limousine servierten sie uns kalte Margaritas.

Tokugahara kümmerte sich scheinbar wirklich.

Im Wagen, während Hügel und heiße Quellen an uns vorüberzogen, fragte ich Yasuko nach Tokugahara.

»Was macht er so?«

»Er ist reich.«

»Wie reich?«

»Sehr.«

»Wodurch geworden?«

»Irgendwas mit Kunst. Weiß nicht so genau. Es ist lange her, seit wir uns das letzte Mal gesehen haben. Er hat viel Zeit in China und Russland verbracht. War immer ein sehr umtriebiger Typ. Ständig unterwegs.«

Auf einmal standen wir vor einem Gebäudekomplex, etwa so groß wie drei Fußballfelder. »Ocean Dome« stand über dem Eingang, drum herum um das Logo waren stilisierte Wellen gemalt.

»Gehen wir schwimmen?«, fragte ich.

»Nein«, sagte Yasuko. »Die Feier findet hier statt.«

»Wie alt wird dein Freund? Zwölf?«

»Ihm gehört dieser Park«, sagte Yasuko. »Und dazu noch halb Myazaki, wie man sagt.«

»Oh.«

Ich hatte schon mal gehört von diesem Ocean Dome, dem größten Schwimmbad der Welt, das Mitte der Neunzigerjahre in Betrieb genommen worden war. Besonders an dem Ocean Dome war nicht etwa seine Größe, sondern vor allem die Tatsache, dass das Schwimmbad über ein gigantisches Schiebedach verfügte, das sich bei Sonnenschein öffnen und bei Regen oder Wolken schließen ließ. Sofort nach seiner Eröffnung waren Hunderttausende von Japanern in das Bad geströmt, schon eineinhalb Jahre später allerdings waren die Besucherzahlen so stark gesunken, dass das Bad schließen musste. Eventmarketing halt: Am Anfang rennen sie dir die Türen ein, aber wenn's jeder mal gesehen hat, hat's jeder mal gesehen.

Ganz offensichtlich hatte dieser Tokugahara es gekauft, um es neu zu eröffnen.

Als wir eintraten, gaben sie uns Bademäntel, Badekappen, Badelatschen. Wir fuhren zwei Rolltreppen hoch zu den Umkleidekabinen und zogen uns um.

Dann betraten wir Tokugaharas Reich.

Jedes Schwimmbad, das Sie irgendwann in Ihrem Leben einmal gesehen haben: Vergessen Sie's. Jeder Strand, an dem Sie irgendwann einmal in Ihrem Leben gelegen haben: Vergessen Sie ihn. Jede Insel, zu der Sie irgendwann einmal in Ihrem Leben ein Charterjet mit hundertfünfzig Kilo Proviant gebracht und zehn Tage später wieder abgeholt hat: Vergessen Sie sie.

Dies hier war besser.

Dies war all das und mehr.

Was Yasuko und ich betraten, war ein Südseeparadies, ein Bild aus den Romanen von Robert Louis Stevenson, Somerset Maugham und Jack London: eine Welt, die – obwohl sie ursprünglich mal etwas hatte imitieren sollen – all das übertraf, was ihr Vorbild gewesen war. Es gab Palmen, die höher wuchsen als all die Palmen, die ich jemals in Thailand oder auf den Bahamas gesehen hatte; der Sandstrand, der sich durch die riesige Halle zog, war weißer als alle Strände, die jemals auf irgendeiner Postkarte abgebildet worden waren; und der Himmel, draußen noch grau und verhangen, strahlte blau und wolkenlos, weil es kein echter Himmel war, sondern ein gigantisches Verdeck. Allein das Licht war wegen der projizierten Sonnenkugel am Horizont und der unzähligen Kurzwellen-Wärmelampen etwas glasig, aber keinesfalls unangenehm.

Unter der Kuppel, zwischen und an Yasuko und mir vorbei, bewegte sich eine seltsame Mischung von Menschen: hübsche Japanerinnen, die als hawaiianische Hulamädchen verkleidet den Männern und Frauen, die am Strand herumlagen, Drinks brachten, junge Männer mit Surfbrettern unter den Armen, aber auch dicke Männer aus Tonga und Fiji, die auf Grills Essbananen zubereiteten, und schwarze Brasilianer aus Salvador da Bahia, die frisch gefangene Barsche ausnahmen.

»Howdy!«, sagte ein Mann, der an uns vorbeikam.

»Aloha!«, sagte ein anderer.

»Hola!«, sagte eine junge, sehr hübsche Frau.

Alles bewegte sich: die Menschen, das Wasser, sogar die Palmen wedelten, angestrahlt von einem Windgebläse, das in dem künstlichen Felsmassiv angebracht war, das die Bucht umfasste. Nur ein Punkt im Raum schien festzustehen: ein Mann mit einem Cowboyhut auf dem Kopf, der inmitten all des Gewirrs auf einem Regiestuhl am Strand saß und auf das Meer schaute, dieses künstliche Meer mit der künstlichen Brandung und den künstlichen Gezeiten. Er saß da und starrte auf eine einsam auf einem Stück

Felsen im Wasser stehende Königspalme, ohne sich auch nur das kleinste Stück zu bewegen. So wie ein Schöpfer, der sich sein Werk ansieht, dachte ich.

»Da ist er ja«, sagte Yasuko, als sie meinen Blick bemerkte.

»Herzlichen Glückwunsch, Tokugahara-San«, sagte Yasuko, als sie dem Mann von hinten auf die Schulter tippte.

Der Mann auf dem Stuhl drehte sich um.

Sein Gesicht, faltig und knittrig, hellte sich auf, als er Yasuko erkannte. Er sammelte seine knöchrigen Glieder zusammen, stand auf und verbeugte sich.

»Es ist so wunderbar, Sie zu sehen, meine Freundin aus Tokyo! Es ist so lange her, ich war zu viel im Ausland. Wer ist Ihre werte Begleitung?«

Yasuko stellte mich vor.

»Ich danke Ihnen, dass Sie gekommen sind. Gefällt es Ihnen hier?«

»Sehr«, sagte ich, »es ist so … paradiesisch. Ich bin mir sicher, dass es bald wieder sehr gut besucht sein wird.«

»Oh, es ist eigentlich nicht für die Öffentlichkeit gedacht«, sagte Tokugahara. »Es ist für mich. So eine Art Alterssitz. Ein Mann, der gerade 78 geworden ist, hat keine Lust mehr, sich an den Wechsel der Temperaturen zu gewöhnen. Ich werde hier bleiben, bis ich sterbe. Den letzten Rest Leben genießen.«

Yasuko entdeckte an einer der Bars irgendjemanden, den sie kannte.

»Kann ich euch eine Zeit lang allein lassen?«

Wir nickten.

»Das Leben?«, nahm ich Tokugaharas letzten Satz wieder auf. »Aber hier ist doch nichts echt. Wie wollen Sie hier noch etwas vom Leben finden, außer den Zierfischen, die Sie in das Salzwasser gekippt haben?«

»Das stimmt«, sagte Tokugahara. »Es ist besser als echt: Keine gefährlichen Strömungen, keine Haifische, kein schlechtes Wetter. Und der Strand ist ein Abbild des Lebens selbst: Kinder, die schwimmen lernen, das ist die Geburt, der Ursprung. Junge Männer, die auf den Wellen reiten, hinunterfallen, aber wieder aufstehen, um das, was sie lernen, zu vervollkommnen. Ist das nicht so wie das Leben mit all seinen Unwägbarkeiten? Und die Alten, die sich an den Strand legen und die Wärme der letzten Sonnenstrahlen genießen – das ist der Tod, die Vorbereitung auf das Ende.«

So konnte man es sehen, dachte ich.

»Sie handeln mit Kunst?«

»Früher mal«, sagte Tokugahara. »Ich hatte mich verliebt. In ein Bild von Gauguin. Sie kennen Gauguin?«

»Sicher: Tahiti, die Südsee, Kokosnüsse, Frauen.«

»Mein ganzes Leben lang war ich auf der Suche nach diesem Bild«, unterbrach mich Tokugahara. »Es war das perfekte Bild, das beste, das Gauguin je gemalt hat: das perfekte Sujet, die perfekten Farben, die perfekte Linienführung, die perfekte Stimmung. Ich fand es unter den außergewöhnlichsten Umständen und liebte es sehr, entschied mich aber, es an einen sehr wohlhabenden Russen zu verkaufen, und dieses Geschäft wurde zum Grundstock meines Vermögens.«

»Wie heißt es denn, dieses Bild von Gauguin?«

»Seltsame Frau in der Südsee«, sagte Tokugahara.

Ich überlegte einen Moment lang.

»Das kenne ich gar nicht«, sagte ich dann.

Tokugahara sah mich an, sehr lange. Ich weiß nicht, wie er es machte, aber sein Blick war in diesem Moment nicht der eines alten, etwas wunderlichen Mannes, sondern der eines sehr viel jüngeren. Ein Rest von einer irgendwann in seinem Leben getroffenen Entscheidung haftete diesem Blick an; ein Rest von einer sehr wichtigen, bedeutsamen Entscheidung.

Dann drehte Tokugahara sich um, hob den rechten Arm und wink-
te irgendjemandem in der Kommandozentrale seiner Kuppelwelt
ein Zeichen zu. Ein paar Sekunden später schon begann der helle
Kreis am Horizont, der die Sonne war, in einem sanften Bogen zu
sinken und der Himmel verdunkelte sich. Nach einer Viertelstunde, wir hatten kaum geredet, war die ganze Halle in glutrotes Licht
getaucht, und die Menschen, die eben noch im Wasser herumge-
sprungen oder geredet und getrunken hatten, waren still geworden
und verharrten, ihren Blick auf den Horizont gerichtet.

Die Sonne ging unter, und sie war in diesem Moment tatsächlich
echter als alles, was ich je gesehen hatte.

Ich dachte noch immer an dieses Bild von Gauguin, von dem ich
nie in meinem Leben gehört hatte.

»Wunderbar, nicht?«, sagte Tokugahara und sah zu dem letzten
Stück des roten Balls, der jetzt von der Wasserlinie geschluckt wurde. »Wollen Sie es noch mal sehen?«

Vorm Berghain

Eine Samstagnacht Ende Februar, Wriezener Bahnhof, 2.35 Uhr. Ricardo, Maria, Jose und Angelina, kleine, dunkelhaarige Spanier allesamt, Studenten der Literatur, Geschichte, Linguistik allesamt, in ihren Zwanzigern allesamt, stehen im hinteren Drittel einer sechzig Meter langen Menschenschlange vor einem ehemaligen Heizkraftwerk, das sich wie eine zerlumpte Burg vor ihnen erhebt.

»Mir ist kalt«, sagt Angelina.

»Mir auch«, sagt Maria. »Ich hätte doch die Snowboardjacke anziehen sollen.«

»Auf keinen Fall«, sagt Ricardo. »Dann hätten wir gar nicht erst zu kommen brauchen. Oder hast du vergessen, was Jaime passiert ist?«

»Jaime kam nicht rein?«

»Jaime kam nicht rein.«

»Weil er eine Snowboardjacke anhatte?«

»Weil er aussah wie ein Vollidiot.«

Seit Freitagmittag sind die vier in der Stadt, mit Easy Jet über Schönefeld, 34,99 Euro, Handgepäck only, no drinks, no food. Sie wohnen in einer Pension in Kreuzberg und haben sich ein paar Dinge angesehen in Berlin, Siegessäule, Brandenburger Tor, Galeries Lafayette, das Stelenfeld zum Judenmord, aber eigentlich geht's nur um dieses Gebäude am Wriezener Bahnhof: »El Berghain«, wie sie sagen, das »Berghain«.

Streng genommen könnte man es einen Klub nennen, also die

Art Veranstaltung, bei der ein paar DJs ein paar Platten auflegen und ein paar Hundert Menschen glücklich machen – doch wer die Feiern im Berghain so beschreibt, für den ist die Sixtinische Kapelle auch bloß irgendeine Kirche und die Freiheitsstatue nur eine Grünspan-Lady, die mit einer Fackel im Wasser rumsteht und auf einen Haufen Penner wartet. Richtiger wird's, wenn man's so sagt: Ägypten hat die Pyramiden, Rom hat den Vatikan, Granada hat die Alhambra, Berlin hat das Berghain. Der Ort ist zu einem Mythos geworden, man spricht von ihm wie von einem Hieronymus-Bosch-Bild: als Paradies des Exzesses, Fotografieren verboten. Jedes Wochenende fliegen Spanier, Franzosen, Italiener, Portugiesen, Holländer zu Tausenden ein und warten mit leuchtenden Augen auf Einlass, stundenlang. Sie erhoffen das Unfassbare hier, lebensverändernde Erfahrungen, die sie kulturell/spirituell/sexuell weiterbringen.

Falls sie reinkommen.

3.02 Uhr. Die vier gewinnen ein paar Meter. Hinten wächst die Schlange bis zum Taxistand, sie wird immer bunter, überraschend viele tragen Rucksäcke und sehen aus wie Interrailer, sind die denn irre? Mindestens die Hälfte von ihnen wird es nicht reinschaffen. Man wird sie auf die Straße zurückstoßen wie unerwünschte Fremde. Alle anderen werden es drinnen umso mehr genießen.

»Stimmt es, dass sie dort den letzten wahren Techno spielen?«, Maria sieht hin zur Burg, über Hunderte von Köpfen hinweg, die vor ihr anstehen und plappern und zwitschern, leise auf Deutsch, laut auf italiano, español, portugués, holandés. Weiß Wowereit, welche Bedeutung der Klub für die Stadt hat? Hoffentlich nicht. Rotes und blaues Licht blitzt aus den Fenstern der weiter oben liegenden Panoramabar, ab und zu wummert es und bummert es und karummert es.

»Ist es wahr, dass Berlin da drin noch das alte Berlin ist, das Rave-Berlin der zerfallenen Häuser, der Party-Revolución, des ewigen Tanzes?«

»So erzählt man sich's«, sagt Ricardo, der es selber erzählt bekommen hat, von einem, der es von einem erzählt bekommen hat, der wirklich da gewesen sein soll und seitdem ein anderer geworden sei, besser, sagen alle. Den Rest hat Ricardo im Internet zusammengegoogelt.

»Stimmt es, dass die Leute auf den Toiletten Sex haben?«, fragt Maria.

»Vor allem auf den Gängen, habe ich gehört.«

»Ist es wahr, dass es einen Bereich gibt, den man nur nackt und mit einer Baulampe auf dem Kopf betreten darf?«

»Der soll vor allem für die Schwulen sein und Lab.Oratory heißen.«

»Stimmt es, dass es drinnen überall Drogen gibt?«

»Wie sonst sollte man es aushalten?«

»Fast habe ich etwas Angst«, sagt Maria und greift Angelinas Hand. Angelina, kleinste der vier, lächelt unsicher, sie hat die ganze Zeit kaum etwas gesagt. Sie ist hier, weil Jose herwollte, den sie liebt, und ob Jose sie gerade wirklich gern dabeihat, ist schwer zu sagen. Sie könnte sich später als hinderlich erweisen, falls sich in den Gängen oder Toiletten etwas ergibt.

»Das mit der Angst ist doch gut«, sagt Jose. »Wo sonst auf der Welt gibt es das noch – einen Klub, vor dem man Angst hat? Ein Klub, bei dem es um etwas geht? Ein Klub, der ein kleiner Test ist?« In Spanien gehen sie den Jakobsweg, er führt ins Licht, hier gehen sie den Berghainweg, er führt ins Dunkle. Und über Sven Marquardt, den Türsteher. El Gorila, sagt Ricardo.

3.35 Uhr.

Marquardt hat ein Gesichtstattoo und viele Ringe im Gesicht, auch in den Lippen, aber das ist nicht das Problem. Das Problem ist, dass es nicht ganz einfach ist, herauszufinden, wer ihm gefällt und wer nicht. In anderen Klubs gibt es meist ein klar erkennbares System: Turnschuhe gehen oder Turnschuhe gehen nicht; Krawatte ist der Tod oder toll; nett abnicken läuft oder läuft nicht. Auch

Marquardt hat ein System, aber mit ihm ist es ein bisschen wie mit dem Türhüter in Kafkas Geschichte »Vor dem Gesetz«: Irgendeinen Schlüssel gibt es, aber welchen und wer hat ihn gerade? Ist mein rasierter Schädel okay, oder hast du, Gott der Nacht, vielleicht gerade überhaupt keinen Bock darauf? Gucke ich zu betont lässig oder nicht lässig genug? Wie gucke ich überhaupt, und was hat das zu bedeuten, dass ich jetzt darüber nachdenke, wie ich gucke? Und was für ein Mensch bin ich eigentlich, ein sicherer, ein unsicherer, irgendwas dazwischen?

Ein Klub ist dann gut, wenn er es schafft, solche Fragen in den Schlangestehenden hervorzurufen, existenzielle Fragen, Grundsätzliches. Marquardt kriegt es hin, dass man sich solche Fragen stellt. Und wie der Ruf des Berghain selbst ist auch der von Marquardt inzwischen zu mythischer Größe gewachsen.

»Ein Freund von mir meinte neulich, er sei gar kein Mensch, sondern ein Reptil«, sagt Ricardo. »Eine Echse oder so was.«

»Wer meinte das – der Volltrottel Jaime, der noch kein einziges Mal drin war?«, fragt Maria.

»Nein, Antonio sagte das«, sagt Ricardo, als Marquardt und seine zwei Vasallen, Typ SS-Kickboxer, gerade vier Italiener nach Hause schicken.

»Was war jetzt falsch an denen?«, fragt Jose.

»Der eine hatte ziemlich schlimme Turnschuhe an; so Angeber-Dolce-&-Gabbanas in Rotweißgrün. Außerdem waren sie ziemlich laut«, sagt Ricardo. Er selber trägt Nikes, aber Ricardo beginnt langsam zu verstehen, dass so was hier gar nichts bedeutet. Dass solche Codes von vorgestern sind, die vielleicht in Barcelona, Mailand und New York noch gelten, aber nicht hier. Hier meinen sie's irgendwie ernster. Kein Ausgehen auf der Welt hat so etwas Sakrales wie das Berghain'sche. Die Geschichten, die man sich davon erzählt, handeln nicht von Topmodels, die mal nicht reingekommen sind, oder von Fernsehstarlets, die mit Drogen auf der Toilette erwischt wurden. Sie handeln von Menschen, die sich oft tagelang in den Katakomben des Klubs herumgetrieben haben, in allen möglichen Aggregatzuständen. Sie handeln von Zombies, Wirren, Irren. Einige gingen heterosexuell rein und kamen schwul wieder heraus, bei anderen war es umgekehrt. Es sind Fegefeuergeschichten, die das Berghain erzählt. Und weil die Hitze des Fegefeuers so stark ist, kommen so viele Menschen von überall aus der Welt her – weil sie spüren, dass keine weltliche Institution aufpasst und man hier verloren gehen kann. Falsch: verloren gehen will. Darum machen sich die vielen Europäer und Europäerinnen auf den Berghainweg: um sich in Schwärze aufzulösen. Um zusammen mit anderen kleinen Seelen von der Unterwelt verschluckt zu werden und zu sehen, was danach von ihnen übrig bleibt.

4.12 Uhr. Ricardo, Maria, Jose und Angelina, kleine, dunkelhaarige Spanier allesamt, junge Studenten des Lebens allesamt, unsicher allesamt, stehen vor einem kräftigen Echsenmann mit Tätowierung und Ringen im Gesicht.

Maria denkt: zum Glück keine Snowboardjacke.

Ricardo denkt: bitte, Echse, por favor.

Jose denkt: ja, ich will.

Angelina denkt: Vater unser im Himmel.

Der Echsenmann schaut sie schweigend an. Dann nickt er, wie nur der Echsenmann es kann.

Alle meine Freunde sind Hunde

Ich habe nicht das Geringste dafür getan, aber trotzdem hat sich mein Bekanntenkreis in den letzten Monaten verdoppelt. Traf ich mich früher mit Til, Samuel, Lothar oder dem Signore, treffe ich mich heute nicht mehr mit Til, Samuel, Lothar oder dem Signore. Ich treffe mich nun mit Til und Cäsar, Samuel und Paule, Lothar und Johannes, Signore und Bernardo.

Nein, sie sind nicht alle schwul geworden. Das ginge ja noch.
Cäsar ist Tils English Pointer.
Paule ist Samuels Boxer.
Johannes ist Lothars Neufundländer.
Bernardo ist des Signores Bernhardiner.

Es geschah irgendwann Mitte des letzten Jahres, und wer genau hinsah, hätte die Anzeichen bemerken müssen: Männer, die immer stur geradeaus geguckt hatten, wenn sie über die Straße gingen, taten das nicht mehr. Stattdessen hielten sie an jeder roten Ampel, sahen zu Boden und murmelten irgendwas davon, dass man jetzt »sitzen« und »ganz ruhig sein« müsse. Frauen, die sich bislang nur über Handtaschen Gedanken gemacht hatten, redeten über Vitaminzusätze und Proteine, die der Fellglänze zuträglich seien. Wenn du versuchtest, irgendjemanden am Telefon zu erreichen, erreichtest du ihn – wenn überhaupt – nicht mehr zu Hause, sondern draußen, in irgendeinem Park.

»Ich bin gerade mit Paule draußen.«

»Johannes will noch etwas laufen.«

Das gesamte Straßenbild änderte sich. Die Welt änderte sich. Menschen wurden zu Hunden. Meine Freunde wurden zu Hunden.

So richtig bemerkte ich es erst, als ich neulich mal beim Signore zu Besuch war. Ich hatte ihn länger nicht mehr gesehen. Nicht, seitdem Anna ihn verlassen hatte.

Als er mir die Tür öffnete, war er nicht allein. Bernardo war bei ihm.

»Hallo!«, begrüßte er mich. Und dann, an das Tier gewandt. »Das ist ein Freund, sei gut, Bernardo.« Bernardo stieß mich an und sabberte mir auf die Schuhe. Mag sein, dass es nett gemeint war, aber wenn's so war, hatte er Probleme, mir das zu vermitteln.

Es passt zum stets um Exzentrik bemühten Signore, dass er den allergrößten, allerunpraktischsten Hund hat, der sich denken lässt, dachte ich sofort. Einen Bernhardiner. Einen sabbernden, stinkenden, unter neunzig Kilo Fell und Fleisch schwitzenden Bernhardiner.

Nicht in den Bergen, wo er dir wenigstens das Leben retten kann. Hier, in Berlin.

»Und?«, fragte der Signore, als wir zu dritt in der Küche saßen, er, Bernardo und ich. Die Küche ausfüllten, muss man eher sagen.

»Und?«, also der Signore zu mir. »Wie findest du Bernardo?«

»Er ist groß, Signore.«

»Ich weiß.«

»Er ist wirklich sehr groß, Signore.«

»Das mag ich so an ihm.«

»Zu groß für diese Wohnung, Signore.«

»Ich such mir grad was Neues.«

»Verstehe. Was frisst er am Tag?«

»Drei Dosen müssen schon sein. Er mag aber auch Liegengeblie-
benes. Saltimbocca und so was.«

»Du gibst ihm Saltimbocca?«

»Klar. Es soll ihm nicht schlechter gehen als mir.«

»Mir gibst du nie Saltimbocca, Signore.«

Wir redeten eine Zeit lang über das, worüber der Signore und ich
so reden, wenn wir uns sehen, aber die ganze Zeit hatte ich das
Gefühl, als hörte mir der Signore nicht richtig zu. Immer hatte er
irgendwas an diesem Tier zu schaffen. Immer streichelte er es,
sprach es an oder steckte ihm irgendwas in den Mund. Der Signore
brachte es fertig, das Tier zu fragen, wie es ihm ginge. Er erwartete
sogar eine Antwort.

»Und Anna?«, fragte ich nach einer Ewigkeit.

Der Signore sah mich an, als hätte ich ihn gerade aufgeweckt.

»Wer? Ach so – bin ich drüber weg«, sagte er. Und dann, kurz darauf: »Kommst du raus mit uns? Bernardo muss sich heute noch
etwas bewegen.«

Für den, der's noch nicht gemerkt hat, sollte ich vielleicht genau
an dieser Stelle einfügen, dass ich Hunde nicht besonders mag. Es
ist nicht so, dass ich sie hasse. Sie interessieren mich nur nicht besonders. Da interessiere ich mich ja eher noch für Kinder als für
Hunde. Wenn Kinder zwölf sind, kannst du dich vielleicht mit ihnen unterhalten. Mit Hunden kannst du dich nie unterhalten, und
wenn sie zwölf sind, sterben sie. Dazu machen sie viel mehr Arbeit
als irgendein Kind es je machen könnte. Kinder kann man abtrock-
nen, wenn sie aus dem Regen kommen und stinken, Hunde nicht,
die riechen noch tagelang. Kinder kann man an eine Wohnung
gewöhnen, Hunde nicht. Für Hunde wurden Leinen, Kombis,
Gartenhaussiedlungen und Kackschaufelsets erschaffen. Hunde
ketten dich noch mehr an deine Existenz als ohnehin schon. Inter-

kontinentalflüge mit Hunden? Vergiss es. Die Engländer wissen schon, warum sie sie monatelang in Quarantäne stecken, wenn man versucht, sie ins Land zu schmuggeln.

»Tut mir leid, Signore«, sagte ich. »Muss noch was erledigen.«
Der Signore sah mich an, so eindringlich, wie er mich noch nie angesehen hatte.
»Wenn du mich willst, musst du auch meinen Hund wollen«, sagte er.
So hatte er nicht mal über Anna geredet.

Mit den anfangs erwähnten Freunden Til, Samuel und Lothar machte ich ähnliche Erfahrungen. Anstatt sich wie früher für das Leben zu interessieren, für den Tanz und die Damenwelt, interessierten sie sich nur noch für ihre Hunde. Anstatt mit mir ins Kino zu gehen, schauten sie sich zu Hause im Bett mit den Hunden DVDs und Videos an oder hörten Musik. Ich fühlte mich eingetauscht gegen die Tölen, also begann ich, mich mit ihnen, meinen Feinden, auseinanderzusetzen. Ich begann, sie zu beobachten, zu analysieren, auf der Straße wie zu Hause, in der Hütte.

1. Es gibt sehr große und sehr kleine Hunde.
2. Große Hunde sind augenblicklich häufiger in Stadtgebieten anzutreffen als kleine.
3. Kleine Hunde sind eher Accessoires als Lebewesen. Sie unterliegen den Gesetzen der Mode, es wird sie bald nicht mehr geben.
4. Je größer der Hund, umso größer die oft vorangegangene Menschenenttäuschung.
5. Ein Mann, der einen sehr großen Hund hat, sagt: Ich habe eine gigantische Liebes- und Leidensfähigkeit und bin bereit, fünfmal am Tag zehn Kilometer um den See zu joggen, nur damit's dir gut geht.

6. Eine Frau, die einen sehr großen Hund hat, sagt: Schaut her, ich habe einen sehr großen Hund!

7. Frauen mit großen Hunden sind seltener als Männer mit großen Hunden.

8. Je größer der Hund, umso größer die Zufriedenheit, nichts zu sein außer Hundehalter. Zitat von Robert M. aus München, 37, Dobermann-Besitzer: »Es ist ein Dayjob, und er füllt mich aus.«

9. Früher bekamen Hunde Hundenamen wie Bello, Hasso, Rex, Strolch, Schlappi, Schluffer, Schlemihl. Heute bekommen Hunde Menschennamen wie Paul, Johnny, Elvis, Rocco, Max. Ja, auch Max.

10. Hunde sind beliebter als Hündinnen. Hundertmal beliebter.

11. Die Deutschen sterben aus, weil kaum noch Ehen geschlossen und Kinder gezeugt werden.

Ich wollte mich gerade dranmachen, meine Studien zu einem Buch zusammenzufassen, da lief mir aus Gründen, die ich hier nicht erklären kann, meine Frau weg.

Was soll ich sagen? Er wird Eduardo heißen, eher groß sein als klein, mit eher viel Fell als wenig.

Nur die Rasse weiß ich noch nicht.

Die Reste der Liebe

Es stimmt nicht, dass nichts übrig bleibt, wenn sie gehen. Es bleibt eine Menge: von Marie das rote Tön-Shampoo und die einzige Creme, gegen die sie nicht allergisch war (Nivea, trotz all der Chemie); von Eva eine kaputte 90-Minuten-Kassette mit Liedern von Elvis Costello, ein Rest Wunderkerze, eine vielleicht etwas zu romantisch geteilte Dollarnote (für New York); von Jessica ein halber Joint, etwas Speed (Entschuldigung) und ein Foto im Glück; von Carolina ein Büschel Haare (sie hatte so viel davon); von Lena Augentropfen, Lippenstift, ein Tampon, ja nun, manchmal ist das alles.

Fast jeder Dieb, Räuber, Mörder hinterlässt Spuren am Ort seiner Tat – aber kaum jemand lässt mehr zurück als Liebende, die auf einmal keine Liebenden mehr sind. Der Dieb nimmt weg, wenn er kommt; die Ex-Liebe fügt hinzu, wenn sie geht: Gefühle, Schmerzen, Erinnerungen in Form von alten T-Shirts, Notizbüchern, Lippenstiften, Ausweisen, Zahnbürsten, Taschenbüchern, CDs, Flugtickets, Kinokarten, Cocktailkleidern, Weinflaschen, Kaugummis, Fremdwährungen. Seltsame Totems vergangener Existenzen sind das, die Geschichten erzählen, und meist sind sie traurig. »Got a picture of you beside me, got your lipstick mark still on your coffee cup« heißt es in dem Trennungsklassiker »Back for Good« von Take That. Was tun mit diesen Dingen der Vergangenheit, ihren stillen Schreien, ihrem schrillen Schweigen?

Ich wusste es lange nicht, bis mein Freund, der Signore (kein Ita-

liener, tut aber immer so), mir sein Prinzip erklärte. Ihm nach gibt
es zwei Methoden. Methode Nr. 1 nennt er den »Alexander-Weg«,
nach Alexander dem Großen. Sie geht so: Wie der Feldherr Perse-
polis zerstörte, brennt man nach der Trennung alles nieder, was
einen an sie/ihn erinnert – jeden Schnipsel, jedes Haar, jeden Zettel. Du löschst die Festplatte, fängst von vorn an, sagst dir: neue
Liebe, neues Ich. »Die meisten Menschen versuchen es so. Manchmal klappt es sogar«, sagt der Signore. Er persönlich bevorzugt eine
andere Methode. Er nennt sie »Das Prinzip Shinto«, denn es war
sein japanischer Freund Daisuke, der sie ihm beibrachte, vor vielen
Jahren.

Der Signore war damals gerade von seiner ersten Frau verlassen
worden. Mit drei leeren Weinflaschen und etwa 36484 zerstörten
Fotos, Briefen und Damenkleidern saß er heulend auf dem Fußboden und versuchte, mit dem Hammer seinen Ehering ins Parkett
zu klopfen, als Daisuke ihn fand. »Mag sein, dass die Dinge tot auf
die Welt kommen«, sagte Daisuke, nachdem er dem Signore etwas
warmen Sake gebracht hatte, »aber sie werden lebendig, nachdem
Menschen sie berührt haben. Darum bringt es nichts, sie wegzu-
werfen oder zu vernichten. Sie bleiben eh an und in uns.« Was er
damit sagen wollte, war: Wir können unsere Seele nicht verarschen
und all diese Dinge darum genauso gut behalten – und so verehren,
wie im japanischen Denken auch Steine, Fernseher oder Lampen-
ständer verehrt werden können.

Daisuke erzählte dem Signore von seinem Onkel, der aus dieser
Haltung fast eine eigene Kunstform entwickelt hat: Er, der sich oft
im Leben ver- und entliebte, hat aus den Fundstücken seiner Ver-
flossenen eine Art Altar errichtet, einen Holzschrein mit vielen
Schubladen, und in jeder steckt was Kleines von Mayumi, Naoko,
Yasuko, Erin, Yoko, Hiroko. Das »Museum der vergangenen Lieben« nennt Daisukes Onkel diesen Schrein, und wie kostbare Re-
likte behandelt und pflegt er all die hinterlassenen Taschentücher
und Plastikblumen und Haarspangen und Cocktail-Schirme. Und

kostbar waren uns die Menschen ja, die diese Gegenstände hinterlassen haben. Es waren uns schließlich mal die allerkostbarsten Menschen.

Nicht jeder muss so systematisch und poetisch vorgehen wie die Japaner, aber auch ich schmeiße nichts mehr weg, seit ich das Prinzip kenne. Mein Museum der verlorenen Lieben ist ein alter Lederkoffer, auf den ich mit silbernem Edding »Gestern, vorgestern, früher« geschrieben habe. Drin befinden sich neben den Resten von Marie, Eva, Carolina, Jessica auch noch die von Olga, Sara und Anna, und neulich, unfassbar, fand ich sogar noch was von Sandra und Beatrice, die ich zwischen elf und dreizehn liebte. Und immer, wenn ich den Koffer öffne (oder etwas Neues hineintue), ersteht das, was längst vergangen ist, kurz neu. Der Duft von Maries Shampoo bringt den Glanz zurück, den die Sonne ihr manchmal ins Haar legte, Evas Kassette ist genau an ihrem Lieblingslied gerissen, »The Angels wanna wear my red shoes«, Annas Begründung »Mehr ist mehr« höre ich, wenn mir ihre 135 Packungen Nierentee entgegenfallen, Jessicas Joint, das Foto aus Marseille, der Schlüssel – hundert Romane, Lieder, Filme ließen sich darüber schreiben, singen, drehen! Wo sind all diese Menschen jetzt, wie geht es ihnen? Und wie funktioniert diese Energie, die uns erst zusammenbringt und dann wieder auseinanderreißt – und warum muss das so sein? Muss es denn überhaupt? Ach, viele der Souvenirs, die in den Kellern, Schränken, Schubladen der Welt versteckt liegen, könnten uns zu diesen ungeklärten Fragen eine Menge erzählen. Es sind Zeugen der Liebe, sie sollten gehört werden.

Warum wir küssen

Es war vor ein paar Monaten, wir saßen auf meiner neuen Couch ohne Seitenlehnen.

»Warum küssen wir uns eigentlich?«, fragte sie, als wir uns küssten. Fragen wie diese liebe ich, sie verleihen einem Abend ganz neue Tiefe, viel mehr als zum Beispiel ein »Tatort«, »Titel, Thesen, Temperamente« oder die Kalendersprüche des Dalai Lama.

»In deinem Atem steckt deine Seele, und weil deine schöner ist als meine, hätte ich gern einen Teil davon, um sie irgendwann auf eBay zu verkaufen, wenn das Geld knapp wird«, probierte ich.

»Fahr's erst mal ein bisschen runter, okay?«

»Bon«, sagte ich. »Ich mag deinen Mund, und wie er in dein Gesicht gebaut ist. Und der Rest gefällt mir eigentlich auch ganz gut.«

»Nett formuliert, aber das kann nicht alles sein«, sagte sie und rückte ein Stück ab. »Das Menschenküssen an sich – ist es nicht zu elementar, als dass es nur nach den Gesetzen der Ästhetik funktionieren kann? Ist ein Kuss bloß ein Kuss oder vielmehr, bewahrt er uns vor dem Verderben und dem Geworfensein ins alles zerfressende Nichts?«

»Ich mag deinen existenzialistischen Ansatz, aber: Je ne sais pas, mon amour.«

»Würdest du es rausfinden, für mich? Ich würde dich sehr viel küssen dafür.«

»Und bis dahin erst mal nie wieder, seh' ich das richtig?«

»So läuft das Geschäft, ganz genau.«

Sie ist eine tolle Frau, was konnte ich anderes tun, als mich auf-
zumachen und ein bisschen was übers Küssen zu lernen? Ein
Kuss-Detektiv zu werden sozusagen. Gibt schlimmere Jobs. Andere
Typen müssen Morde aufklären und finden zerstückelte Leichen.

Die ganze Küsserei ist tatsächlich eines der großen Mysterien
der Menschheitsgeschichte. Was die schon alles hervorgebracht
hat! Die besten Lieder (»Then I kissed her« von den Beach Boys,
»Kiss on my list« von Hall & Oates, »Kiss and Make Up« von Saint
Etienne, die Gruppe Kiss), Top-Filme und Theaterstücke (»Romeo
und Julia« und eigentlich auch alles andere von Shakespeare, Billy
Wilders »Küss mich, Dummkopf«, Louis Malles »Die Liebenden«
etc.), eine ganz gute Skulptur (Rodins »Kuss« ist auf jeden Fall besser als »Der Denker«) und noch 2728292229 andere Dinge, die mir
jetzt nicht einfallen, weil mein Kopf zu klein ist. Klar ist: Ein Kuss
kann alles ändern – er macht Feinde zu Freunden und Fremde
zu Liebenden, er schafft Nähe, Wärme, Glück. Küssen sich zwei,
bleibt etwas haften. Ihr Verhältnis spaltet sich in die Zeiten Vor
dem Kuss/Nach dem Kuss. Küsse machen Umstehende neidisch,
sorgen für Autounfälle, sie erschaffen Paare oder sprengen sie und
lassen Gefühle entstehen, wo eben bloß Vakuum war. Im Grunde
genommen handelt es sich beim Kuss um eine Gesellschaftsbombe
von gigantischen Ausmaßen; irre, dass er überhaupt legal ist. Hu-
ren tun für Geld vieles, nur den Kuss verweigern sie, er ist ihnen zu
intim. Alles, scheint es, können wir kaufen, nur den Kuss nicht, er
muss uns geschenkt werden. Und alle, alle, alle wollen ihn haben!
Selbst Mussolini war ein Kuss-Junkie.

Die ganze Sache ist ein sozialer Akt, darum begann ich bei den
Verhaltensforschern. Viele von ihnen glauben, dass Menschen
schon immer küssen, seit den Hominiden vor sieben Millionen
Jahren. Leider gibt es keine Fotos davon, obwohl Robert Doisneaus
»Kuss vorm Pariser Rathaus« in der Urmenschen-Version reizvoll
wäre. Küsst Gott? Wenn ja, wen? Wenn nein, sollten wir für ihn
beten. Wir wissen es nicht, darum müssen wir uns an die Tierver-

wandten halten: Schimpansen und Bonobos küssen – aber ist ein Affenkuss vergleichbar mit dem, was bei uns passiert, wenn wir in einer Bar stehen und plötzlich einen Menschen sehen, den wir küssen wollen, ja: küssen müssen? Der ewige Verhaltensforschungs-Klassiker Irenäus Eibl-Eibesfeldt bremst die Romantik ein bisschen runter: Beim Küssen, meint er, handle es sich vor allem um ein Überbleibsel der Nahrungsaufnahme, die wir als Säugling gelernt haben, als wir von Mama Brei in den Mund geschoben bekommen haben. Wir essen gern, also küssen wir gern, so die ein bisschen einfache Logik. Eibl-Eibesfeldt beobachtete das bei verschiedenen Urvölkern, unter anderem den Himba in Namibia (das sind die, die sich mit einer Creme aus Butterfett und Ockerfarbe anmalen, bis sie ganz rot sind). Als ich das meiner Auftraggeberin erzählte, lachte sie: »Nichts gegen die Himba – aber wie ist dann die Magie zu erklären, die uns beim Küssen überkommt; der Zauber, das Funkeln? Brei ist nicht schlecht, aber so toll, dass ich ihm den Rest meines Lebens nachtrauern würde, nun auch wieder nicht.«

Guter Punkt, darum wechselte ich zu Sigmund Freud, dem ich optisch etwas ähnle (Bart, Pfeife, Silberblick). Auch Freud bleibt bei Mutter (wie es sein Stil ist), brachte aber zumindest etwas Sexyness ins Spiel, indem er sich die Sache so erklärte, dass wir nach dem Lusterlebnis des Nuckelns an der Mutterbrust auch als Erwachsene immer auf der Suche danach seien. Und da wir den Damen auf der Straße nicht einfach die Pullover runterreißen können, hätten wir gelernt, uns mit dem Mund zu begnügen. Nach jahrzehntelangen Kuss-Forschungen aber muss ich Freud korrigieren: Küssen ist nicht Nuckeln, Doktor! Beim Kuss zwischen Mann und Frau geht's um Lust, Leidenschaft, Bewegung, er erregt uns. Wie Geisteskranke fallen wir übereinander her. Die Baby-Nuckelei ist dagegen ein recht passives Saugen, das irgendwann zum Einschlafen führt. Zudem zeigen Ultraschallfotos heute, dass Babys schon im Mutterleib am Daumen nuckeln und das sehr zu genießen scheinen, die Technik ist also angeboren, nicht erlernt.

Die Kulturwissenschaftlerin Ingelore Ebberfeld (veröffentlichte »Das Kussbuch«, unterrichtet an der Uni Bremen und hat sehr schöne lange, rote Haare, man könnte sie sofort küssen) geht etwas weiter und lenkt den Blick ihrer Forschungen auch auf das, was im Kopf geschieht, wenn wir so küssen, als gäb's kein Übermorgen: Für sie ist die ganze Küsserei ganz klar sexuelle Kontaktaufnahme. Sie soll als Schnüffeln und Lecken am Arsch begonnen haben (als der Mensch noch krabbelte und in den Schmutz starrte) und führte später vom Mund zum Mund (als er den aufrechten Gang erfand und den Horizont erblickte). Küssen wir, setzt sich ein biochemischer Stromschlag in Gang. Das limbische System, unsere Gefühlszentrale im Gehirn, leitet Lust- und Glückszustände an die Hirndrüse Hypophyse weiter, die den Körper mit Botenstoffen überflutet. Hoden und Eierstöcke produzieren Sexualhormone, die Nebennieren pumpen Adrenalin ins Blut, der Puls geht auf 180, der Blutdruck steigt, die Körpertemperatur auch (um 0,5 Grad), die Wangen röten sich aufgrund der erhöhten Durchblutung, im Kopf werden wir ein bisschen blöde – ja, genau so ist es doch, verdammt! Fast klingt's gefährlich, wenn's nicht so angenehm wäre. Der Botenstoff Serotonin macht furchtlos, das Hormon Phenylethylamin versetzt uns in einen positiven Stresszustand. Endorphine kommen hinzu, Punkrock herrscht im Körper, ein gigantisches »Yeah, Baby!« durchströmt uns, das alle Krisen, Kriege, Krankheiten vergessen macht. Nicht nur das: Kurzzeitig beeinflusst das »Yeah, Baby!« sogar unsere Persönlichkeit. Mild wird wild und hart wird zart: Frauen und Männer reagieren unterschiedlich aufs Küssen, weil sie unterschiedliche Hormone absondern. Das Testosteron, das der Mann über den Speichel zur Frau bringt, erhöht ihre Libido; das Kuschelhormon Oxytocin, mit dem die Frauen sonst über die Milch die emotionale Bindung des Kindes verstärken, macht den Mann weich und gefügsam wie ein Säugling. Kommt ja ab und zu vor, dass Männer beim Küssen so gerührt sind, dass sie zu weinen anfangen. Im Grunde ist es ein gegenseitiges Vergiften, ein gegenseitiges Anfixen, was wir uns antun: Ich trink von dir, du trinkst von mir, zusammen sind wir betrunken voneinander – das Paradies ist ein Witz dagegen, auch das islamische mit den ganzen Jungfrauen.

»Jeder ist des anderen Vampir – so kann man es sehen«, erstattete ich der Frau Bericht, und zum ersten Mal war sie kurz zufrieden. Sie ist Romantikerin und mag Vampire, auch ich bin ja sehr blass. Dann aber legte sie wieder los:

»Aber warum wähle ich dich und du mich, bevor wir uns überhaupt geküsst haben? Was sagt uns, dass wir küssen wollen, können, es genießen werden?«

»Deine unfassbare Schönheit, my dear.«

»Glaub ich nicht.«

»Ein Kuss besteht aus 61 mg Wasser, 0,7 mg Eiweiß, 0,16 mg Drüsensekret, 0,45 mg Salz und 0,76 mg Fett – wusstest du das? Fast eklig, wenn man drüber nachdenkt, nicht wahr?«

»Lenk nicht ab.«

Wieder lag sie richtig: Entscheidender als Optik oder Kusstechnik ist der Geruch, haben Wissenschaftler in den letzten Jahren herausgefunden. Unkompliziert geht anders: Der Duft soll dem eigenen ähneln, damit wir ihn wiedererkennen, aber auch bitte nicht gleichen, damit wir keine Inzucht begehen. Complicado! Man könnte ein Blues-Lied draus machen: Don't fall in love with that strange mister, but also don't do it with your brother or sister! Der Geruch ist ein Test, um zu sehen, wie gut unsere Immunsysteme harmonieren, damit wir Kinder kriegen können, meint die österreichische Ethnologin Dr. Elisabeth Oberzaucher: Schweiß und Speichel sagen mehr über uns als ein hübscher Hintern oder eine gute Frisur. Die Frau, um die es hier geht, riecht nach frischen Äpfeln, ich ein wenig nach Zimt, das passt nicht schlecht, unsere Kinder könnten Pfannkuchen werden.

Ich mag Pfannkuchen, doch so ganz überzeugte mich die reine Dufttheorie nicht, denn ich s a h die Frau, bevor ich sie r o c h. Ich sah, wie sie sich bewegte, tanzte, und all das war wunderbar. Für Oberzaucher ist das kein Widerspruch: Mimik, Gestik, Empathie – sie spielen alle eine Rolle, bevor es zum Kuss kommt, weil sich in diesen Dingen unser Persönlichkeitsprofil offenbart. Körper können alles, nur nicht lügen, und sie wollen zueinander passen, das ist das Nette an ihnen. Oberzaucher hat dazu sogar eine spezielle Kamera entwickelt, die »Charisma Cam«, die einen Menschen aufgrund der Dynamik seiner Bewegungen charakterisiert. An dem alten Satz, wenn ihr gut miteinander tanzen könnt, werdet ihr auch sonst gut miteinander sein, stimmt also so ziemlich alles. Die Frau bewegt sich besser als John Travolta. Ich allerdings auch, Travolta ist ja etwas langsamer geworden in den letzten Jahren, seit er nur noch Boeings fliegt.

Hinternwackeln plus Aussehen plus Duft plus Reproduktionswunsch: Vielleicht lag da die Verbindung zum Hominiden, zum Affen, zu mir, zu uns. Oder fehlte noch was, um das Kuss-Geheimnis endgültig zu klären?

Es war ein kalter Winterabend, als ich meiner Klientin die Ergebnisse meiner Forschungen vortrug:

»Der Kuss«, begann ich im Tonfall von Wolfgang Schäuble, »ist so ziemlich alles. Er verbindet die Vergangenheit mit der Gegenwart, die Lust mit der Fortpflanzung, den Kosten mit dem Nutzen. Er ist eine Kraft, die nicht zu unterschätzen ist. Wer küsst, offenbart sich und hinterlässt Spuren; er kommuniziert und tauscht Informationen aus. Der Erfahrungsgewinn, den wir aus dem Kuss ziehen können, ist unschätzbar, sehr verehrte Damen und Herren: Datenbankmäßig gesehen ist er eine auf der Welt einmalig vorkommende Kombination aus genetischem Fingerabdruck, Speicheltest und biometrischem Pass. Er kann in Wirtschaft und Politik sowie bei der Aufklärung von Terror und Verbrechen hilfreich sein. Unter allen Umständen sollten wir unser Augenmerk in Zukunft verstärkt auf ihn richten; er ist des Menschen Dreh- und Angelpunkt, das berühmte Universum in der Nussschale!«

»Mein Gott, ist das alles technisch und kalt«, sagte die Lady. »So genau will man's ja nun wirklich nicht wissen. Da gefiel mir deine erste Erklärung fast besser.«

»Welche war das noch mal?«

»Die mit der Seele, die im Atem steckt. Nur dass du sie auf eBay verkaufen wolltest, fand ich nicht so gut.«

»Bevor ich das täte, würde ich eher m e i n e Seele zu Salami-scheiben zerstückeln und sie dem Teufel auf Ciabatta-Brot anbie-ten.«

»Das würdest du tun?«

»Jederzeit und mit Freuden. Soll ich ihn gleich anrufen?«

Sie lächelte so, wie ich mag, dass sie lächelt, und so, wie man's nicht beschreiben kann, ohne sich daran zu versündigen.

And then I kissed her.

Wenn es Nacht wird in Berlin

Es war eine Frau aus Buenos Aires, die mich bei einem Abendessen in dem Restaurant »Bandol« neulich fragte, was eigentlich das Besondere an dem Berliner Nachtleben sei, von dem in der ganzen Welt immer so geschwärmt und erzählt würde. Sie hieß Mimi Gonzalez Gomez und war sehr hübsch. Brünett, klein, wendig. Lateinamerikanerin eben. Ich liebte sie sofort.

Normalerweise plappere ich direkt los, aber diesmal hatte ich, ehrlich gesagt, nicht gleich eine Antwort parat. Über das eigene Nachtleben nachzudenken ist ein bisschen so, wie über das eigene Sexleben nachzudenken: muy dificíl, wie sie in Südamerika sagen. Nicht ganz leicht. Und das Gute am Berliner Nachtleben ist, dass es einfach so passiert – dass Tag und Nacht relativ nahtlos ineinander übergehen und wir nicht so sehr aufteilen zwischen Nine-to-five und Five-to-nine. Aber warum war das gleich noch mal so?

»Es liegt vor allem an der Geschichte dieser Stadt«, begann ich in der Tonlage von Guido Knopp. »Sicherlich weißt du, dass Berlin während der Nachkriegszeit lange eingekesselt war, und diese Inselposition hat dafür gesorgt, dass sich der Individualismus sehr ausgeprägt hat. Zum Beispiel war dies die erste deutsche Stadt, in der die Sperrstunde abgeschafft wurde, ja, das stimmt wirklich. Die traumatische Teilung in Ost und West tat dazu selbstverständlich noch ihr Übriges.«

»Aha?«, sagte Mimi und gähnte sanft. »Das ist sehr interessant.« Sie sah zur Theke und flirtete dem Küchenchef zu, der darauf die ganze Zeit gewartet hatte.

»Das ist natürlich nicht der einzige Grund«, redete ich schnell weiter. »Nach der Wende ließen sich hier Anfang der Neunzigerjahre viele Leute nieder, die von der alten Bundesrepublik gelangweilt waren. Sie besetzten Häuser, stellten dort ihre Laptops auf Tapetentische und tippten da irgendwas rein, verstehst du? Und als sie nicht mehr wussten, was sie tippen sollten, gründeten sie Klubs und Bars und Restaurants. Und diese Klubs und Bars und Restaurants wurden schnell in der ganzen Welt bekannt: das »Grill Royal« zum Beispiel für seine dicken Steaks und seine Vagina-Skulpturen an der Wand, die »Tausend Bar« für ihre Drinks und ihr »Clockwork Orange«-Design, das »Weekend« am Alexanderplatz für seine DJs und den tollen Blick über die Stadt, das »Borchardt« für sein Wiener Schnitzel und die vielen Politiker, Partys um ein Uhr nachmittags und die vielen Schwulen und das Vagina-Porträt von Wolfgang Tillmans.« Wir haben wirklich sehr viele Vagina-Darstellungen in Berlin, fiel mir dabei auf. Ich fragte mich, ob man es schon einen Fetisch nennen konnte.

»Klingt super«, meinte Mimi und ließ ihren Blick durch den Raum schwenken. »Müssen wir unbedingt mal hingehen.« Meinte sie mich? Meinte sie den Küchenmann? So richtig gut schlug ich mich nicht, kam es mir vor. Litt sie noch am Jetlag? War sie auf Schmerzmitteln, Schlafmitteln, Tranquilizern? Waren das gerade die aktuellen Lifestyledrogen in Argentinien?

»Vor allem aber liegt es daran, dass Berlin die Stadt der unsicheren Lebensentwürfe ist«, erklärte ich etwas lauter im Soziologiestudentenduktus. »Es gibt hier so viele Arbeitslose, Singles, kaputte Künstler-Existenzen und sonst wie Irre wie kaum woanders auf der Welt. Es ist wirklich toll. Und wenn dieser Mix sich nachts auf der Suche nach Liebe und Wärme durch die Straßen drängelt, entstehen Glamour, Sex und Aufregung wie zuletzt im New York der

Siebziger, bevor Aids alles zerstörte. Sehnsucht regiert diese Stadt, liebe Mimi Gonzalez Gomez!«

Mimi sah mich aus halbgeschlossenen Augenlidern an. Schlief sie schon? Starb sie gerade?

»Und natürlich die Musik!«, rief ich, fuchtelte in der Luft herum, sprang vom Stuhl. »Wir haben fast nur elektronische Tanzmusik hier, kaum Rock, und die Tanzmusik ist wie ein ewig pulsierender Herzschrittmacher, der den Beat des Berliners bestimmt, sodass er immerzu tanzen muss – auf dem Weg zur S-Bahn, zum Arzt und zur Arbeit, die er nicht hat. Und wegen dieser Musik kommen jetzt jede Woche Tausende Spanier, Holländer, Italiener, Dänen mit Easyjet her, nur um mitzutanzen! Irre, oder? Ist das nicht ein absolut unfassbarer, gigantischer Wahnsinn?«

»Davon habe ich schon gehört«, sagte Mimi sehr langsam. »Techno heißt das, nicht? Oder House?«

»Es gibt auch viele Drogen hier, und megaliterweise Wodka wegen der ganzen Russen«, flüsterte ich jetzt in ihr Ohr.

»Natürlich«, sagte Mimi. »Das leuchtet ein, klar.« So richtig erleuchtet sah sie allerdings immer noch nicht aus, eher abwesend, als blicke sie irgendwo in die Ferne – nach Buenos Aires vielleicht, zu ihrem Freund, einer Freundin, ihrem Hund? War sie eher der Katzentyp? Ich nahm ihr Gesicht in beide Hände und küsste es.

»So machen wir das hier, in Berlin«, sagte ich.

Das verstand sie sofort.

Wovon wir reden, wenn wir von James Dean reden

»Ein Fisch im Wasser hat keine Wahl, er ist das, was er ist. Genial wäre er, wenn er im
Sand schwimmen könnte ... Wir sind Fische und ertrinken.«
JAMES BYRON DEAN

Wir waren zu dritt, Nullmann, der Signore und ich, und saßen beim Signore zu Hause und schauten uns DVDs an. Auf Wunsch des Signore war es unser »James-Dean-Tag«.

Wir schauten »... denn sie wissen nicht, was sie tun«. Der Signore trug eine schmal geschnittene rote Baumwolljacke, seine »James-Dean-Jacke«; er hatte sich die paar Haare, die er noch hat, zu seiner »James-Dean-Frisur« zurückgegelt und seine im Lauf der Jahre schon etwas fülliger gewordenen Oberschenkel in sehr enge »James-Dean-Jeans« gezwängt.

Der Signore bestand darauf, an diesem Abend nicht Signore, sondern »James Dean« genannt zu werden.

Wir waren also zu dritt, Nullmann, James Dean und ich, und wir saßen bei James Dean zu Hause und schauten uns DVDs an.

Wir kamen zu der Szene vor dem Planetarium, in der Jim Stark (Dean) und sein Gegner Buzz (Corey Allen) mit dem Messer aufeinander losgehen. Jimmy Dean machte seine Bewegungen, die Messerstecher-Bewegungen, die bis zum heutigen Tag so berühmt sind. Er durchschnitt die kalifornische Luft mit diesen Bewegungen, zickzack, zickzack. Sein kleiner, schwacher, einsamer Freund

Plato (Sal Mineo) und seine Freundin Judy (Natalie Wood), eigentlich Buzz' Mädchen, waren auch in der Nähe.

»Ich will mich ja nicht beschweren, aber«, sagte Nullmann, der schon den ganzen Tag über an allem gemäkelt hatte, am Wetter, am Bier, am Käse, an den Brezeln, die wir uns für diesen Tag besorgt hatten.

»Dann tu's auch nicht und halt den Mund«, sagte der Signore, sagte also James Dean.

»Also, ich finde Jimmy Dean völlig überschätzt«, sagte Nullmann und schob sich eine Brezel in den Mund.

Der Signore, also James Dean, drehte sich aus dem Ohrensessel, in den er versunken war, zu Nullmann um. Er kniff die Augenbrauen zusammen.

»Wenn man sich's recht überlegt«, sagte Nullmann und nahm nun einen großen Schluck Bier, »ist alles, was von Jimmy Dean nach seinem Tod vor fünfzig Jahren übrig geblieben ist, ein Riesenhaufen Scheiße, mit dem sich die Jugend der Welt bis heute rumschlagen muss.«

»So?«, machte der Signore, also James Dean, und erhob sich ein Stück aus dem Ohrensessel.

»Ja«, sagte Nullmann und zeigte mit der Hand, die das Bier hielt, auf den Riesenbildschirm, den sich der Signore, also James Dean, erst vor Kurzem, erst extra für diesen Anlass also, gekauft hatte.

»Ich meine: Kam eigentlich irgendein Jugendlicher auf die Idee, mit einem Messer in der Hosentasche rumzulaufen, bevor es James Dean gab? Gab es überhaupt Halbstarke, die sich gegenseitig durch Autorennen umbrachten, bevor es Dean gab? Die saudämliche Illusion, dass ewige Jugend an sich wünschenswert sei, dieses ganze Livefastdieyoung-Ding – verdanken wir diesen Fluch nicht ihm? Und diese schlimmen, schädlichen, krebserregenden Zigaretten, die wir trotz allem immer noch rauchen, auch du«, Nullmann wies auf den Signore, der sich gerade eine blaue Gauloise angezündet hatte, »rauchen wir sie nicht allein wegen ihm, diesem am Ende doch nur mittelbegabten, halbblinden Amateur-Rennfahrer, der noch dazu zu eitel war, eine Brille zu tragen, bei minus vier Dioptrien oder wie viel er hatte?«

»Ich meine: ja«, schloss Nullmann seinen Vortrag, nahm einen weiteren Schluck Bier und fügte hinzu: »Wenn schon James, dann Bond; wenn schon Dean, dann Martin.«

Ich schaute mir den Signore an, also James Dean. Ich kenne ihn, den Signore, also James Dean, seit Jahren, er ist einer meiner ältesten Freunde und normalerweise schlagfertiger als Condoleezza Rice und Rumsfeld zusammen, doch in diesem Moment sah er aus, als hätte ihm jemand das Skelett aus dem Körper gezogen.

Dann, ganz plötzlich, sprang er aus dem Sessel und baute sich vor Nullmann auf.

»Vater!«, schrie er. »Tu was, Vater!«

Nullmann starrte ihn mit offenem Mund an. Ich auch.

»Dein ganzes Leben lang lässt du dich von ihr, lässt du dich von allen herumschubsen, Vater! Ich habe versucht, dich zu verstehen, dich, sie, aber – warum bist du so schwach, Vater? Sieh mich an, was aus mir geworden ist. Dein Sohn, Vater, DEIN Sohn! Sag mir, WAS ICH TUN SOLL!«

Der Signore, also James Dean, schüttelte Nullmann so heftig am Kragen, dass ihm das Bier aus der Hand fiel.

»Nein, James, nein!«, schrie ich.

Der Signore, also James Dean, griff sich das Käsemesser und flüchtete aus dem Raum. Eine Tür knallte.

Nullmann befühlte seinen Hals.

»Verdammt noch mal«, sagte er. »Er hat mich fast erwürgt. Ich wollte doch bloß …«

»Einen Scheiß wolltest du«, sagte ich. »Warum lässt du ihn nicht einfach SEIN? Warum musst du ihn immer wieder aufregen?«

Der Signore, also James Dean, saß in seiner James-Dean-Jacke und seinen James-Dean-Jeans auf der Treppe vor seinem Haus und wühlte mit den Händen in seiner James-Dean-Frisur. Vor ihm auf dem Asphalt lag das Käsemesser. Es glitzerte in der Sonne wie eine Antwort auf irgendwas.

»Sie verstehen es nicht, Plato«, sagte er und nahm mich in den Arm.

»Sie verstehen es nicht.«

Ich strich dem Signore, also Jimmy Dean, durch die Haare. Sie rochen nach der Sonne von Indiana, nach dem Himmel über Kalifornien, nach Angst, Leidenschaft, Stolz. Und ein bisschen auch nach Schweiß.

Ich lehnte mich an ihn, dann weinten Jimmy und ich. Von irgendwoher erklang eine Polizeisirene, aber aufstehen wollte ich trotzdem nicht. Nicht ohne Jimmy.

Der Klub der blauen Dichter

Wenn die Frankfurter Buchmesse selber ein Buch wäre, was für ein Buch wäre sie dann – eine Komödie, eine Tragödie, ein Gesellschaftsroman? Und wie viel muss man trinken, um es herauszubekommen, und mit wem? Diese Fragen stellen sich hier, wenn es Nacht wird.

Aber der Reihe nach.

Ich kam vor zwei Tagen nach Frankfurt. In Frankfurt ist nie was los. Es sei denn, man kommt zur Buchmesse: Dann gibt's kein Taxi und kein freies Hotel im Umkreis von dreißig Kilometern, und selbst das kleinste Pensionszimmer kostet 150 Euro. Es liegt an den Büchern, die jeden Oktober die Stadt überschwemmen: über 300 000 von über 7500 Ausstellern sind's in diesem Jahr, dazu Tausende von Autoren, Verlegern, Agenten, Kritikern. Sie entscheiden über Gegenwart und Zukunft des Buchgeschäfts; sie reden, streiten, trinken, in Hallen, auf Partys, in Restaurants. Frankfurt geht unter im Buchstabensalat; um zu sehen, was am Ende davon übrig bleibt, kam ich her.

Spätsommerlich brannte die Sonne vom Messeturm herunter, als ich die erste Halle betrat. Gewimmel und Gewummel überall; und sofort wurde klar, dass die Messe nur zu ertragen ist, wenn man stets und ständig trinkt. Denn die Luft ist trocken hier, so trocken wie Kopierpapier. Erstes Bier (3 Euro).

Reclam, Piper, DuMont, Rowohlt, Kiepenheuer & Witsch – die Namen der Verlage zogen an mir vorbei. Auf Schauregalen sind die

Bücher ausgestellt, frisch und unberührt, ab und zu klaut auch einer was. Bei Piper saß der Strafverteidiger Ferdinand von Schirach (»Schuld«) auf dem Sofa und erklärte, was von seinen Kurzgeschichten Fakt ist (»viel«) und was Fiktion (»weniger«); bei Kiepenheuer & Witsch saßen Frank Schätzing (»Limit«) und der Autor Moritz von Uslar (»Deutschboden«), der mit Cornelius Tittel, dem Kulturchef der »Welt«, gerade eine Fehde ausfocht, weil Tittel nach Uslars Reportage über ein Dorf in Ostdeutschland einen eigenen Reporter hinterhergeschickt hatte, um Uslars Fakten zu prüfen. Uslar fühlte sich dadurch beleidigt und schickte Tittel eine SMS, in der er ihn als »Eierkopp« bezeichnete, wodurch sich wiederum Tittel beleidigt fühlte und den SMS-Verkehr in der »Welt« veröffentlichte, woraufhin eine Diskussion über Stil & Anstand entstand, bei der sich auf einmal noch ganz viele andere Leute beleidigt fühlten. Es war sozusagen der erste Mini-Eklat der Buchmesse; nennen wir ihn »Die Eierkopp-Affäre«. Ich wollte das gerade ausrecherchieren, als plötzlich ein sehr bunter Vogel vor mir stand. Er war stark geschminkt, trug ein offenes rotes Hemd und hatte ungefähr sechzig Kilo Silbermetall an den Handgelenken, an einem Finger eine Kralle. Es war der Berliner Modemacher Harald Glööckler.

»Herr Glööckler, Sie hier?«

»Ich habe doch gerade meine Autobiografie geschrieben! Darin erzähle ich, wie ich aufwuchs, meine Mutter verlor und mir schwor, aus jeder Frau, auch der allerärmsten, eine Prinzessin zu machen.«

Guter Märchenstoff, darum machte ich's wie die Bücherdiebe vor mir und steckte eins von Glööcklers Büchern ein, es war ganz leicht. Auf dem Cover sieht Glööckler aus wie Bill von Tokio Hotel, nur etwas älter und gedoppelt.

Weiter über die Messe wanderte ich: Im »Forum Hörbuch & Literatur« krönte Eckart von Hirschhausen den »kuriosesten Buchtitel des Jahres« (»Zehn Tipps, das Morden zu beenden und den Abwasch zu beginnen«, von Hallgrímur Helgason, der aber nicht kam, um den Preis entgegenzunehmen, und so absurd ist der Titel nun auch wieder nicht); Buchtitel, die mir auffielen, waren »Spitzenkekse« und »Der Aids-Mythos« (»Wie, Aids gibt's gar nicht?« – »Doch, aber anders, als Sie sich das vorstellen«, antwortete der Verkäufer); der Verlag mit dem niedlichsten Namen: »Niggli« aus der Schweiz. Immer trockener wurde die Luft; ich kaufte mir ein Eis, zwei Kugeln Erdbeer. Mit der tropfenden Tüte in der Hand landete ich vor einem Stand, der sich »Die Achse des Guten« (www.achgut.de) nannte. Darin saß Henryk M. Broder, Islam- und Israelspezialist vom »Spiegel«.

»Was ist die Achse des Guten, Herr Broder: Amerika, Israel, Deutschland?«

»Nein, das ist ein Blog von ein paar Autorenfreunden und mir.« Broder erklärte, es ginge um Meinungstexte, die man in den anderen Blättern sonst so nicht unterbringen könnte. Er erklärte ebenfalls, dass es beim Goethe-Institut recht gute Schnittchen gegeben hätte, die er aber schon alle aufgegessen habe, und dass Oswalt Kolle ihm kurz vor seinem Tod noch verriet, Bischof Mixa sei Vater von drei Kindern!

Solche schönen Geschichten erfährt man auf der Frankfurter Buchmesse, die manchmal auch eine ganz schöne Klatschmesse ist.

Mit den Mixa-Kindern im Kopf nahm ich ein Taxi und fuhr zur Rowohlt-Party im Café der Kunsthalle Schirn; dort stehe ich jetzt, mit dem vierten Bier in der Hand. Vor dem Café drängeln sich die Leute und rauchen. Die Künstlerin Jenny Holzer hat den Römerplatz mit einer Lichtinstallation beleuchtet: »Auf dem Rücken tragen sie Krüge ...«, steht da. Der Blogger Sascha Lobo (»Strohfeuer«) ist schon von Weitem an seinem Gockelkamm zu erkennen, gerade diktiert er einer Frau was in den Block. FAZ-Herausgeber Frank Schirrmacher ist da, Siegfried Unselds Sohn Joachim (Frankfurter Verlagsanstalt), Literaturkritiker Ijoma Mangold (»Die Zeit«). Die Modefarben der diesjährigen Buchmesse: Rosa/Lavendel bei den

Herrenhemden, Anthrazit und verwaschenes Jeansblau bei so ziemlich allen Frauen. Über Sarrazin redet keiner mehr, obwohl sein Kommen angekündigt ist; viel eher über Helmut Kohl, der am Freitag auf der Messe auftritt. Dazu wird Sarrazin wohl auch gerade von Ronald Rengs »Robert Enke«-Buch von Platz 1 der Bestseller-Liste gestoßen.

»Welt«-Kulturchef Tittel erscheint, zusammen mit den Autoren Thomas Meinecke (»Jungfrau«) und Rafael Horzon (»Das weiße Buch«), weshalb es sofort wieder um die Eierkopp-Affäre geht. Angeblich hat Schirrmacher einen FAZ-Redakteur nämlich mit einer Gegenglosse gegen Tittel beauftragt, wobei dieser FAZ-Redakteur wohl auch einen Eierkopp hat, wie der Autor Jörg Rohleder (»Lokalhelden«) schnell bildgoogelt. Krieg der Eierköppe!

Weitere Biere. Die Buchmessengedanken, die langsam in mir reifen, gehen so: Die Messe ist eigentlich nur mit einer guten Frau oder einem sehr lustigen Freund an der Seite zu ertragen. Ansonsten droht man, ein bisschen unterzugehen in all dem Gerede und Schultergeklopfe, und muss darum immer weitertrinken. Hinter einer Ecke sehe ich das erste küssende Paar des Abends; es wird das einzige bleiben. Sexy wie die Art Basel in Miami früher ist die Messe nicht. Es liegt vor allem daran, dass nirgends Musik zu hören ist.

»Necesito MÚSICA! (Ich brauche MUSIK!) schreie ich darum auf Spanisch (aus Respekt vor dem Gastland Argentinien), aber einzig Rafael Horzon versteht mich, weil er gern seinen Kreiseltanz aufführen würde. Wo sind eigentlich die ganzen Argentinier und Argentinierinnen, von denen so oft die Rede war? Die Buchmesse in diesem Moment: eine Tragödie! Einzig die Aussicht, bald den US-Autor Jonathan Franzen (»Freiheit«) zu treffen, hält mich bei der Stange. Wobei auch das nicht sicher ist: In London wurde Franzen bei seiner Buchpräsentation seine berühmte Brille geklaut – und wie soll er nach Frankfurt finden, wenn er nichts sieht?

Etwas lustiger wird's am nächsten Nachmittag: Auf dem blauen

ARD-Sofa sitzt der amerikanische Schriftsteller Bret Easton Ellis (»Imperial Bedrooms«). Ellis, bekannt geworden durch den Slasher-Roman »American Psycho«, sitzt durchgenudelt und fast transparent wie eine Figur aus seinen Texten da und spielt die ganze Zeit mit seinem iPhone herum, während ihn der SZ-Redakteur Thomas Steinfeld interviewt.

»Es geht bei Ihnen immer auch um großen Schmerz, nicht wahr?«, so etwas in der Art sagt Steinfeld.

Nein, Herr Steinfeld!, schreit es in mir, es geht bei Ellis zuallererst um Leere, um grenzenlose, allumfassende und am Ende eben doch nicht zu betäubende Leere! Als Ellis aufsteht, springe ich in die ARD-Kulisse und ziehe eine Buchattrappe aus dem Attrappenregal. »Hier, Herr Ellis!«, rufe ich und zupfe ihn am Kapuzenpullover. »Ein leeres Buch! Das ist doch im Wesentlichen das, worum's in Ihrem Werk geht!« Ellis' Brille sieht mich an; er nimmt die Attrappe und schreibt »Bret Easton Ellis – The empty book, a memoir« darauf. Besser könnte man seine Existenz nicht ausdrücken. Ein großer, magischer Moment, der mich so berauscht, dass ich das leere Buch auch dem Bestseller-Giganten Ken Follett (»Sturz der Titanen«) vorhalte, dem Silberhaar-Gentleman der gesamten Veranstaltung. Und weil das Buch auch Kerstin Gleba, Cheflektorin bei Kiepenheuer & Witsch, gut gefällt, nimmt sie mich mit in Halle 6, dem einzigen wirklichen Geheimnis der Buchmesse. Reporter sind verboten, denn hier, an kleinen Tischen mit zwei drei Stühlen drum rum, sitzen die Literaturagenten aus der ganzen Welt und entscheiden darüber, was von wem wo rauskommt – oder eben nicht. Rechte werden verhandelt und Manuskripte übergeben, die man – am besten noch über Nacht – durchliest, um am nächsten Tag sein Angebot abzugeben. Es ist praktisch die Börse der Messe, die Buchbörse.

Sensationsbücher gäb's in diesem Jahr allerdings nicht, sagt Gleba, die Kiepenheuer & Witsch im letzten Jahr Patti Smiths schönes Memoirenbuch »Just Kids« besorgte. Sagt es etwas aus über die

Messe, dass das höchstgehandelte deutsche Buch angeblich Jakob Augsteins (»Der Freitag«) »Gartenbuch« ist? Wenn ja, dann was? Dass gartenmäßig wieder viel passiert in Deutschland? Dass der Buchmarkt ein Dschungel ist, ein Blumenbeet, ein englischer Rasen?

Diese Frage wird viel diskutiert auf der Fischer-Verlagsparty, die später stattfindet. Hier und auch auf der Piper-Feier im Klub »Velvet« sind nun endlich alle ganz betrunken. Roger Willemsen (»Die Enden der Welt«), der eine von vielen Damen mit dem Satz »Ich komme gerade aus Medellín zurück« begrüßt, der Autor Carl von Siemens (»Kleine Herren«), der lustige Franzose Frédéric Beigbeder (»Ein französischer Roman«), Ingo Niermann (»Deutscher Sohn«), Christoph Koch (»Ich bin dann mal offline«). Bei Denis Scheck (»Druckfrisch«) weiß man's nicht genau, wie er drauf ist. Auf jeden Fall will er nicht mit der »BamS« reden, obwohl ich ihm immer wieder Ellis' leeres Buch zeige; dafür bietet er mir einen Job beim Deutschlandradio an.

»Zahlen Sie denn gut?«

»Anständig.«

»Wie viel?«

Doch da redet er schon wieder weiter, über eine Woche, die er mal mit Philip Roth in Frankreich verbracht hat, der den Nobelpreis wieder nicht bekommen hat. Dafür Mario Vargas Llosa, was eigentlich alle okay finden.

Ein Krankenwagen kommt, eine Frau wird rausgetragen, das ist das Zeichen, weiterzufahren zu Joachim Unselds Privatvilla, wo irgendwie auch wieder alle sind, so als gäb's einige Schriftsteller doppelt. Beigbeder zum Beispiel, der vor Unselds »Edition Suhrkamp«-Erstausgaben-Regal »I will survive« singt und seinen langhaarigen deutschen Freund als »hübschere, weil nicht so schrecklich gesichtsoperierte Nicole Kidman« vorstellt (allerdings hat diese Nicole Kidman dafür auch einen Bart); Ex-Titanic-Redakteur Oliver Maria Schmitt im roten Anzug, der gerade noch eine Che-Guevara-

Veranstaltung abgehalten hat; KiWi-Chef Helge Malchow. Passen alle gut zu den Raymond-Pettibon-Bildern, die an Unselds Wänden hängen.

Und so geht's weiter, bis am nächsten Morgen tatsächlich Jonathan Franzen vor mir sitzt, der berühmte Autor und Vogelbeobachter. Mit Brille.

»Herr Franzen, was ist geschehen?«

Und Franzen erzählt. Er erzählt, wie ihm, gerade, als er bei seinem Londoner Verleger einen Whiskey trank, ein Unbekannter ins Gesicht sprang, ihm die Brille von der Nase riss und mit dieser Brille aus dem Gebäude stürmte, durch einen Zierfischteich und in die Stadt hinein; bis er mithilfe eines Polizeihubschraubers ausfindig gemacht und festgenommen wurde. Eine Stunde später hatte Franzen seine Brille zurück.

»Das ist im Wesentlichen die Geschichte«, sagt Franzen, gänzlich ungerührt.

So bleibt nur eine Frage:

»In dieser einen Stunde ohne Brille, Herr Franzen – was haben Sie da gemacht?«

»Ich habe an die Vögel gedacht«, sagt Franzen. »An Bachstelzen und Amseln und Bussarde und wie lang es die alle noch geben wird in unserer Welt.«

Und auf einmal, schlagartig & blitzgenau, ist mir klar, was für eine Art Buch die Frankfurter Buchmesse wäre: ein Biologiebuch mit ganz vielen lustigen Vögeln. Eine Artenstudie wie von Charles Darwin (»Die Abstammung des Menschen«). Es ist ganz großer Stoff, und ich werde ihn aufschreiben. Zusammen mit Bret Easton Ellis.

Durch die Nacht mit Joseph Roth

An einem Sommerabend des Jahres 2010, ich fahre gerade mit meiner frisch frisierten Vespa durch Berlin, läuft ein Herr mittleren Alters vor mir über die Straße. Er ist klein und schmal, hat einen Schnurrbart im Gesicht und trägt ein rosa Hemd mit gepunkteter Fliege zum Maßanzug mit eng geschnittenem Bein. Es ist der Schriftsteller/Österreicher/Jude/Katholik Joseph Roth, und nichts Besonderes wäre an der Sache, wäre nicht eben dieser Schriftsteller/Österreicher/Jude/Katholik schon seit über siebzig Jahren tot. Es wundert mich aber auch nicht groß: Manche Menschen sterben nie, dazu habe ich erst vor ein paar Tagen einen Text von Roth gelesen, er hat ihn 1930 für die »Münchner Neueste Nachrichten« geschrieben. Dieser Text, eine Glosse namens »Berliner Vergnügungsindustrie«, beginnt so:

»Manchmal in einem Anfall heilloser Melancholie trete ich in eines der üblichen Berliner Nachtlokale, nicht etwa, um mich zu erheitern, sondern um die Schadenfreude zu genießen, die mir der Anblick des industriellen Frohsinns bereitet.« Tristesse, Miesepetrigkeit, Ennui – redete Roth wirklich vom weltbekannten Spaß-&-Exzess-Berlin der Endzwanziger/Ganzfrühdreißigerjahre des letzten Jahrhunderts? Hatte er sich eventuell verschrieben oder die Stadt verwechselt mit dem öden Frankfurt oder stumpfen Moskau zu der Zeit? Offenbar nicht, denn im gleichen Ton ging's weiter. Roth, damals in Berliner Hotels lebend, zog durch die Stadt und beklagte sich über die »unsagbare Eintönigkeit« des Nachtlebens, über den »einheitlichen Typ des Nachtbummlers« mit der »Nonchalance einer Schaufensterpuppe«, über die »infantilen schmalhüftigen« Bardamen, die alle aus »dem gleichen Schönheitsmaterial gemacht« zu sein schienen. Die Vergnügungs- und Freudenkultur industrialisiert, gleichgeschaltet und von Aktiengesellschaften geleitet – und all das drei Jahre, bevor Hitler loslegte!

Roths Text, ein gigantischer Verriss der Berliner Klub- und Bar-Kultur, ist damit ein Großangriff auf die einzige Eigenschaft der Stadt, die bisher weder von Berlinern noch von Nicht-Berlinern in Zweifel gezogen wurde: Dass es hier ein Nachtleben gäbe, das mit nichts auf der Welt vergleichbar wäre. Arm, aber sexy, weil: Egal was ist, ob Krise, Krieg, Kinderdealer in Neukölln oder Hartz IV, gut trinken kann man in Berlin immer, gibt ja praktisch mehr Kneipen als Supermärkte und Wäschereien. Da Roth, Alkoholiker bis zum bitteren Ende (Delirium tremens Mai 1939 in Paris), aber nicht unter dem Verdacht steht, von Bars und Drinks keine Ahnung zu haben, müssen seine Argumente ernst genommen werden. Wir wollen darum ihn, Roth, durch das Bar- und Klub-Berlin von heute führen, mit ihm ausgehen also, um herauszufinden, ob die Stadt was taugt oder wir uns seit Jahren einer großen Halluzination hingeben. Denn wenn Berlin überhaupt existiert, dann nur nachts, n'est-ce pas?

Es ist aus diesem Grund, dass ich Roth anhalte und am Jackettärmel zupfe. Erstaunter Blick, etwas rot sind seine Augen, doch ich mag sie sofort.

»Trinken Sie was mit mir, Herr Roth?«

»Warum? Kenn' ich Sie?«

»Erzählen Sie mir nicht, dass Sie keinen Durst haben.«

»Zahlen Sie? Ich habe nie Geld, müssen Sie wissen.«

»Selbstverständlich.«

»Nun gut«, sagt Roth und springt auf. Ich gebe ordentlich Gas, um ihn zu beeindrucken, Roth krallt sich fest, es gefällt mir.

»Warum halten Sie vorm Kaufhaus Jonaß?«, fragt Roth. Wir stehen vor dem Riesengebäude Ecke Torstraße/Prenzlauer Allee, in dem sich seit Kurzem eine Dependance des Londoner Members-Klubs »Soho House« befindet.

»Es gehörte mal dem Juden Golluber, bis er von den Nazis enteignet wurde. Ich trank mal Schnaps mit ihm, im ›Romanischen Café‹, vor langer Zeit. Stefan Zweig war auch dabei.«

»Erst hatten die Nazis das Gebäude, dann die Kommunisten und jetzt ist es eine Art Vergnügungspark für junge Leute mit Geld und einflussreichen Bekannten, die darüber abstimmen, ob man mitmachen darf oder nicht«, sage ich, während ich die Helme verstaue.

»Und Sie sind Mitglied in diesem Verein?«

»Nein, aber eine Frau hat mich eingeladen, mal vorbeizuschauen.«

»Solange wir was zu trinken bekommen, soll's mir recht sein«, sagt Roth. »Aber warum stehen da Tischtennisplatten im Foyer? Sind Bars und Hotels heute Orte, an denen man Sport machen muss, bevor man trinken darf?«

»Im Berlin von heute manchmal, ja.«

Es fühlt sich gut an, mit Roth unterwegs zu sein. Es gibt nicht mehr viele Typen wie ihn: Flaneure, die keine Wohnung haben und von Ort zu Ort driften, Heimatlose, die trotz allem immer auf der Suche sind. Roth war schon »on the road«, bevor der Beatnik Jack Kerouac 20 Jahre später diese Art der Existenz berühmt machte, und von überall, wo er war, in Polen, Russland, Deutschland, Österreich, Frankreich, hat Roth Geschichten und Texte mitgebracht, die bis heute zum Schönsten und Traurigsten gehören, was man lesen kann.

Der Aufzug entlässt uns in die Bar im siebten Stock. Sofort leuchtet Roths Gesicht auf: Ledersofas, ein Rundtresen, livrierte Kellner – hier sieht alles so aus wie in den Hotelbars in Wien und Paris, in denen Roth Bücher wie »Hotel Savoy«, »Radetzkymarsch« und

»Hiob« geschrieben hat. Das »Soho House« scheint sich die Zeit Roths zurückzuwünschen, mit dem Unterschied, dass hier keine Maßanzugträger mit Goldfedern an den Bar-Tischen sitzen und Novellen schreiben, sondern bloß ein paar Typen mit MacBooks, die so tun, als würden sie hoch konzentriert arbeiten. Roth will gleich an den Tresen, doch ich ziehe ihn weg, den ersten Drink wollen wir auf der Dachterrasse nehmen, denke ich, die Aussicht wird Roth die Miesepetrigkeit seiner Glosse austreiben.

»Dit is Ballin!«, sage ich darum und zeige, nicht unstolz, auf den Alexanderplatz und das Regierungsviertel weiter hinten, das im Sonnenuntergangslicht vor uns ausgebreitet liegt.

»Dit is nich Ballin. Dit is Amerika«, sagt Roth. Er weist auf den grün gekachelten Pool und die Halbnackten, die dort auf Polsterliegen herumliegen. Dialoge auf Englisch umwehen uns, sie handeln von Photography, The Art World und Fashion-Editorials.

»Obwohl die Sonne scheint, friert mir hier ein bisschen«, meint Roth.

Es ist unsere erste Begegnung mit der Gleichförmigkeit der internationalen Ausgehkultur, die er in seinem Text beschrieben hat: »In allen Städten ein ganz bestimmter, einheitlicher Typ von jugendlichen, das heißt alterslosen Genießern ... glatt rasiertes Gesicht und straff zurückgekämmtes Haar ... und diese Lässigkeit aus den Modejournalen ... diese falsche Weltmüdigkeit im gläsernen Blick.«

Und ja, so ist es ein bisschen am Pool des »Soho House«: Ein Großteil der Männer-Fotografen, Chefredakteure, Schauspieler ist in exakt demselben Hautton gebräunt (Medium Bronze); sie scheinen teure Pflegeprodukte zu benutzen und tragen zur Betonung ihrer im Fitnessstudio herausgearbeiteten Brustmuskulatur alle dieselben tief ausgeschnittenen V-T-Shirts zu engen Hosen. Man kann nicht sagen, wie alt sie sind, ob sie schon Kinder haben oder jemals welche zeugen werden. Etwas Homosexuelles ist auch an den Heterosexuellen, die mit ihren schönen Frauen am Pool herumpusseln. Es scheint der uniforme Stil dieser Welt zu sein, die nicht mehr zwischen Job/Freizeit unterscheidet, sondern beides stets für sich beansprucht. Bloß was das Gesichtsdesign betraf, hat Roth sich geirrt: Vollbärte sind häufiger anzutreffen als Glattrasierte.

»Warum diese ungepflegten Bärte?«, fragt Roth, während wir uns zwei Bier und Hamburger mit Pommes bestellen, da die Küche des »Soho House« nicht für ihre österreichischen Mehlspeisen berühmt ist.

»Um härter zu wirken vielleicht«, mutmaße ich und nehme einen Schluck Bier. »Außerdem befinden wir uns im Krieg mit den Taliban.«

»Nach der Monarchie kam nichts Gutes mehr zustande«, sagt Roth und sieht traurig durch mich hindurch, vielleicht in die von ihm so geliebte k. u. k. Vielvölkerstaatszeit. Leider habe ich die Handynummer seines Freundes Otto von Habsburg nicht, ärgere ich mich.

Zwei Drinks später verlassen Roth und ich das »Soho House«. In dem Restaurant »Grill Royal« bin ich mit meinem Freund Lothar verabredet. »Auch er trägt Vollbart, ist aber ein feiner Kerl, nicht ungebildet«, briefe ich Roth, damit er nichts falsch macht.

Im »Grill« selbst ist nichts los, darum warten Roth und ich mit Bieren in der Hand vor dem Laden. Die Spree schimmert im Mondlicht, er ist entweder voll oder fünfsechstelvoll, so genau weiß man das beim Mond nie.

»Ich mag die Spree«, sagt Roth in die Nacht hinein. »Obwohl sie mit der Seine natürlich nur das S gemeinsam hat.« Die Seine ist wichtig in Roths letzter und einer seiner bekanntesten Geschichten, »Die Legende vom heiligen Trinker«. Ein Trinker wie er bekommt Geld von Gott, will es ihm immer wieder zurückgeben und vergeht. Roth mochte Gott, aber gegen die Nazis in Deutschland hatte Gott nichts machen können, darum war Roth nach Paris gegangen und hatte immer mehr getrunken, Wein und Schnaps und Gin schon zum Frühstück.

»Trinken Sie lieber oder schreiben Sie lieber, Herr Roth?«

»Ich schreibe lieber, als ich trinke, aber ohne zu trinken schreibe ich nichts«, sagt er. »Ich komme einfach mit der Welt nicht zurande. Ich kenne sie nur, wenn ich schreibe, und wenn ich die Feder weglege, bin ich verloren.« Es ist vor allem dieser Ton, den man nach dem Lesen seiner Texte nicht mehr aus dem Kopf bekommt. Egal, wovon er schrieb.

Lothar kommt. Roth und er mögen sich sofort, wir entscheiden, die Friedrichstraße herunterzuwandern zu einer Bar, dem »King Size«.

Sofort ist klar, dass es dort ganz toll ist: Weil der Laden endlich mal wieder klein ist und nicht riesengroß, wie sonst alles im Berlin der letzten Jahre, weil's hier ja angeblich so viel Platz gibt. Zu viel Platz hat schon oft geschadet. Wer zu viel Platz hat, sieht sein Gegenüber nicht; wer zu viel Platz hat, kriegt nichts mit und geht unter im industrialisierten Vergnügen. Klubs wie das »Cookies« oder »Weekend« sind mittlerweile leider so geworden.

Das »King Size« dagegen ist so, wie eine Bar zu sein hat: eng und unbequem, viele aufgeregte Menschen drängen sich davor, Tanzmusik aus dem New York der frühen Achtzigerjahre ist zu hören. Hübsche Frauen rauchen hübsche Zigaretten; der Musiker Maximilian Hecker erzählt traurige Liebesgeschichten; der Autor Moritz von Uslar feiert seinen vierzigsten Geburtstag und trägt einen Hut, den Roth ganz chic findet. Auch die Schriftstellerin Helene Hegemann ist da, sie sitzt auf einem Kantstein, ich erkenne sie an ihrer berühmten Haarfrisur. Schnell erzähle ich Roth von ihrem Wahnsinnserfolg, damit er mitreden kann.

»Und, kann'se schreiben?«, fragt Roth.

»Schreiben kann'se, aber manchmal schreibt'se auch ab«, sage ich.

»Das sollte man eigentlich nicht. Aber sie ist jung, nicht wahr?«

»Sehr jung. Und sie soll ganz gut saufen können, für eine Acht-zehnjährige, heißt es.«

Lothar kommt mit frischen Wodka Tonics zu uns rüber.

»Na dann, Prost!«, sagt Roth und lacht, zum ersten Mal richtig an diesem Abend. Das »King Size« ist so gut, dass es ihn all seine Mä-keleien an der Berliner Vergnügungsindustrie mit einem Schlag vergessen lässt. Er flirtet sogar mit einer Amerikanerin, Komikerin aus Los Angeles.

»Ist das Ausgehen nicht vielleicht der zivilisatorischste Akt, den der Mensch je erfunden hat?«, schreie ich Roth durch den Lärm zu.

»Neben der Monarchie – JA!«, brüllt er zurück, durch das wunder-bare Sirren und Flirren überall.

Es ist kurz nach fünf Uhr morgens, ich bin schon etwas müde, aber einen Ort muss ich Roth noch zeigen. Es ist die Art Ort, für die Berlin in den letzten Jahren bekannt geworden ist; der Grund, wa-rum so viele Amerikaner, Spanier, Franzosen herkommen: die »Bar 25«. Auf kaum einen Platz könnte man Roths Vergnügungsindust-rie-Kritik mehr anwenden als auf diese Bretterbudenlandschaft am Spreeufer zwischen Mitte und Friedrichshain: Tage- und nächte-lang tanzen die Menschen hier zu Elektromusik im Zeitalter ihrer technischen Reproduzierbarkeit und scheinen reproduzierbare Gefühle abzurufen, viele mit Chemikalien, wenige ohne.

Mit achtzig, neunzig Sachen fliegen Roth und ich auf der Vespa durch die Stadt. Dann sind wir da.

Typen mit Kappen und dreckigen, zerrissenen T-Shirts umgeben uns, während wir uns an den Holzbauten und unter den Bäumen entlang zur Bar vorarbeiten; alles stinkt, schwitzt, tropft. Zwei Jungs in Matrosenanzügen prosten uns zu, auf einer Schaukel sitzt eine Meerjungfrau mit großen Pupillen. Ich nehme Roth an die Hand und ziehe ihn durch die Menschen.

»Wo zur Hölle sind wir – in der Hölle?«, fragt Roth, der von den

Tanzenden nach rechts und links geschubst wird, sodass ihm die Fliege verrutscht.

»Eher ist's das Fegefeuer. Die Menschen verschwinden, werden aber ein paar Tage später wieder ausgespuckt, wenn sie Glück haben.«

Endlos langer, melancholischer Blick aus den wunderschönen roten Joseph-Roth-Augen.

»Wenn's 1930 auch so gewesen wäre, hätte ich damals vielleicht mehr Spaß gehabt.« Und dann, genau zu Sonnenaufgang, ist er verschwunden.

Reise ins Ich

Ich habe nichts gegen das Reisen, im Gegenteil: Ein junger Mensch soll sich umsehen in der Welt, damit er seinen Platz findet. Diese Regel habe ich lange befolgt: Ich sah die Bäder von Tokyo und die Giftschlangen von Paraguay, ernährte mich in Mexiko eine Woche lang nur von dem Halluzinationskraut Yage und schaute mir an, wie die Inder in dem Sterbeort Varanasi ihre Toten verbrennen.

Das Reisen an sich darf nie aufhören, sonst fällt der Mensch in den Stillstand, das Ziel seiner Reisen aber muss sich ändern. Irgendwann ist das Glück nicht mehr draußen in der Welt zu finden, sondern drin im Menschen – dann muss er erkennen, dass das Weglaufen nichts bringt. Er muss in sein Herz schauen und in sich selbst einen Kontinent aufbauen.

Seit zwei Jahren gehe ich nicht mehr ins Reisebüro, wenn ich weg will, denn ich trage meinen Urlaubsort immer mit mir herum: Es ist meine Seele. Darüber können Sie sich jetzt totlachen, doch ich meine es ernst: Meine Seele ist ein Kontinent, größer als Australien und achtmal so hübsch. Er hat sogar einen Namen: die Fischerwelt. Das ist keine Esoterik, keine Fantasie – diese Welt gibt es tatsächlich, das haben mir schon Frauen bestätigt, die mir vorwarfen, ich würde zu viel Zeit darin verbringen.

Die Entdeckung war schwierig: Viele Jahre vergingen, bis ich herausfand, dass ich ein Universum im Herzen trage, denn ein Mensch wird nicht von Anfang an mit so einer Welt geboren: Wenn er Glück hat, wächst sie in ihm.

Einmal entdeckt, ging die Besiedlung schnell voran. Die Erde meines Herzens ist fruchtbar, Palmen und Olivenbäume gedeihen gut, auch Weizen und Wein wachsen überall. Das Meer, das die Fischerwelt umgibt, ist wild: Die Strömungen sind tückisch, aber nicht überall; es gibt auch ein paar Badebuchten.

Wer die Fischerwelt bereisen will, muss gut vorbereitet sein. Ein Visum ist nötig, es muss von mir unterzeichnet werden, da bin ich penibel. Bevor ein Gast Einlass bekommt, muss er außerdem einen Fragebogen über meinen Staat beantworten: Wann wurde er gegründet? Am 23. April 1970. Wer ist unbedingter Monarch? Meine Herrlichkeit. Und Menschen, die nicht einen Mindestbetrag von 10.000 Fischertalern mitbringen, dürfen nicht rein – Bettelei ertrage ich nicht.

Meist aber gibt es keine Probleme, wenn die Besucher am Flughafen der Fischerwelt landen, dem Fritz-Fischer-International-Airport, benannt nach meinem Großvater väterlicherseits. Eine DC-10 fliegt zweimal die Woche von Hamburg aus, die Reise dauert drei Monate, mein Staat liegt etwas abseits der gängigen Verkehrsrouten.

Wer besucht die Fischerwelt? Es sind meist Stammgäste. Der Schriftsteller Ernest Hemingway zum Beispiel besitzt mit seiner ersten Frau Hadley eine kleine Hütte an der Südküste, am Cap du Poisson. Hemingway fühlt sich wohl bei mir, oft bleibt er ein halbes Jahr, denn er mag das milde Klima und die Haifische, die er hier fangen kann. Wenn ich Zeit habe und meine Frau Jane Russell es erlaubt, fahren wir zusammen raus. Manchmal kommt sogar Knut Hamsun mit, weil ihn der Wind an Oslo erinnert.

Auch der Musiker Leonard Cohen ist ein gern gesehener Gast. Er hat schon viele Lieder geschrieben in der einzigen Bar hier, die von Rita Hayworth und Karen Carpenter geführt wird. Meist sitzt er mit Albert Camus und Richard Nixon am Tresen, trinkt Rotwein und unterhält sich stundenlang über die Moral des Menschen, was Rita auf die Nerven geht: »Ihr redet immer über die gleichen unabänderlichen Dinge!«, beschwert sie sich dann, aber sie ist nur sauer darüber, dass Camus ihr hübsches Dekolleté nicht bemerkt, weil zu Hause Jean Seberg auf ihn wartet. Andere Gäste, die aber meist nur kurz hier sind, weil sie andauernd arbeiten: Brian Wilson, Jack Kerouac, Iggy Pop, João Gilberto und seine Frau Astrud, Serge Gainsbourg und das Model Christy Turlington, mit der ich mal eine Affäre hatte, die Jane mir nur verzieh, weil sie mir praktisch verfallen ist. Oscar Wilde habe ich ein paar Mal persönlich eingeladen, aber er kommt nicht. Nichts ist gut genug für Oscar, so ist er nun mal, der alte Snob. Selbst über das hervorragende Hotel im Kolonialstil, das Old-Herbert-Fischer-Crown-Palace-Plaza, meckerte er: Angeblich müsste das Holz mal wieder furniert werden.

Solche Beschwerden aber sind egal, wenn Albert, Brian, Iggy, Ernest und ich bei Sonnenuntergang auf der Veranda des Hotels sitzen und Leonard oder Serge zuhören, die auf dem Klavier eins ihrer Lieder spielen, das von einem zarten Ostwind hinter die Fischerberge getragen wird. Die Gäste lauschen andächtig und sind froh, dass sie hier sind, in meinem Staat. Sie loben die Ruhe, die gute Gesellschaft und den Geruch. Es riecht nach Zimt in der Fischerwelt.

Sicher, manchmal gibt es auch einen Sturm: Vor einem Jahr war die Fischerwelt bedroht durch Abwanderungen und Landfluchten. Wirbelstürme verwüsteten große Landstriche und zerstörten viele der viktorianischen Holzhäuser. Aber wir haben alles wieder aufgebaut, besonders Ernest hat kräftig angepackt – hier unten ist er wieder ganz der Alte.

Darum ist es immer tragisch, wenn ich nach einiger Zeit wieder herausmuss aus der Fischerwelt, weil die Welt draußen meine Anwesenheit verlangt. Besonders kurz nach der Rückkehr sind nur Leere und Trauer in meinem Gesicht. »Hallo, jemand zu Hause?«, solche Fragen stellen mir meine Freunde dann, während sie mit ihren Fäusten sanft gegen meinen Kopf hämmern.

Ich schiebe es meist auf die Zeitumstellung.

Nachwort von Jana Petersen

Manchmal, wenn man nicht mehr weiß, wie es weitergehen soll, hilft eine Liste. Ich habe viele Dinge von Marc geerbt. Bücher, den Schreibtisch, die Gitarre, das Bild mit den zwei halbnackten Mädchen, den Beutel von Lufthansa, auf den er mit Edding gekritzelt hat »Verwirrende Kabel«. In dem auch verwirrende Kabel drin sind. Ich habe seine Zettel geerbt. Seine Notizbücher. Es sind viele, er muss das Glaubensbekenntnis von Jack Kerouac sehr ernst genommen haben.

Und dann ist da noch: sein Computer.

In dem Computer ist eine Datei. Sie heißt »The Future«. Wenn sich die Zukunft gerade in nichts auflöst, ist eine Datei mit dem Namen Zukunft erst mal gut. Ich öffne sie. Da steht:

```
The Future

Bücher:
Reportagekollektion »Ich, ich, ich«
Panther
Science Fiction
Hymne für eine vergessene Diktatur
Krimi (what if the killer is the main guy?)

Shorts:
Dakar - der Schlag
Deutschland - das Toupet des Nachrichtensprechers
Liebe
```

Februar 2011, Marc und ich sitzen an dem Tisch, an dem ich jetzt auch gerade sitze. Seine Reporter-Reportagen will er rausbringen, sagt er, am liebsten bei KiWi, so wie damals die Romane. Er hat die Geschichten gesammelt, geordnet.

Irgendwo muss es also einen Ordner geben.

Richtig. Da ist er. In dem Ordner »Dinge, Dinge, Dinge« steckt der Ordner »Fischerstorys«. Geschichten, Reportagen, Storys. Geschichten, in denen Marc vorkommt. Geschichten, die er Reportagen nennt, die im Grunde genommen genau das Gegenteil sind von dem, was ich auf der Journalistenschule über Reportagen gelernt habe. Objektivität ist langweilig/egal/nicht möglich, sagt der Ordner voller Fischerstorys. Sagen die Angeber-Geschichten. Die Helden-Storys. Das Fischer-Zeug. Sagen die Situationen-Erzeuger-Geschichten. Die Marc-Geschichten.

Manche Texte kenne ich. Er hat sie mir vorgelesen, wenn sie fertig waren, an dem dunkelbraunen Kommissar-Tisch, Weinchen, Zigarettchen, Kaffeechen. Ich frage ihn, ob die Geschichten genauso passiert sind, das sei ja wieder mal unglaublich, wie sich das alles so zugetragen hat. Na klar, Swinchen, genau so war es. Er grinst.

Viele Geschichten kenne ich nicht. Nie davon gehört, nie gelesen. Jetzt lese ich sie alle. Ich lese die Geschichte »Warum ich nie Terrorist werden wollte«. Höre Marc reden. Höre, wie er beim Reden denkt, einen Mäckie-Gedanken. »Vielleicht, denke ich manchmal, ging es der RAF nur um den weißen Wal; vielleicht war Deutschland das mythische Tier, das es zu erlegen galt«, sagt Marc. Ja, sage ich, ein guter Gedanke. Komm, lies mir noch ein bisschen aus Moby Dick vor.

Wenn Hemingways Schriftsteller-Prinzip lautete »Bereise die Welt und töte alles, was dir vor die Flinte kommt« und das von T. C. Boyle »Bereise die Welt und umarme einen Baum«, dann war das Reporter-Prinzip von Marc »Bereise die Welt und mache etwas, das noch nie jemand vor dir gemacht hat«. Denke etwas, das noch nie jemand vor dir gedacht hat. Setz dich in den Sushi Express im Shinjuku-Bahnhof und lauere einem Brillendieb auf. Ruf den ARD-Programmgestalter an und frag ihn, warum sie so einen Schrott zeigen. Sitze einen Tag auf einem Postkasten. Nimm das Lichtschwert von Obi Wan Kenobi mit in die Schwerelosigkeit.

»Würden Sie sich erschießen wie Hunter S. Thompson, wenn Sie nicht mehr schreiben könnten?«, fragt Marc den Schriftsteller T. C. Boyle. »Ehrensache«, sagt Boyle. Sie laufen noch ein bisschen durch seinen Garten. »Der Tod«, sagt Boyle dann zu Fischer, »ist ein Idiot.« Ja, denke ich. Stimmt.

Jana Petersen

Editorische Anmerkung

Die Idee und das Konzept für dieses Buch stammen von Marc Fischer, die Auswahl der Reportagen und der Aufbau folgen seinen hinterlassenen Notizen.

Die hier versammelten Texte sind zwischen 1995 und 2011 in dieser oder leicht veränderter Form erschienen in: *Tempo, Vanity Fair, Spiegel online, GQ, Süddeutsche Zeitung, jetzt.de, Neon, Frankfurter Allgemeine Sonntagszeitung, Welt am Sonntag, Bild am Sonntag, Musikexpress, Dummy, Vice, Nexus, Park Avenue, Weltwoche, Allegra, Max, Der Freund, Katalog von »Vittorio Manalese«, Greenpeace Magazin, ADAC-Reisemagazin*. Der Verlag und Jana Petersen danken den Redaktionen für ihre Unterstützung.

Erstveröffentlichung der Texte, soweit bekannt:
Wie ich Yes Man wurde: *Greenpeace Magazin*, 2009.
18 Stunden ARD: *Welt am Sonntag*, 2010.
Unter Linken: *GQ*, 2010.
Wer ist Vittorio Manalese?: Katalog von »Vittorio Manalese«, 2010.
Die Sache mit den Beastie Boys: *Süddeutsche Zeitung*, 2004.
Unbesiegbar mit David Lynch: *Vanity Fair*, 2007.
Fünfzehn: *Dummy*, 2005.
Hotel Somalia: *Weltwoche*, 2005.
Der Brillenmann: Enver Hirsch, *Toast Hawaii*, Edition Robert Morat, 2008.
Das Liz-Hurley-Gefühl: *Park Avenue*.
Wie aus Katja Riemann und mir mal nichts wurde: *Park Avenue*, 2007.
Die Sache mit den Neunzigern: *Musikexpress*, 2010.
Die Sache mit Michael Jackson: *Spiegel online*, 2009.
LSD-Wandern im Burgenland: *Neon*, 2007.
Reise in die Kunst: *Max*, 2007.
Key Hemingway: *ADAC-Reisemagazin Florida*, 2005.
Die Sache mit Jennifer Lopez: *Allegra*.
Die Sache mit Michael Stipe: *Allegra*.
Mein schneller Freund: *Dummy*, 2007.
Spazierengehen mit T. C. Boyle: *Park Avenue*, 2006.
Baden mit einem Yakuza: *ADAC-Reisemagazin Japan*, 2001.
O. K., Karaoke!: *Neon*, 2009.
Die Sache mit Kate Moss: *Tempo*, 1995.
Wovon wir reden, wenn wir vom Rauchen reden: *Süddeutsche Zeitung*, 2009.
Reise in die Schwerelosigkeit: *Frankfurter Allgemeine Sonntagszeitung*, 2010.
Reise ins Herz der Flasche: *Neon*, 2010.
Seltsame Frau in der Südsee: *Der Freund*, 2005.
Vorm Berghain: *Dummy*, 2009.
Alle meine Freunde sind Hunde: *Vice*, 2006.
Die Reste der Liebe: *jetzt.de*, 2009.
Warum wir küssen: *GQ*, 2009.
Wenn es Nacht wird in Berlin: *Vanity Fair*, 2009.
Wovon wir reden, wenn wir von James Dean reden: *GQ*.
Der Klub der blauen Dichter: *Bild am Sonntag*, 2010.
Durch die Nacht mit Joseph Roth: *Welt am Sonntag*, 2010.
Reise ins Ich: *Nexus*, 1999.